금리, 주가, 환율을 움직이는
경제 원칙

금리, 주가, 환율을 움직이는 경제 원칙

초판 1쇄 발행   2023년 8월 14일
초판 4쇄 발행   2024년 9월 9일

지은이   홍성수
펴낸이   이종두
펴낸곳   (주)새로운 제안

책임편집   엄진영
본문디자인   프롬디자인
표지디자인   김보라
영업   문성빈, 김남권, 조용훈
경영지원   이정민, 김효선

주소   경기도 부천시 조마루로385번길 122 삼보테크노타워 2002호
홈페이지   www.jean.co.kr
쇼핑몰   www.baek2.kr(백두도서쇼핑몰)
SNS   인스타그램(@newjeanbook), 페이스북(@srwjean)
이메일   newjeanbook@naver.com
전화   032) 719-8041
팩스   032) 719-8042
등록   2005년 12월 22일 제386-3010000251002005000320호
ISBN   978-89-5533-644-3 (13320)

금리, 주가, 환율을 움직이는 경제 원칙

홍성수 지음

새로운제안

궤변론자와 사기꾼이 등장하는 금융시장

모든 현상에는 근본적으로 작동하는 원칙(또는 법칙)이 존재한다. 마치 '태양은 동쪽에서 떠서 서쪽으로 진다.'처럼, 어떤 일이 일어나도 절대 변하지 않는 원칙이 바로 그것이다. 그런데, 세상에는 이런 원칙을 무시하는 발언을 하면서 또 다른 궤변을 늘어놓는 사람들이 간혹 나타난다. 예를 들어, 짙은 안개나 미세먼지로 인해 시야가 가려져 태양이 잘 보이지 않는 상황에서, '지구의 공전축 및 자전축이 바뀜에 따라 향후 태양이 서쪽에서 떠서 동쪽으로 질 것이다.'라고 주장하는 사람들이다.

이처럼 원칙을 벗어난 주장을 하는 사람들을 '소피스트(궤변론자)'라고 한다. 특히, 이런 거짓 주장을 통해 경제적인 이득까지 덤으로

챙기는 사람들을 '사기꾼'이라 부른다. 하지만, 원칙을 흐트러진 것처럼 보이게 만든 장애물이 사라지면, 그들의 주장이 얼마나 허망한 것인지가 백일하에 드러나게 마련이다.

보통 궤변론자(사기꾼)가 가장 많이 등장하는 분야 중 하나가 바로 '금융시장'일 것이다. 원래, 금융시장에서는 주로 돈과 정보가 돌아다니는데, 약간의 진실에 더 많은 거짓을 뒤섞어서 그릇된 원칙을 지어내도 그것이 진실이라 믿고 돈을 갖다 바치는 순진한 사람들이 많기 때문이다. 특히, 금융시장을 작동시키는 기본 원칙을 잘 알지 못하면 그들에게 이용당하면서 큰 손실을 볼 가능성이 그만큼 커질 수밖에 없다.

금융시장은 크게 자금시장, 주식시장, 외환시장 등 3가지 분야로 구분된다. 각각의 시장을 움직이는 일반 원칙과 주요 지표에 관한 내용을 정리해본다.

자금시장을 움직이는 일반 원칙

이 책에서 제1장은 자금시장과 금리(이자율)에 관한 내용을 담고 있다. 원래, 자금시장은 돈이 부족한 사람이 잉여자금을 가진 사람으로부터 일정 기간 일정한 이자율을 지급하기로 약정하고 자금을 빌려 쓰는 행위나 장소 등을 의미한다.

첫째, 은행은 영리법인이기 때문에 자금의 운용금리(대출금리)가

조달금리(예금금리)보다 더 높을 수밖에 없고 그 차이가 크게 벌어질수록 이익이 더 늘어난다. 은행의 대출금리에서 예금금리를 차감한 그 차이를 '예대마진'이라고 한다. 국내 은행들의 평균 예대마진은 약 2~3% 수준이다(제1장 제1절).

둘째, 한국은행이 화폐를 발행하여 은행에 공급하면 (예금과 대출이 반복되는) 신용 창출을 통해 통화량이 승수배만큼 늘어난다. 예를 들어, 한국은행이 100억 원의 화폐를 발행하여 시중에 공급하면 통화량(M2 기준)은 약 1,400억 원(14배)만큼 늘어난다(제1장 제3절).

셋째, 한국은행은 자금시장의 통화량을 조절하기 위해 다양한 통화정책수단을 활용한다. 예를 들면 지급준비율, 재할인율, 공개시장 조작, 예대율, 담보인정비율(LTV와 DTI) 등이 세계 각국의 중앙은행이 활용하는 주요 통화정책수단이다(제1장 제4절).

넷째, 국내물가는 (국제 유가나 원자재가격 상승에 따라) 수입물가가 먼저 상승한 후 그 뒤를 이어 생산자물가, 소비자물가, 서비스물가, 생계비 보전을 위한 급여 인상 등이 수 개월간의 시차를 두고 진행되면서 물가상승의 악순환 고리가 만들어진다. 또한, 시중에 통화량이 많아지면 수요가 증가하게 되는데 이때 공급이 늘어난 수요를 따라잡지 못하면 물가는 상승한다(제1장 제5절).

다섯째, 한국은행은 경제가 침체하거나 불황을 보일 때면 기준금리를 인하하고, 한편으로 경제가 호황을 보이면서 물가가 일정 수준 이상으로 상승하면 기준금리를 인상하는 방식의 통화정책을 시행한다(제1장 제6절).

여섯째, 채권의 표면이자율보다 시장금리가 낮아지면 채권의 가치는 상승한다. 따라서, 시장금리가 하락하는 상황에서 채권에 투자하면 이자수익에 더해 매매차익까지 얻을 수 있다. 반면에, 시장금리가 상승하는 시기에 장기채권에 투자하면 수익은커녕 큰 손실을 볼 수 있다(제1장 제8절).

제1장의 내용을 정리하면 한국은행은 기준금리의 조절과 다양한 통화정책수단을 활용하여 인위적으로 시장금리에 큰 영향을 미치기 때문에 그에 맞춰 투자하면 위험을 줄이면서 보다 안정적인 수익을 얻을 수 있다. 일례로, 한국은행의 기준금리 인상에 따라 시장금리가 상승하면 그만큼의 수익을 내는 단기채권에 투자한다. 반면에, 한국은행이 기준금리를 인하하면 장기채권에 투자함으로써 이자수익에 추가로 매매차익까지 챙길 수 있다.

주식시장을 움직이는 일반 원칙

이 책의 제2장은 주식시장과 주가에 관한 내용이다. 원래, 주식회사는 사업을 수행하면서 자금이 부족하면, 은행으로부터 대출을 받거나 또는 채권이나 주식을 발행해 자금을 조달한다. 보통, 은행 예금과 단기채권은 원금의 손실 가능성이 거의 없어서 '안전자산'으로 분류한다. 반면에, 장기채권과 주식은 시장금리나 주가 변동에 따라 손익이 크게 엇갈리기 때문에 '위험자산'에 해당한다.

첫째, 국내 코스피 시장에서는 950여 개 종목이 그리고 코스닥 시장에서는 1,630여 개 종목이 상장되어 거래되고 있다. 주식시장에서 어떤 종목들의 주가는 오르고 또 다른 종목들의 주가는 내리기 때문에 그 전체적인 주가 동향을 파악하기 위해 '주가지수'가 활용된다(제2장 제1절).

둘째, 한 나라의 경제 상황과 경영실적은 주가 등락에 큰 영향을 미친다. 예를 들어, 경제가 높은 성장세를 보이면 기업들의 경영실적이 좋아져 주가는 상승한다. 반면에, 경제가 침체하거나 극심한 불황을 보이면 실적 악화에 따라 주가는 하락한다. 경영실적이 주가에 미치는 영향을 추정하는 수단으로 EPS(주당순이익)와 PER(주가수익배수)이 이용된다(제2장 제2절).

셋째, 코스피 시장에서 과거 주가의 추세를 분석해 보면, PER이 최저치인 8배 내외일 때 주식을 매수하고 그 PER이 최고치인 30배에 달하는 시점에 매도하면 투자수익을 극대화할 수 있다(제2장 제2절).

넷째, 코스닥 기업들의 PER은 적자로 인해 마이너스(-)에서부터 많게는 400배까지 큰 차이가 난다. 기업의 미래 성장성이 주가에 미리 반영되었기 때문이다. 특히, 기업의 미래 성장성은 PEG로 측정하는데, 이는 PER을 이익성장률로 나눠 산정한다. 그런데, 고성장 기업의 사업모델이 성장기를 지나 성숙기에 접어드는 시기에는 그동안 반영된 미래 성장성의 거품이 해소되면서 주가가 크게 폭락하기도 한다(제2장 제3절).

다섯째, 코스피는 기준시점(1980년 1월 4일)의 시가총액을 100포인트로 정한 후 특정 시점의 시가총액과 비교하여 측정한다. 예를 들어, 코스피가 2,500포인트라는 것은 기준시점과 비교하여 작금의 시가총액이 25배만큼 증가했다는 뜻이다(제2장 제4절).

여섯째, 코스닥지수는 기준시점(1997년 7월 1일)의 시가총액을 1,000포인트로 정한 후 특정 시점의 시가총액과 비교하는 식으로 계산한다. 예를 들어, 코스닥지수가 900포인트라는 것은 기준시점과 비교해 볼 때 지금의 시가총액이 기준시점 대비 90% 수준으로서, 아직도 그 당시 시가총액에 비해 10%가 하락한 상황이라는 뜻이다(제2장 제5절).

일곱째, 개별 주가와는 달리 주가지수는 경기 사이클처럼 저점에서 시작해서 고점에 도달하는 데 일정 기간이 소요된다. 다시 말해, 주가지수가 시시각각으로 폭등과 급락을 반복하지는 않는다는 것이다. 따라서, 경기가 회복되면서 주가가 상승세를 보이면 적극 매수한 후 경기가 고점에 도달해 주가가 하락세를 보일 때 매도하는 것이야말로 합리적인 주식투자의 방향성이다(제2장 제6절).

여덟째, 주식시장은 크게 상승장(금융장세와 실적장세)과 하락장(역금융장세와 역실적장세)으로 구분된다. 특히, 주가지수의 과거 추세를 분석하면, 상승장에서는 장기간에 걸쳐 주가가 서서히 완만하게 올라가는 데 반해, 하락장에서는 주가가 절벽에서 떨어지는 것처럼 단기간에 급락하는 모습을 보인다(제2장 제7절).

제2장을 정리하면, 개인투자자는 위험risk과 수익return을 고려할

때 투자 대상을 고르기조차 어려운 개별 주식보다는 주가지수에 투자하는 것이 보다 바람직하다. 왜냐하면, 주가지수는 상승이냐 하락이냐 만을 전망하면 손쉽게 투자할 수 있기 때문이다.

특히, 한국은행이 기준금리를 인하하면서 시중에 유동성을 공급하고 그 뒤를 이어 상장기업의 경영실적이 호전되는 상승장에서는 주가지수가 상승하면 투자수익이 나는 종목에 투자한다. 반면에, 한국은행이 기준금리를 인상하면서 시중에 퍼진 유동성을 회수하고, 이어서 고금리와 경기 침체로 인해 상장기업의 경영실적이 악화하면서 일부 기업들이 도산하는 등의 상황이 보이면 주가지수가 하락해야만 수익이 나는 인버스 종목에 투자한다.

외환시장을 움직이는 일반 원칙

이 책의 제3장은 외환시장과 환율에 관한 내용이다. 원래, 외환시장은 국내 화폐와 외국 화폐를 서로 교환하는 방식으로 거래하는 곳으로서 그 시장에서 거래되는 이종 화폐 간의 교환비율이 환율이다.

첫째, 국제외환시장에서 아시아지역의 통화인 한국의 원화, 일본의 엔화, 중국의 위안화 등은 외국 화폐 1단위를 살 때 지급하거나 또는 팔 때 받게 되는 국내 화폐 금액으로 표시하는 '자국통화표시환율' 또는 '직접표시환율'에 따라 표기한다. 일례로, 원/달러 환율 1,300원이 그것이다(제3장 제1절).

둘째, 원/달러 환율이 1,300원에서 1,400원으로 상승하면 1달러를 사기 위해 그 차액인 100원만큼의 원화가 추가로 들어간다. 따라서, 한국 원화의 가치가 미국 달러화의 가치에 비교해 하락했다는 뜻으로 '절하切下'라고 표현한다. 또한, 환율인상으로 인해 원화의 가치가 떨어졌다는 의미로 '원화의 약세弱勢' 또는 '원저低'라고도 한다(제3장 제2절).

셋째, 외환시장은 외환을 사려는 사람과 외환을 팔려는 사람 간에 실제 외환의 거래가 이루어지는 활동 및 장소 등의 개념이다. 은행과 개인 고객 간의 외환거래가 이루어지는 '대고객 외환시장'에서는 적은 금액 위주로 수많은 건수가 거래된다. 반면에 '은행간 외환시장'에서는 금융기관 상호 간의 협상에 따라 외환의 가격인 환율이 시시각각 등락하면서 거액 위주로 외환이 거래된다(제3장 제3절).

넷째, 외환 브로커를 통해 '은행 간 외환시장'에서 체결된 외환의 거래량과 가격을 가중평균하면 '시장평균환율'이 산정되는데, 이 환율이 다음 영업일의 매매기준율로 고시된다. 은행은 매매기준율보다 낮은 환율로 고객으로부터 외환을 싸게 사서, 이보다 높은 환율로 고객에게 외환을 비싸게 매도하여 그 차액만큼의 환전수수료수익을 벌어들인다(제3장 제4절 제5절).

다섯째, 국내 외환시장에서는 대부분 미국 달러 위주로 거래되기 때문에, 미국 달러 이외의 매매기준율은 원/달러 환율에 국제외환시장에서 체결된 환산율을 곱해 계산하는데, 이를 '재정환율'이라 부른다. 예를 들어, 원/달러 환율이 1,300원이고 엔/달러의 재정환율이 140원이라면, 100원/엔 환율은 928원으로 산정된다(제3장 제4절).

여섯째, 환율은 외환의 수요와 공급에 따라 결정된다. 일례로, 달러의 수요가 줄어들면서 공급이 늘어나면 원/달러 환율은 하락하고, 반대로 수요가 늘어나면서 공급이 줄어들면 환율은 상승한다. 한국은행은 국내 외국환은행으로부터 외환거래 내용을 수시로 보고받는데 이런 자료를 취합하여 매월 외환의 수급을 요약 정리한 '국제수지표'를 작성 발표하고 있다(제3장 제6절).

일곱째, 국제수지표에서 경상수지와 금융계정이 모두 흑자(+)를 보이면, 외환이 국내에 유입되면서 원/달러 환율은 하락한다. 즉, 외환시장에 외환이 많이 공급되면서 원화 강세 달러 약세로 나타낸다. 이와는 반대로, 경상수지와 금융계정이 모두 적자(-)를 기록하면서 정부의 보유 외환이 외국으로 빠져나가는 상황이다. 결국, 정부의 보유 외환이 바닥이 나면서 외채에 대한 지급 거부가 이어지면, 환율은 갑자기 몇 배에서 수십 배 이상 폭등하면서 극심한 경제 위기에 처하게 된다. 최근, 중남미 국가들의 국제수지가 후자에 해당하는 모습이었다(제3장 제6절).

여덟째, 현물환율에 시장금리를 조정하다 보면 선물환율이 결정된다. 그리고 현물환율과 선물환율의 차이에 따라 앞으로 환율이 상승할지 아니면 하락할지를 전망할 수 있다(제3장 제8절).

아홉째, 환율은 단기적으로 외환시장의 수급에 따라 결정되고, 장기적으로는 그 나라 경제의 기초체력에 좌우된다. 경제의 펀더멘탈과 관련하여 각 나라의 물가변동에 따른 구매력과 경쟁력 등이 향후 환율의 장기 변동에 큰 영향을 미친다(제3장 제9절).

제3장을 정리하면 2022년 말부터 미국 연방준비은행FRB의 급격한 기준금리 인상으로 인해 우리나라 금융시장에서 거액의 외국인 투자자금이 유출되면서 원/달러 환율은 1,100원대에서 1,400원 수준까지 상승했다. 그 당시 은행의 달러 예금에 가입하거나 원/달러 환율 상승 종목ETF에 투자하면 큰 수익을 얻을 수 있었다. 하지만 2023년 하반기에 접어들면서, 미국과 한국의 기준금리가 거의 고점에 도달하면서 원/달러 환율은 1,300 원 내외에서 안정화되는 모습이다.

이 책은 금융시장에 대해 관심을 갖는 개인이나 기업들을 위해 만들어졌다. 이분들에게 금융시장에 대해 기본적인 상식 수준에서 전체적인 윤곽이나 맥을 잡을 수 있도록 쉽게 설명하고자 노력했다.

모쪼록 독자 여러분들이 이 책을 읽고 금융시장에 더 많은 관심을 두면서 신문이나 정보지 등에 수록된 관련 내용을 쉽게 이해할 수 있고, 이런 지식과 경험을 토대로 채권과 금리, 주식과 주가지수, 외환과 환율 등의 변동에 대해 위험은 줄이고 수익은 더욱 늘어나는 투자에 도움이 되기를 기원하는 바이다.

끝으로 이 책을 출간하는데 도움을 주신 분들과 멋지게 책을 만들어준 '도서출판 새로운제안'의 임직원들에게 깊은 감사를 표하는 바이다.

저자 홍성수

| 차례 |

머리말　　　　　　　　　　　　　　　　　　　　4

금리를 움직이는 일반 원칙

01 금융시장과 금리　　　　　　　　　　　　18
02 화폐 발행　　　　　　　　　　　　　　　27
03 예금 통화　　　　　　　　　　　　　　　43
04 통화정책수단　　　　　　　　　　　　　56
05 물가지수　　　　　　　　　　　　　　　72
06 기준금리　　　　　　　　　　　　　　　83
07 금리상식　　　　　　　　　　　　　　　100
08 금리에 투자한다　　　　　　　　　　　109

주가를 움직이는 일반 원칙

01 주식시장과 상장종목　　　　　　　　　140
02 주가의 결정 : 경영실적　　　　　　　　149
03 주가의 결정 : 성장률　　　　　　　　　161
04 주가지수 : 코스피지수　　　　　　　　171
05 주가지수 : 코스닥지수　　　　　　　　185

06 주가의 결정 : 수급   192

07 주가의 추세 분석   205

08 주가에 투자한다   217

환율을 움직이는 일반 원칙

01 외환과 환율   240

02 환율변동과 환리스크   252

03 외환시장   259

04 은행간 외환시장   264

05 대고객 외환시장   274

06 환율 결정 : 국제수지   284

07 환율 결정 : 무역수지   301

08 환율 결정 : 금리   315

09 환율 결정 : 구매력   327

10 외화예금   340

11 환율에 투자한다   347

찾아보기   359

금리가 인상되면, 주가는 하락하고, 환율은 상승한다.

제 1 장

금리를 움직이는
일반 원칙

금융시장과 금리

돈이 거래되는 금융시장

금융시장이란 '돈(자금)이 융통되는 시장'을 말한다. 예를 들어, 돈이 많아 쓰고도 남는 잉여자금을 빌려주고 싶은 사람과 돈이 부족하여 빌려 쓰고자 하는 사람이 만나 돈이 오가는 곳이 '금융시장'이다.

한번 상상해보자. 여러분이 주체할 수 없을 정도로 돈이 많다면 그 남는 돈을 굴리기 위해 어디를 찾아갈까? 반대로, 사업을 하면서 일시적으로 부족한 자금을 빌리려면 어디를 찾아가야 할까? 그 답으로 은행, 저축은행, 보험회사, 대부업체 등이 생각날 것이다. 이도 저도 아니면 마지막으로 사채업자까지 머릿속에 떠오를 수 있다. 금융시장이란 잉여자금과 부족자금을 연결해 거래시키는 활동 및 장소 등을 총칭한다.

원래, 시장에서 물품이 거래되려면 '가격'이 있어야 한다. 보통, 기업들은 생산한 물품의 포장지 겉면에 정가定價를 붙여 판매한다. 일부 예외적으로, 남대문시장을 포함한 재래시장에서는 판매업자가 부른 정가를 기준으로 수차례 흥정을 통해 가격이 결정되기도 한다.

특히, 중국이나 동남아 여행을 하면서 야시장夜市場에서 물품을 살 때, 상인이 처음 부른 가격에 그 물품을 사면 '호구'가 되기에 십상이다. 이런 야시장에서 물품을 구매하려면 장기간에 걸쳐 끈기 있는 협상력이 있어야 돈을 절약할 수 있다.

금융시장에서의 이자율과 금리

금융시장에서는 가격 메커니즘이 어떻게 작동하면서 자금이 거래될까? 바로 '이자율' 또는 '금리'가 가격으로 작용한다. 원래, 이자율과 금리는 그 뜻이 다른데도 불구하고, 일상에서는 혼용하여 사용되기도 한다.

금융시장에서 개별 건별로 자금이 거래될 때 적용되는 가격을 '이자율'이라 부른다. 일례로, 개인 A가 은행으로부터 1억 원을 연 5%로 빌린다면 이때 A는 연 5% 가격(이자율)으로 대출을 받는다는 뜻이다.

한편, 또 다른 개인 B가 연 4%의 이자율로 2억 원을 그리고 C가 연 6%의 이자율로 5억 원을, 그 외에 수많은 개인이 서로 다른 이자율로 대출을 받아 이들을 모두 더해보니 총 2,000조 원의 대출이 이루어졌다고 하자. 이런 상황에서 내가 대출받은 이자율이 다른 사람에 비해 낮은지 아니면 높은지가 궁금할 것이다. 이를 알아보기 위해 개별 건별로 적용된 대출이자율을 가중 평균해서 계산한 그 수치가 바로 '금리'이다.

한국은행은 대출금리와 예금금리 등을 포함하여 금융시장에서 이루어지는 금융 거래와 관련된 각종 통계자료를 발표하고 있다. 예를 들어, 한국은행이 은행의 대출금리가 5%라고 발표하면 그 당시 은행에서 이루어진 수없이 많은 대출이자율의 평균값이 5%라는 뜻이다. 이런 통계자료와 비교하다 보면 자신의 대출이자율이 적정한 수준인지 아닌지 그 높낮이를 가늠할 수 있다.

예금은행의 금리 추세

〈도표 1-1〉은 한국은행이 발표한 예금은행의 금리와 관련된 자료이다. 이 그래프에 담긴 내용에 대해 알아보자.

〈도표 1-1〉에서 보면 예금은행의 수신금리(예금금리)는 연 3.01%(2005년 1월)에서 점진적으로 올라 연 4.86%(2008년 10월)라는 최고치를 기록했다. 그 후, 지속해서 내림세를 보이면서 연 0.66%(2021년 6월)라는 역사상 최저치를 기록하면서 수년간 저금리 현상이 이어진다. 하지만 2022년 하반기, 미국 연방준비제도FRB의 기준금리 인상에 발맞춰 한국은행의 금융통화위원회가 금리를 인상하면서 예금

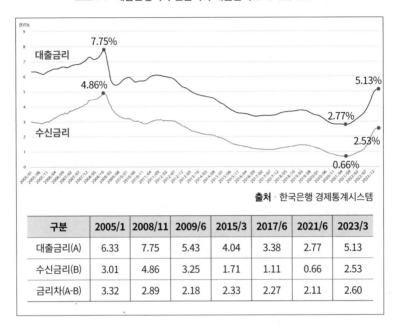

<도표 1-1> 예금은행의 수신금리와 대출금리(잔액 기준, 단위 : %)

출처 · 한국은행 경제통계시스템

구분	2005/1	2008/11	2009/6	2015/3	2017/6	2021/6	2023/3
대출금리(A)	6.33	7.75	5.43	4.04	3.38	2.77	5.13
수신금리(B)	3.01	4.86	3.25	1.71	1.11	0.66	2.53
금리차(A-B)	3.32	2.89	2.18	2.33	2.27	2.11	2.60

금리가 연 2.53%(2023년 3월)까지 상승했다. 결국, 금융환경이 저금리에서 고금리로 피벗pivot(전환) 되는 상황이다.

예금은행의 대출금리 역시 수신금리(예금금리)와 거의 유사한 추세를 보인다. 대출금리는 연 7.75%(2008년 11월)에서 하락세를 보이면서 연 2.77%(2021년 6월)의 최저점에 도달한다. 하지만, 각 나라 중앙은행이 모두 기준금리를 인상하면서 연 5.13%(2023년 3월)까지 상승한다.

예금은행

예금은행이란 예금을 유치해서 대출하는 업무를 주된 사업으로 영위하는 금융회사를 뜻한다. 예금은행에는 〈도표 1-2〉와 같이 시중은행, 지방은행, 외국은행의 국내지점, (특별법에 따라 설립된 은행 중 예금업무 비중이 높은) 특수은행 등이 모두 포함된다. 한국은행에서 발표하는 예금은행의 예금총액과 대출총액 그리고 예금금리와 대출금리는 이들 은행의 관련 금액을 모두 더한 수치거나 평균값을 의미한다.

<도표 1-2> 예금은행에 포함되는 금융회사

시중은행	KB국민은행, 우리은행, 신한은행, 하나은행, SC제일은행, 씨티은행 등
지방은행	대구은행, 부산은행, 경남은행, 광주은행, 전북은행, 제주은행 등
외국은행 국내지점	미국계 지점(제이피모간체이스, 뱅크오브아메리카, 웰스파고은행 등), 일본계 지점(미즈호은행, 미쓰이스미토모은행 등), 유럽계 지점(홍콩상하이은행, 유바프은행, 도이치은행 등), 중국계 지점(중국은행, 중국공상은행, 교통은행 등)
특수은행	기업은행, 산업은행, (농업협동조합, 수산업협동조합, 축산업협동조합의) 신용사업 부문 등

예금은행의 수신과 여신

예금은행이 외부로부터 자금을 조달하는 것을 전문 금융용어로 수신受信(신용을 받아들임)이라 칭한다. 예금은행의 수신은 크게 예금(보통예금, 정기예금, 정기적금 등), 시장형 금융상품(CD, RP, 표지어음, 금융채 등), 외화차입 등 세 가지 유형으로 구분된다.

원래, 수신금리는 예금은행이 각기 조달한 자금의 유형별 이자율을 가중 평균하여 계산한다. 특히, 예금은행의 전체 수신 중 예금이 대략 85%라는 상당한 비중을 점하기 때문에 수신금리와 예금금리는 거의 같은 의미로 사용된다.

한편, 예금은행이 조달한 자금을 외부에 빌려주는 것을 전문 금융용어로 여신輿信(신용을 공여함)이라고 한다. 특히, 예금은행은 가계나 기업에 돈을 빌려주는 대출업무만이 가능하다. 다시 말해, 예금은행이 주식이나 부동산 등 (가격이 등락이 심한) 위험자산에 대한 투자는 극히 예외적인 상황(사옥 매입이나 부실대출로 인한 담보 부동산의 압류 등)을 제외하고는 관련 법률에 따라 금지되어 있다.

왜냐하면, 예금은행이 위험자산에 투자하다 보면 가격 하락으로 인해 투자 손실 가능성이 있고, 만약 큰 폭의 투자 손실이 발생하여 예금주들에게 예금을 반환하지 못하는 상황(뱅크런)에 몰리면 금융 혼란에 따라 경제 활동이 위축 내지는 마비될 수 있기 때문이다. 따라서, 예금은행의 여신은 대부분이 대출로 구성되기에 여신금리와 대출금리는 같은 개념으로 받아들이면 된다. 대출금리는 예금은행의 각 여신 유형별 이자율을 가중 평균하여 계산한다.

예금은행의 예대마진과 손익구조

예금은행은 영리를 목적으로 설립한 금융회사이다. 그러면, 예금은행의 이익은 어디에서 어떻게 나올까?

우선, 예금은행이 돈을 빌려준 사람으로부터 받는 대출이자가 주된 영업수익을 구성한다. 한편, 예금한 사람에게 지급하는 예금이자가 영업비용의 대부분을 차지한다. 당연히, 영업수익(대출이자)에서 영업비용(예금이자)을 차감하면 영업이익이 계산된다.

만약, 예금은행의 대출금리가 연 3%이고 예금금리가 연 1%라면 그 차이는 연 2%로 나타난다. 이 차이나는 이자율을 전문 금융용어로 '예대마진(대출금리 - 예금금리)'이라 부른다. 앞의 〈도표 1-1〉에서 보듯이 예금은행의 예대마진은 고금리 상황에서는 대략 3%대, 반면에 저금리 시대에는 약 2% 초반대에서 움직인다.

이와 관련하여 예금은행의 수익, 비용, 이익을 살펴보자. 어떤 예금은행의 대출총액 및 예금총액이 각각 대략 500조 원, 예금금리가 1%, 대출금리가 3%라고 하자. 이런 상황이라면 이 은행의 영업수익은 약 15조 원(500조 원의 3%)이고 영업비용이 약 5조 원(500조 원의 1%)이기에 영업이익은 10조 원(500조 원의 2%)만큼 발생한다.

이런 영업이익에서 은행원들에게 지급하는 인건비, 본지점 등의 사무실 관리 유지비, 전산 업무 개발 및 관리비, 대출금을 제 때 상환받지 못해 발생한 부실대출을 손실로 처리하면서 발생하는 대손상각비 등을 모두 더한 금액 5조 원(500조 원의 1%)을 차감하면 세전 이익이 5조 원(500조 원의 1%) 수준을 기록한다.

특히, 예금은행의 예대마진이 저금리로 인해 2%대까지 내려가면 세전 이익은 거의 제로(0)에 근접하면서, 이때 일부 거래 기업의 도산으로 인해 거액의 부실채권이 발생하는 순간에 그 영업실적은 적자로 돌아선다. 반면에 고금리로 인해 예대마진이 커질수록 그만큼 이익이 늘어나는 손익구조를 보이는 것이 은행업의 주된 특징이다.

예금은행의 손익구조 개선방법

그러면, 예금은행이 이익을 획기적으로 늘리는 묘책은 있을까? 다음 세 가지 방법이 가능하지 않을까 싶다.

첫째, 예금금액과 대출금액을 크게 증액시키는 방안이다. 예를 들어, 다른 예금은행을 인수·합병하거나 혹은 세계적인 갑부로부터 거액의 예금을 유치하는 등의 방법으로 은행이 대출총액을 500조 원에서 1,000조 원으로 늘린다면 당연히 이익은 5조 원에서 10조 원으로 늘어난다. 일례로, 한국의 시중은행들은 1997년 외환위기를 겪으면서 부실 금융기관 간의 통폐합 과정을 거쳐 대형화를 이뤘고, 이어서 2008년 세계적인 금융위기 이후에는 해외(특히 동남아나 동유럽 지역 등) 진출을 통해 그 규모를 계속 늘려왔다.

둘째, 인적, 물적 업무 처리 방식을 효율화함으로써 인건비, 점포관리비, 전산처리비, 대손상각비 등을 감축하면 할수록 그만큼 이익이 늘어난다. 반면에, 은행이 방만하게 경영관리를 하면 할수록 불요불급한 비용이 증가하면서 이익은 줄어드는 모습을 보일 수밖에 없다.

셋째, 예금은행 본연의 사업 이외의 타 금융회사가 만든 각종 금융상품을 중개 판매하여 수수료 수입을 늘리는 방안이다. 이와 관련하여 예금은행은 단골손님들에게 보험회사의 보험상품, 자산운용회사의 펀드상품, 증권회사나 해외투자은행의 각종 파생상품 등을 중개하여 거액의 부대 수익을 벌어들였다. 하지만, 예금은행이 고객에게 중개한 금융상품 중 고위험 상품(라임자산운용이나 디스커버리 자산운용의 펀드상품 또는 해외투자은행이 만든 KIKO, DLS, ELS 등의 각종 파생상품)으로 인해 큰 손실을 입힘으로써 국내 은행들은 그동안 쌓아온 신뢰와 명성을 그들 자신이 스스로 허물고 있는 실정이다.

화폐 발행

돈(자금)

금융시장은 돈(자금)이 거래되는 시장이다. 그래서, 금융시장을 제대로 이해하려면 먼저 '돈이란 무엇인가'부터 제대로 이해해야 한다. 일단, 경제 내에서 돈으로 인정받으려면 다음 3가지 요건을 갖춰야 한다.

첫째, 돈은 '거래의 교환수단'으로 사용할 수 있어야 한다. 일례로, 여러분이 몇 년간 사용한 중고 오토바이를 중고 자동차로 교환하고 싶다고 하자. 만약 돈이 존재하지 않는 세상이라면 우선 맞교환 상대(중고 자동차를 중고 오토바이로 교환하고자 하는 사람)를 찾아내야만 한다. 다행스럽게도 인터넷에서 그 사람을 찾았다 해도, 뒤를 이어 또 다른 문제가 발생한다. 다시 말해, 서로 맞교환하고자 하는 중고 자동차와 중고 오토바이의 가치를 어떻게 측정할 것인지, 그 차액을 어떤 물품으로 어떻게 바꿀 것인지 등이다.

과거의 사례를 되짚어보면 이런 물물교환은 국내 및 각 나라 간의 원활한 물품 거래를 방해하는 큰 문제점으로 지적되었다. 그런데, 공신력 있는 그 누군가가 교환수단으로 사용 가능한 '돈(화폐)'을 발행한다면, 물물교환의 여러 문제점이 해결된다. 다시 말해, 중고 오토바이를 사고자 하는 사람에게 돈을 받고 팔고, 한편으로 돈을 주고 원하는 중고 자동차를 사면 된다.

둘째, 돈은 '가치의 저장수단'으로 사용할 수 있어야 한다. 만약 경제 내에 돈이 존재하지 않는다면 사람은 월급(수입) 전액을 받는 그달에 모두 써야만 한다. 왜냐하면, 별도로 저장수단이 없기에 안 쓰고 남겨봐야 소멸하기 때문이다. 하지만 경제 내에 돈(화폐)이 존재함으로써 월급 한도 내에서만 쓰고 남은 차액을 저장할 수 있게 된다. 예를 들어, 월급 300만 원에 지출이 200만 원이라면 매월 100만 원을 저축한 후, 미래 필요한 시기에 꺼내서 사용하면 된다.

셋째, 돈은 '가치의 측정수단'으로 사용할 수 있어야 한다. 시장에서 거래되는 모든 물품에는 가격(정가)이 붙어 있다. 그리고 이 가격을 서로 비교하여 그 물품이 비싼지, 싼지를 판단한다. 동시에, 어떤 물품이 다른 물품에 비해 그 가치의 차이가 어느 정도 나는지 가격을 통해 알게 된다. 일례로, 아파트 평균 시세가 서울 지역은 10억 원이고 경기도 지역이 5억 원이라면 서울의 아파트 가치가 경기도와 비교해 개략적으로 2배만큼 더 나가고, 따라서 서울 아파트 한 채를 팔면 경기도 아파트 두 채를 살 수 있다는 계산이 나온다.

중앙은행

각 나라의 중앙은행은 위에서 언급한 돈의 3가지 요건을 모두 갖춘 대상물을 '화폐'라는 이름으로 발행하고 있다. 예를 들어, 한국에서는 한국은행이 발행한 원화, 미국의 경우 재무부에서 발행하는 달러화, 일본은 일본은행이 발행한 엔화, 중국은 인민은행에서 발행한 위안화, 유럽에서는 일부 지역(영국, 덴마크, 스위스, 북유럽 국가 등)을 제외하고는 유럽 중앙은행이 발행한 유로화 등이 화폐로서의 역할을 담당한다. 이처럼, 각 국가의 화폐를 발행하면서 동시에 그 나라의 금융정책을 총괄하는 정부기관을 '중앙은행'이라고 부른다.

화폐발행액

〈도표 1-3〉은 한국은행이 발행한 화폐 유형과 그 잔액에 관한 통계 자료이다. 일단, 우리나라의 화폐는 지폐(일천원권, 오천원권, 일만원권, 오만원권 등)와 동전(일원, 십원, 오십원, 일백원, 오백원 등)으로 구성된다. 이 자료에 담긴 내용을 하나하나 알아보자.

<도표 1-3> 한국은행의 화폐 발행 잔액 (말잔, 단위 : 조원)

출처 · 한국은행 경제통계시스템

구분	2000	2008	2009	2014	2016	2018	2020	2023/4
오만원	-	-	9.9	52.0	75.8	94.7	124.5	153.4
일만원	18.8	26.7	23.3	17.9	16.2	15.1	17.5	16.1
오천원	0.6	1.0	1.0	1.2	1.3	1.4	1.4	1.4
일천원	0.8	1.2	1.2	1.4	1.5	1.6	1.6	1.6
기타	1.2	1.9	1.9	2.4	2.6	2.6	2.6	2.5
합계	21.4	30.8	37.3	74.9	97.4	115.4	147.6	175.0

권종별 화폐발행액

새로운 한 세기가 시작되는 2000년 말, 한국은행의 화폐 발행 잔액
은 21.4조 원이었다. 그 세부 내용을 권종별로 살펴보면 일만원권이
전체 금액 중 약 88%(18.8조 원)를 차지했다. 그러다가 2009년 6월 한
국은행이 오만원권을 신규로 발행하면서 그 비중이 급변하게 된다.
현재(2023년 4월 말), 전체 화폐 발행 잔액에서 일만원권은 11%(16.1조 원)에 불과한 데 반해, 오만원권이 압도적인 비중인 89%(금액으로는 153.4조 원)를 차지한 상황이다.

실제 오만원권이 발행되기 전만 해도 은행이 발행하는 10만 원짜리 자기앞수표가 고액권으로 이용되었다. 원래, 자기앞수표는 은행이 고객으로부터 그 액면 금액을 받았다는 사실을 증명하는 문서로서 이를 소지한 사람이 은행에 요구하면 그 금액을 무조건 지급하겠다고 약속한 증서이다. 특히, 은행의 자기앞수표는 발행되어 시중에 돌고 돌아 은행으로 되돌아오면 일정 기간이 지난 후에 최종적으로 폐기하였다. 화폐가 재사용되는 것과는 전혀 다르다는 뜻이다. 이에 따라, 일회용 자기앞수표의 발행으로 인해 자원의 낭비가 심하다는 지적과 우리나라의 경제력이 커가는 상황에 맞춰 고액권을 발행할 필요가 있다는 요구가 잇따르면서, 그 결과 2009년 6월부터 오만원권이 새롭게 발행하게 되었다.

그런데, 〈도표 1-3〉에 눈을 사로잡는 부분이 하나 있다. 즉, 2009년에 오만원권이 발행되면서 과거와 달리 화폐 발행액이 급증한다는 점이다. 예를 들어, 2000년(21.4조 원)부터 2008년(30.8조 원)까지 8년에 걸쳐 화폐 발행액이 대략 44% 늘어났다. 반면에, 2009년(37.3조 원)부터 현재(2023년 4월 말 175조 원)까지 14년 동안에 무려 370%만큼이나 증가한 것이다. 그 주된 요인으로는 오만원권의 발행이 과거 일만원권과는 달리 단기간에 급증했기 때문이다.

화폐의 환수율

56쪽의 '지급준비율'에서 자세히 설명하겠지만 한국은행이 발행한 화폐는 예금은행을 통해 시중에 흩어져서 뿌려진 후 수차례에 걸쳐 돌고 돌아서 최종적으로 한국은행의 '돈창고'로 되돌아와야 한다. 이와 관련된 통계지표가 '화폐의 환수율'이다.

한국은행이 국회에 보고한 자료(2020년 7월)에 따르면 일만원권을 최초 발행한 시점(1973년)부터 그 보고 시점까지의 누적환수율은 98.86%이었다. 다시 말해, 대부분의 일만원권이 한국은행 돈창고로 되돌아왔고 단지 1%만큼만 시중에서 유통된다는 것이다.

이와는 대조적으로 오만원권은 최초 발행 시점(2009년)부터 그 보고 시점까지 누적 발행액이 대략 228조 원이고, 이 중 한국은행의 돈창고로 되돌아온 환수액은 112조 원(49%)에 불과한 것으로 밝혀졌다. 그 차액인 약 116조 원(51%)만큼 시중에 남아서 돌고 있다는 것이다. 일례로, 사람들의 돈지갑, 가정과 기업의 금고 등에 보관되어 있다는 뜻이다. 이런 수치를 실감이 나게 풀어보면 오만원권의 민간 유통액(약 116조 원)을 총인구(5천만 명)로 나누면 인당 평균 232만 원이 된다. 즉, 국민 개개인의 지갑에 오만원권을 대략 46장 정도 갖고 다녀야 평균치라 할 수 있다.

우리나라 최고액권 화폐 회수율인 49%는 다른 나라에 비해 상당히 낮은 편이다. 일례로, 미국의 최고액권 화폐인 100달러의 환수율은 줄곧 70% 수준을 웃돌고 있다. 또한, 유로존(유로화 사용 19개국)의 최고액권 화폐 500유로의 환수율 역시 90%를 상회한다.

고액권의 환수율이 낮은 이유

우리나라의 오만원권 회수율이 낮은 이유를 추정해 본다.

첫째, 개인이나 기업들이 물품을 구매하면서 체크카드나 신용카드 등의 결제 수단보다 현금으로 지급하기를 선호하기 때문에 시중에 고액권이 많이 유통될 수밖에 없다는 것이다. 하지만, 국내 거래대금의 약 95% 이상이 카드나 계좌이체로 결제된다는 통계자료에 따르면 이 추정은 거짓으로 드러난다.

둘째, 그동안 몇 년간 이어진 저금리로 인해 은행의 예금금리가 연 1%까지 내렸고, 이런 쥐꼬리만 한 이자소득에 15.4%(소득세 14%와 지방세 1.4%)만큼의 세금을 차감하면 실제 받는 이자소득은 연 0.846%에 불과하다. 일례로, 은행에 1억 원을 정기예금하면 연간 85만 원(월 7만 원)을 이자로 받는다는 뜻이다. 이런 수준의 이자소득을 받느니 아예 원화, 달러화, 금궤 등으로 집안 금고에 넣어두는 편이 낫다는 것이다.

셋째, 국내 세법에 따라 자식 등에게 재산을 증여(상속)할 경우 세무서에 상속세(증여세)를 내야 한다. 특히, 국세청은 과거 몇십 년에 걸쳐 엄청난 인력과 거액의 비용을 투입하여 획기적인 국세전산시스템(TIS, PCI, NTIS 등)을 개발했다.

이 전산시스템에 개인의 주민등록번호나 법인의 사업자등록번호 등 기초자료만 입력하면 그들의 각종 소득과 지출 내용 그리고 자산(예금, 펀드, 보험, 부동산, 차량 등)의 이동상황(취득, 보유, 처분 등)을 한 눈에 파악할 수 있다. 다시 말해, 각종 자산을 자식 등에게 물려줄 때 세금을 절대 피할 수 없다는 것이다.

하지만, 은행에서 돈을 찾아내서 여러 번에 걸쳐 손 바꿈이 이루어지다 보면 돈에 꼬리표가 없기에 국세청이 현금 흐름을 정확하게 추적하기가 쉽지 않다. 왜냐하면, 돈은 돌고 돌기 때문에 돈이지 않은가? 결국, 국내 고액 자산가들이 증여세(상속세)를 회피하기 위해 현금 보유액이 늘어나, 이로 인해 고액권의 회수율이 낮아지지 않았나 싶다.

넷째, 지하경제란 정부에 세금을 내지 않기 위해 외부에 드러나지 않는 경제 활동으로 크게 두 가지 유형이 있다. 우선, 조폭 등의 범죄 조직의 주도하에 이루어지는 마약매매, 성매매, 도박 등 불법 행위의 대가로 현금을 주고받는 것이다. 다음으로, 민간 경제 주체들의 정상적 경제 활동을 지원하면서 행해지는 법률 위반 행위(사기, 뇌물, 배임, 횡령 등)에 따라 현금을 주고받는 것이다. 예를 들어, 검찰이 고위 공직자나 정치인 등의 집이나 사무실을 압수 수색할 때마다 현금 뭉치가 무더기로 발견되는 것으로 미루어 지하경제가 실제 존재한다는 것을 확실하게 보여준다.

실제로, 오만원권은 그 당시 극심한 반대에도 불구하고 발행이 강행된 바 있다. 반대 이유로 오만원권은 일만원권에 비해 크기나 부피가 작고, 자기앞수표와는 달리 기록이 남지 않는다는 점에서 자금세탁과 뇌물수수에 이용되거나 지하경제의 규모를 키울 것이라는 우려 때문이었다. 예를 들어, 오만원권 100장을 묶은 다발 20개(1억 원)의 무게는 2kg에 불과하고, 일명 뇌물박스라 불리는 '사과 상자'에 오만원권을 가득 채우면 15억 원(일만원권은 3억 원)까지 담기는 것으로 알려졌다.

원래, 지하경제는 경제의 규모(선진국, 후진국)나 경제의 체제(자본주의, 공산주의)를 불문하고 존재한다. 예를 들어, 선진국의 경우 지하경제 규모는 국내총생산GDP의 10%대로 추산된다. 실제로 미국은 GDP의 8.4%, 일본은 GDP의 10.8%로 알려져 있다. 한편, 국제통화기금(IMF)의 연구에 따르면, 한국의 지하경제 규모는 GDP의 23.1%(2009년)에서 19.8%(2015년)로 선진국 평균보다 약 2배 수준에 달하고, 그 비중은 꾸준히 줄어들고 있다고 발표한 바 있다. 이로 미루어, 오만원권 중 많은 부분이 이런 지하경제에 매우 요긴하게(?) 활용되고 있지 않나 판단된다.

주조차익(세뇨리지)

이미 설명한 바와 같이, 은행은 영리를 목적으로 설립한 금융회사이다. 그리고 은행은 영업수익(대출이자)에서 영업비용(예금이자)과 관리비용(인건비, 점포관리비용, 전산처리비용, 대손비용 등)을 차감하여 계산하는 이익을 극대화하기 위해 관련 사업을 펼쳐 나간다. 그러면, '한국은행도 영리법인일까? 만약 영리법인이 아니더라도 손익계산서는 작성할까?' 등의 의문이 떠오른다.

우선, 한국은행은 비영리법인이지만 손익계산서는 작성한다. 그리고 한국은행의 손익계산서에 화폐 발행금액이 '영업수익'으로 표시된다. 일례로, 한국은행이 오만원권 한 장을 발행하면 영업수익 5만 원이 발생한다. 한편, 화폐를 발행하는데 들어간 비용은 영업비용으로 처리한다. 즉, 한국은행이 오만원권 한 장을 조폐공사로부터 약 100원에 구매하여 시중에 유통하면 한국은행은 영업수익 5만 원에 영업비용 100원을 뺀 차액인 49,900원만큼 영업이익을 얻는다. 따라서, 한국은행의 화폐 발행액이 175조 원이라면 (조폐공사로부터의 구매비용이 화폐의 액면가에 비해 거의 무시할 정도로 적기에) 그 금액만큼의 영업이익을 얻었다는 뜻이다.

원래, 화폐의 명목 금액과 제조비용의 차이를 주조차익鑄造差益, 프랑스어로 세뇨리지Seigniorage라고 부른다. 과거 절대 왕정 시대의 주화(금화, 은화, 동화 등)를 제조하면서 얻는 명목 금액과 그 제조비용의 차액이 주조차익에 해당한다.

한국은행은 주조차익에 따라 얻는 영업이익을 어떻게 사용할까? 일단, 영업이익에서 관리비(임직원 인건비, 본점 및 지방 사무소 관리비, 통계자료 조사비, 전산처리비 등)를 차감하여 최종 이익을 계산한다.

한국은행

한국은행은 한국은행법에서 정한 규정에 의거 설립된 비영리법인으로 그 목적은 한국은행법 제1조에 명확하게 설명하고 있다.

한국은행법 제1조(목적)

① 이 법은 한국은행을 설립하고 효율적인 통화신용정책의 수립과 집행을 통하여 물가안정을 도모함으로써 국민경제의 건전한 발전에 이바지함을 목적으로 한다.

② 한국은행은 통화신용정책을 수행할 때에는 금융안정에 유의하여야 한다.

위에 따르면 한국은행은 '물가안정'과 '국민경제의 발전'을 위해 통화신용정책을 수립하고 집행하기 위해 설립된 공적 기관이다.

〈도표 1-4〉의 한국은행 조직도를 보면 '금융통화위원회'를 중심으로 두고 그 부속기관으로 본부부서, 지역본부, 감사실 등이 업무를 지원하는 방식으로 구성되어 있다.

금융통화위원회는 한국은행의 통화신용정책에 관한 사항을 심의·의결하는 정책 결정기구로서 한국은행 총재와 부총재를 포함하여 총 7인의 위원으로 구성된다. 다른 5인의 위원은 기획재정부 장관, 한국은행 총재, 금융위원회 위원장, 대한상공회의소 회장, 전국은행연합회 회장 등의 추천을 받은 사람을 대통령이 임명한다. 한국은행 총재와 위원의 임기는 4년으로 연임할 수 있다.

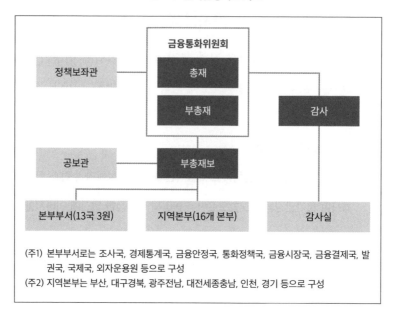

<도표 1-4> 한국은행의 조직도

금융통화위원회

정책보좌관 ─ 총재

부총재 ─ 감사

공보관 ─ 부총재보

본부부서(13국 3원) | 지역본부(16개 본부) | 감사실

(주1) 본부부서로는 조사국, 경제통계국, 금융안정국, 통화정책국, 금융시장국, 금융결제국, 발권국, 국제국, 외자운용원 등으로 구성
(주2) 지역본부는 부산, 대구경북, 광주전남, 대전세종충남, 인천, 경기 등으로 구성

한국은행은 내부적으로 물가 조정 목표를 정하고 있다. 연 소비자물가 상승률 2%가 그것이다. 만약, 물가상승률이 연 2%를 초과하는 고물가 상황이라면 금융통화위원회는 물가안정을 도모하기 위해 기준금리를 인상하는 등 긴축적인 통화신용정책을 결정한다. 반면에, 물가상승률이 연 2% 이하거나 심지어 마이너스(-)를 기록하면서 침체양상을 보이면 경제의 건전한 발전을 모색하는 차원에서 기준금리를 인하하는 등 완화적인 정책을 결정한다.

금융통화위원회가 위원들 간의 토의를 거쳐 향후의 통화신용정책을 의결하면 한국은행의 모든 부서가 협력하여 그 의결사항이 금융시장에 영향을 미쳐 의도하는 결과가 나타나도록 구체적인 통화정책 수단을 집행한다. 만약, 금융통화위원회가 기준금리를 인상하는 등 긴축적인 통화정책을 결정하면 한국은행은 시중의 통화량을 줄이기 위한 온갖 정책수단을 시행함으로써 단기간에 시장금리가 그 의도한 수준에 도달하도록 노력하게 된다. 한편, 완화적인 통화정책으로 의결되면 시중의 통화량을 늘리기 위한 각종 정책수단이 집행된다.

미국의 FRB와 FOMC

한국은행과 유사한 중앙은행의 업무를 수행하는 미국의 공적 기관이 '연방준비제도FRB, Federal Reserve Board of Governors'이고, 공식적으로는 '연준the Fed'이라는 약칭으로 부른다. 그리고, FRB 조직 내에 있는 연방공개시장위원회FOMC, Federal Open Market Committee가 우리나라의 금융통화위원회처럼 통화정책을 결정한다. 다시 말해, FOMC가 향후 통화정책을 의결하면 FRB는 금융시장에 그 결과가 구체적으로 나타나도록 다양한 정책수단을 집행한다.

FOMC는 7인의 FRB 이사와 12인의 연방준비은행 총재 등 총 19명으로 구성된다. 이 중 7명의 FRB 이사는 대통령이 지명하고 상원의 인준을 받아 임명된다. 반면에, 12명의 연방준비은행 총재는 각 연방준비지역의 이사회에서 선출하여 FRB의 (형식적인) 인준 절차를 거쳐 임명된다. 언뜻 보면 정부 및 의회와 관련 없는 독립적인 인사가 12명으로 정부와 의회에서 임명된 7명보다 더 많아서 다른 나라에 비해 비교적 독립성이 보장된 중앙은행제도라 할 수 있다.

하지만, 실제 FOMC가 통화정책을 결정하는 데 있어 미국 정부나 의회가 강한 영향을 미치는 편이다. 그 이유는 FOMC의 특이한 의사결정 구조 때문이다. 예를 들어, 통화정책에 관한 논의는 19명 모두가 참여하지만 실제 통화정책을 결정하는 표결에는 19명 중 12명만 참여한다. 그 12명에는 정부에서 임명한 7명의 FRB 이사와 뉴욕 연방준비은행 총재, 나머지 4명은 각 연방준비지역에서 선출한 총재가 매년 돌아가면서 의결에 참여하므로 실제 정부 및 의회와 뜻을 같이하는 사람들이 과반수 이상을 차지하면서 통화정책을 결정하기 때문이다.

통화안정증권

한국은행의 손익계산서에는 영업비용 중에서 '통화안정증권 이자비용'이라는 항목이 큰 금액을 차지하고 있다. 우선, 통화안정증권이란 시중에 통화량이 너무 많이 풀려 향후 물가상승이 우려되는 상황에서 한국은행이 그 통화량을 환수하면서 대가로 발행하여 지급하는 채권증서를 말한다. 당연히, 한국은행은 그 채권을 소유한 사람에게 약정된 이자를 지급해야 하는데 이를 '통안증권 이자비용'이라 한다. 반면에, 금융시장에 돈이 돌지 않아 기업이 도산하는 등 경기가 침체되는 양상을 보이면, 한국은행은 과거에 발행한 통화안정증권을 매입하면서 시중에 현금(통화)을 공급한다.

한마디로 정리하면 한국은행은 화폐를 발행하면서 얻는 '주조차익(영업수익)'으로 시중의 통화량을 적절한 수준에서 관리하기 위해 발행하는 '통화안정증권 이자비용(영업비용)'에 충당하는 손익구조를 가진 공적 기관이라는 뜻이다.

정부의 은행

우리나라 국세청이 국민으로부터 징수하는 세금 등 정부의 모든 수입은 일단 한국은행의 정부계좌로 들어간다. 그다음 공무원 인건비, 정부 물자 구매비, 공공건설공사 대금 등의 정부 지출(세출)은 모두 그 계좌에서 인출하여 지급한다. 특히, 세입보다 세출이 많아 정부 재정이 적자가 나는 경우 그 차액을 메꾸기 위해 채권(국채)을 발행하는데, 이와 관련된 업무도 한국은행에서 처리한다. 이에 따라 한국은행을 '정부의 은행'이라고 칭한다.

〈도표 1-5〉는 한국은행이 관리하는 통화안정증권과 정부 국고채의 발행 잔액이다. 현재(2023년 4월 말) 통화안정증권은 개략적으로 122조 원 그리고 정부가 빚을 내면서 발행한 국고채권이 대략 964조 원으로 나타난다. 만약, 그 채권의 이자율이 3%라면, 매년 한국은행은 약 3.7조 원 상당액을 그리고 정부는 약 39조 원에 달하는 이자를 부담하고 있다.

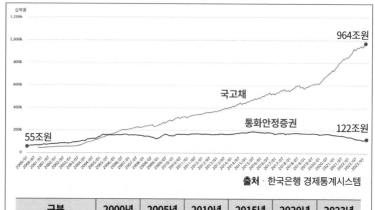

<도표 1-5> 한국은행 국고채와 통화안정증권의 잔액 추세(단위 : 조원)

출처 · 한국은행 경제통계시스템

구분	2000년	2005년	2010년	2015년	2020년	2023년
국고채	55.4	170.4	310.1	485.1	726.8	964.0
통화안정증권	43.7	155.2	163.5	180.9	159.3	122.4

㈜ 매년 12월 말 잔액이고, 2023년은 4월 말 잔액

예금통화

금융통화위원회에서 금융긴축, 금융완화, 현상 유지 중에서 현재의 경제 상황을 고려하여 앞으로의 통화정책을 의결하면 한국은행은 다양한 정책수단을 실행하여 단기간 내에 그 결과가 나타나도록 노력한다.

우선, 한국은행의 통화신용정책 수단의 근간이 되는 '신용 창출'에 관해 알아보자.

신용 창출

한국은행이 발행한 화폐가 시중에 유통되면서 통화로 변화하는 과정을 일명 '신용 창출'이라고 한다. 어떤 절차를 거치는지 예를 들어 알아보자.

먼저, 한국은행이 100억 원의 화폐를 새롭게 발행하여 은행에 빌려준다고 하자. 이런 금융 거래에 따라 은행의 재무상태표에 자금조달 항목 중 '한은차입금'이 나타난다. 여기서, 재무상태표란 일정 시점에 자금의 조달(오른쪽, 대변)과 자금의 운용(왼쪽, 차변)을 정리한 보고서를 말한다.

이런 '한은차입금'을 이용하여 은행은 (개인이나 기업 등의 경제 주체인) A에게 100억 원을 대출할 수 있다. 논리의 편리를 위해 A는 대출받은 100억 원 전액을 그 은행에 예금한다고 하자. 그러면, 은행은 그 예금을 활용하여 또 다른 경제 주체인 B에게 100억 원을 빌려주고 또한 B는 그 전액을 다시 예금한다고 하자. 이와 같이, 은행이 예금을 받아 대출하는 과정을 '신용 창출'이라고 한다. 이런 신용 창출이 5번을 반복한 결과가 바로 〈도표 1-6〉이다.

〈도표 1-6〉에서 보듯이 한국은행이 화폐를 발행하여 은행에 빌려준 돈은 100억 원에 불과하지만, 이를 기반으로 은행의 예금총액은

<도표 1-6> 은행의 재무상태표

대출(자금 운용)		예금(자금 조달)	
A 대출	100억 원	한은차입금	100억 원
B 대출	100억 원	A 예금	100억 원
C 대출	100억 원	B 예금	100억 원
D 대출	100억 원	C 예금	100억 원
E 대출	100억 원	D 예금	100억 원
현금	100억 원	E 예금	100억 원

㈜ 화폐 발행액 =100억 원
통화량 = 화폐 발행액(100억 원) + 예금(500억 원) = 600억 원

500억 원 그리고 대출총액도 500억 원으로 늘어난 상황이다. 특히, 화폐 신규 발행액 100억 원은 은행이 보유하는 현금 잔액 100억 원과 정확하게 일치한다.

이 사례에서 한 가지 의문이 들 것이다. 다시 말해 A와 B 등 모든 경제 주체들은 은행에 예금하려고 대출을 받지는 않을 것이고 그 대출액을 현금으로 찾아 필요한 용도로 지출할 것이기에 앞서 설명한 신용 창출이 비현실적이지 않느냐는 것이다.

위의 내용을 현실에 맞춰 약간 수정해 보자. 일례로, A가 대출받은 100억 원을 공장을 건설하는 데 지출한다고 하자. 우선, 땅 주인으로부터 토지를 매입하고 그다음 건설 회사에 공장 건물을 짓도록 발주할 것이며 또한 거래처에 기계설비와 장치 등의 제작을 의뢰할 것이고 역시 임직원에게 월급을 지급하거나 사무용품을 구매하는 데 지출할 것이다.

보통, A는 거래처에 지급할 금액이 많으면 계좌이체로 결제하지 구태여 현금을 찾아서 지급하지는 않는다. 필요하다면 극히 소액만 현금으로 찾아 지급할 것이다. 이런 현실을 감안하면 A의 예금은 계좌이체에 따라 여러 사람의 예금으로 넘어가고 그 사람들의 예금도 계좌이체 방식에 따라 또 다른 수많은 사람의 예금으로 넘어갈 것이다.

원래, 돈에는 꼬리표가 달려 있지 않다고들 한다. 앞서 A의 예금으로 B에게 대출했다고 가정했다. 하지만, 그 내용을 수많은 사람의 예금을 모두 합쳐서 거액을 만들어 B에게 대출한다고 가정하면 위에서 설명한 신용 창출이 보다 더 현실적이지 않을까 싶다. 그러면, B가 받은 대출 금액도 그 활용도에 따라 계좌이체를 거쳐 수많은 사람의 예금으로 쪼개지지만, 은행은 그 예금을 모두 모아 또 다른 개인 C에게 대출한 것으로 이해하면 된다.

통화량

이쯤에서 전문금융용어인 '통화량M, monetary'에 관해 설명할 필요가 있다. 원래, 통화량이란 민간 부문이 보유한 화폐 발행 잔액(현금)과 은행의 예금 잔액을 합산한 수치를 의미한다. 앞서 〈도표 1-6〉에서 은행이 보유한 현금 100억 원에 예금 500억 원을 합산한 600억 원이 '통화량'이라는 지표를 구성한다.

그러면, 통화량이라는 의미를 어떻게 받아들여야 할까? 일단, 예금주가 은행에 예금의 인출을 요구하면 은행은 무조건 요구한 해당 금액을 현금으로 지급해야 한다. 그리고 예금주는 그 현금을 이용하여 물품을 구매하는 등 화폐의 주요 기능인 '교환수단'이나 '저장수단' 등으로 사용할 수 있다.

결국, 한국은행이 물가안정을 위해 집중적으로 관리하는 대상인 '통화량'이라는 지표는 한국은행 자신이 발행하여 유통한 '화폐 발행액'에 은행이 보유한 '예금'을 합산한 금액을 말한다. 다시 말해, 통화량이 늘어나면 물가가 상승할 가능성이 커져 한국은행의 애초 설립목적인 '물가안정'이 어려워지기 때문이다.

통화 승수

금융시장의 통화량과 관련하여 전문 금융용어로 '통화승수'가 있다. 앞의 사례에서 화폐 발행액 100억 원이 은행의 신용 창출에 따라 궁극적으로 통화량은 600억 원으로 늘어났다. 이 사례에서 통화승수는 통화량 600억 원을 화폐 발행액 100억 원으로 나눈 수치인 6배로 계산된다. 다시 말해 화폐 발행액과 비교하면 통화량이 무려 6배나 늘어났다는 뜻이다.

만약, 신용 창출이 10번 진행된다면 이 은행의 예금총액과 대출총액은 모두 1,000억 원으로 늘어나고 그때의 통화승수는 11배로 계산된다. 더욱더 늘어나 100번의 신용 창출이 이루어진다면 이 은행의 예금총액과 대출총액은 1조 원까지 증가하면서 그때의 통화승수는 101배가 된다. 한국은행이 단순히 100억 원만큼의 화폐만 발행해도 은행의 신용 창출이 일어나면서 시중에 1조 원에 달하는 거액의 통화량이 풀린다는 것이다.

은행의 은행

이런 통화량의 팽창과 관련하여 금융시장의 주요 문제점을 지적해 본다. 만약, 한국은행이 통화량을 줄이려고 그 은행에 빌려준 차입금 100억 원을 회수한다고 하자. 그러면 〈도표 1-6〉에서 보듯이 은행은 그 당시 보유한 현금 100억 원 전액을 한국은행에 상환해야 하고 그 결과 은행의 현금 잔액은 제로(0)가 되고 만다. 그런데도, 은행의 대출총액과 예금총액 500억 원은 단 한 푼도 변하지 않는다. 애초, 신용 창출의 기반이 된 화폐 발행액이 한국은행이 회수해 가서 일원도 남지 않은데도 불구하고 은행의 예금과 대출은 (장부상의) 수치로만 남아 있는 상황이다.

이럴 때, 어떤 예금주가 그 은행에 찾아와 단돈 1천 원의 예금의 인출을 요청해도 은행은 보유한 현금이 하나도 없어 지급 불능에 빠진 상황이다. 그리고 은행의 지급 불능 관련 소문이 금융시장에 순식간에 퍼지면서, 수많은 예금주가 은행에 몰려들어 예금의 인출을 요구하는 처지(뱅크런)에 몰리며, 결국 은행은 도산할 수밖에 없게 된다. 이어서, 은행의 도산으로 금융시장에서의 자금 융통이 마비되는 사태가 나타나고, 최종적으로 기업들이 인건비나 물품을 구매한 대금의 결제가 이루어지지 않으면서 실물경제가 붕괴하는 비상사태까지 이어진다.

또 다른 면에서 비상이 발생하기도 한다. 예를 들어, 〈도표 1-6〉에서 최종 대출자인 E가 대출받은 100억 원 전액을 현금으로 찾아서 자신의 금고에 넣어두는 상황이다. 이럴 경우, 은행뿐만 아니라 민간 부문에 유통되는 현금이 제로(0)가 되고, 앞서 예시한 은행의 예금 지급 불능에 뒤이어 금융시장과 실물경제가 혼란에 빠지는 상황이다.

한국은행은 이런 비상사태를 사전에 방지할 권한과 책임을 지고 있다. 즉, 은행이 현금 부족으로 인해 예금을 지급할 수 없는 상황이라면 한국은행이 화폐를 발행하여 그 은행에 빌려주면 그 상황은 자연히 해소된다. 이런 이유로 한국은행(중앙은행)을 '은행의 은행'이라고 칭한다. 정리하면 중앙은행은 그 나라에 속한 은행들이 지급 불능에 따른 도산 방지를 위해 예의 주시하다가 비상사태에 내몰리면 방지하는 후원자의 역할을 수행한다는 뜻이다.

통화량 지표

한국은행은 1951년부터 통화량 관련 지표를 작성하여 발표하고 있다. 최근에는 국제통화기금(IMF)의 '통화금융 통계매뉴얼'에서 규정한 대로 M1(협의통화), M2(광의통화), Lf(금융기관 유동성), L(광의 유동성) 등으로 각기 구분하여 측정하고 있다. 〈도표 1-7〉에 나오는 각 지표의 의미에 대해 알아본다.

우선, 어떤 샐러리맨 A의 사례를 이용하여 통화량에 대해 알아본다. A가 월급 300만 원을 받아 매월 200만 원을 생활비로 지출하고 100만 원을 남긴다고 하자. 그는 미래 목돈을 만들기 위해 다양한 재테크수단에 투자할 것이다. 만약, 남는 돈 중에서 20만 원은 비상금의 목적으로 (만기가 없는 보통예금인) 카드결제계좌에 남겨두고, 매월 50만 원씩 적립하는 (10년 후에 만기가 도래하는) 정기적금에 들었고, 그 나머지 30만 원으로 증권회사에 계좌를 만들어 상장주식에 투자한다고 하자.

원래, 예금은 요구불예금과 저축성예금으로 구분된다. 여기서, 요

<도표 1-7> 통화 및 유동성 지표(2023년 3월말 잔액, 단위 : 조원)

	M1 (협의통화) (1,206.8)	M2 (광의통화) (3,776.9)	Lf (금융기관 유동성) (5,141.3)	L (광의유동성) (6,640.8)
현금통화				
요구불예금				
수시입출식예금				
정기예적금				
시장형 금융상품①				
실적배당형 금융상품②				
기타 예금 및 금융채				
2년 이상 장기금융상품 등				
생명보험계약준비금 및 증권금융예수금				
기타금융기관상품				
국채, 지방채				
회사채, CP				

㈜ ① 시장형 금융상품에는 CD, RP, 매출어음 등이 포함
② 실적배당형 금융상품에는 만기 2년 미만 금전신탁, 수익증권, MMF, CMA 등이 포함

출처 · 한국은행 경제통계시스템

구불예금은 말 그대로 '예금주가 지급을 요구하면 은행은 무조건 지급해야만 하는 만기가 없는 예금'을 의미한다. 그래서, 요구불예금은 대부분 카드 대금 결제나 계좌이체 등의 목적으로 이용되는데 이는 앞서 설명한 돈의 기능 중 '교환수단'을 중시한 예금에 해당한다.

반면에, 저축성예금은 '예금주가 미래 목돈을 만들기 위해 일정한 약정 기간을 정해 일정액을 예치하는 정기예금과 매월 일정액을 납입하는 정기예금 등'을 의미한다. 이는 앞서 설명한 돈의 기능 중 '가치의 저장수단'을 중시한 예금이라 하겠다.

M1(협의통화)

통화량 지표 중 M1(협의통화)은 화폐의 '교환수단'을 중시하는 것으로서 시중에 유통되는 '현금통화'에 예금은행의 '결제성 예금'을 더한 금액으로 정의된다.

우선 '현금통화'는 가장 유동성이 높은 금융자산으로 물품을 거래하는 데 직접 사용되는 '지폐'와 '주화(동전)'를 말한다. 다음으로, '결제성 예금'은 (만기가 없기에) 비교적 입출금이 자유로워 현금에 거의 비견할만한 유동성이 있는 예금 유형을 말한다. 예를 들어, 요구불예금(당좌예금, 보통예금 등), 시장금리부 수시입출식예금MMDA: Money Market Deposit Account 등이 결제성 예금에 해당된다.

결국, 통화지표 중 M1은 금융시장의 단기 유동성 수준을 파악하는 데 가장 적합한 지표이다.

M2(광의통화)

통화량 지표 중 M2(광의통화)는 M1보다 넓은 의미의 것으로 M1에 예금은행의 각종 저축성예금, 시장형 금융상품, 실적배당형 금융상품, 거주자외화예금 등을 모두 합산한 금액이다. 다만, 저축성예금 중에서 유동성이 떨어지는 만기 2년 이상의 장기예금은 제외된다.

원래, M2에 들어가는 단기 저축성예금과 시장형 금융상품 등은 거래의 교환수단이라기보다는 재산을 증식하는 등 저축 수단으로 활용된다. 하지만, 이들 금융상품은 만기 이전에 해약하면서 약간의 이자소득만 포기하면, 언제든지 현금으로 인출이 가능하다. 이러한

점으로 인해, 이들 상품도 통화의 일종으로 분류하여 만든 통화지표가 바로 M2이다.

특히, 거주자외화예금도 외화로 인출하여 국내에서 교환수단으로 사용하는데 약간의 제약이 있지만 언제든지 외화를 원화로 바꾸어 사용할 수 있으므로 M2에 포함하고 있다.

Lf(금융기관유동성)와 L(광의유동성)

한편, 통화지표 중 포괄범위가 넓은 유동성지표는 화폐의 교환기능보다는 저장기능에 초점을 맞춘 지표이며 Lf(금융기관유동성)와 L(광의유동성)이 있다.

먼저 Lf는 M2(광의통화)에 ① 예금 취급기관의 만기 2년 이상 정기예적금, 금융채, 금전신탁 등과 ② 생명보험회사의 보험계약준비금, 증권금융회사의 예수금 등 유동성이 상대적으로 낮은 금융상품까지 모두 포함한 금액이다.

이어서, L(광의 유동성)은 Lf(광의 통화)보다 금융상품을 포괄하는 범위가 가장 넓은 의미의 통화지표로서 Lf에 기업이나 정부 등이 발행하는 기업어음, 회사채, 국공채 등의 유가증권이 모두 포함된다. 특히, 이에 (통화량에 전혀 포함되지 않는) 상장주식의 시가총액을 가산하면 국내 금융자산의 총액에 거의 근접해진다.

국내 통화량의 추세

〈도표 1-8〉은 한국은행의 과거 20년 동안의 통화량 변동 추세를 보여주고 있다.

여기서, 전문 금융용어인 '본원통화'란 '통화의 근본 또는 기원이 되는 것'이라는 의미다. 그러면, 통화의 본원은 무엇일까? 이전에 은행의 신용 창조에서 설명했듯이 통화는 한국은행이 발행한 화폐에서부터 출발한다. 특히, 한국은행이 발행한 화폐는 실제 누가 보유

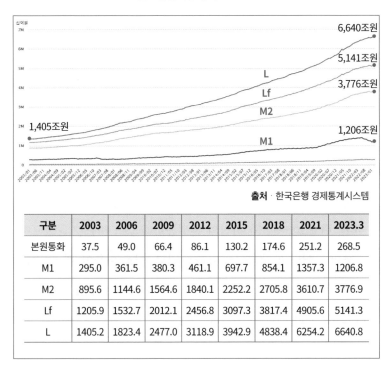

<도표 1-8> 연도별 통화량 추이(말잔 기준, 단위 : 조원)

출처 · 한국은행 경제통계시스템

구분	2003	2006	2009	2012	2015	2018	2021	2023.3
본원통화	37.5	49.0	66.4	86.1	130.2	174.6	251.2	268.5
M1	295.0	361.5	380.3	461.1	697.7	854.1	1357.3	1206.8
M2	895.6	1144.6	1564.6	1840.1	2252.2	2705.8	3610.7	3776.9
Lf	1205.9	1532.7	2012.1	2456.8	3097.3	3817.4	4905.6	5141.3
L	1405.2	1823.4	2477.0	3118.9	3942.9	4838.4	6254.2	6640.8

하느냐에 따라 다음처럼 정리할 수 있다.

본원통화 = 한국은행의 화폐 발행 누적액

본원통화 = 화폐 발행액 + 한국은행이 보유하는 지준예치금(예금지급준비금)

화폐 발행액 = 민간 보유 화폐 + 금융회사 보유 화폐(시재금)

다음으로, 2003년의 본원통화(37.5조 원)를 기준으로 각각의 통화량이 늘어난 배율(통화승수)을 산정하면 다음과 같다. 이 수치를 풀어보면 한국은행이 이때 100억 원의 화폐를 새로이 발행해 시중에 유통한다면 M1이 약 787억 원, 다음으로 M2가 2,388억 원, 끝으로 가장 광의의 통화량인 L이 무려 3,746억 원만큼 늘어난다는 것이다.

M1 = 295.0조 원 / 37.5조 원 = 7.87배

M2 = 895.6조 원 / 37.5조 원 = 23.88배

Lf = 1,205.9조 원 / 37.5조 원 = 32.16배

L = 1,405.2조 원 / 37.5조 원 = 37.46배

한편, 현재(2023년 3월) 시점의 본원통화(268.5조 원)를 기준으로 각 통화량이 늘어난 통화승수는 다음과 같다. 이로 미루어, 한국은행이 이 즈음에 100억 원의 화폐를 새로이 발행하면 M1이 약 1,407억 원 그리고 M2가 1,915억 원, 끝으로 가장 광의의 통화량인 L이 약 2,473억 원 늘어난다는 것이다.

$$M1 = 1,206.8조\ 원\ /\ 268.5조\ 원 = 4.49배$$

$$M2 = 3,776.9조\ 원\ /\ 268.5조\ 원 = 14.07배$$

$$Lf = 5,141.3조\ 원\ /\ 268.5조\ 원 = 19.15배$$

$$L = 6,640.8조\ 원\ /\ 268.5조\ 원 = 24.73배$$

과거(2003년)와 비교하면 근래(2023년)에 통화승수가 낮아진 이유로 한국은행이 발행한 고액권의 환수율(50%대)이 다른 유형의 화폐(90%대)보다 현저하게 낮다는 점 그리고 정부가 민간 부문의 부채 증가를 억제하기 위해 금융회사에 (부동산 담보대출 및 신용대출 억제 등) 각종 규제를 가한 점 등에 따른 것으로 추정된다.

04

통화정책수단

이미 신용 창출에서 보듯이 한국은행(중앙은행)이 화폐를 새로이 발행하여 은행에 빌려주면 그 돈을 바탕으로 은행이 민간 부문에 대출과 예금을 반복하면서 최종적으로 통화량이 승수배만큼 늘어난다. 이런 상황에서 한국은행이 통화량의 증감을 조정하는 '통화정책수단'에는 어떤 방법이 있는지 알아보자.

지급준비율(지준율)

한국은행이 시중의 통화량을 조정하는 방법을 '통화정책수단'이라한다. 그러면, 한국은행의 정책수단으로 '화폐 발행 규모 조정, 은행에 대한 대출 규모 조정' 이외에 어떤 방법이 있을까?

과거 20세기에 접어들면서 전 세계 국가 대부분에 중앙은행이 설립되고 통화정책을 달성하기 위한 다양한 수단이 개발되었다. 그 중 가장 먼저 설계된 정책수단이 '지급준비율(지준율)'이라는 제도였다. 은행이 유치한 예금에 대해 지준율에 상당하는 현금을 금고에 보관함으로써 나중에 예금주가 예금을 찾으러 오는 상황에 대비하자는 것이다. 이론적으로 은행의 지준율은 최대 100%부터 최소 0% 그 중간에서 정책적으로 정해진다.

우선, 한국은행이 지준율을 100%로 정하는 상황이다. 이 경우 은행은 예금으로 받은 전액을 현금으로 금고에 보관해야 한다. 이에 따라 은행은 단 한 푼도 대출할 수 없게 된다. 이로 인해, 은행은 인건비와 점포관리비 등에 충당하기 위해 예금주로부터 그들의 돈을 안전하게 관리한다는 명목하에 수수료를 받아낼 수밖에 없다. 다시 말해, 은행이 예금이자를 주는 것이 아니라 도리어 예금주로부터 보관료를 받아야만 한다. 이때는 예금금리가 마이너스(-)를 기록하게 된다.

반면에 지준율을 0%로 정하면 지준율이 더는 통화량을 조정하는 정책수단이 될 수 없다. 왜냐하면, 한국은행의 통제 없이 은행의 신용 창조에 따라 통화량은 무한대로 늘어나기 때문이다.

지준율과 통화승수

한국은행이 정한 지준율에 따라 통화량이 어느 정도 늘어나는지 실사례로 알아본다. 예를 들어, 지준율이 50%로 결정된다면 은행의

대출(자금 운용)		예금(자금 조달)	
A 대출	100억 원	한은차입금	100억 원
지준금 B 대출	50억 원 50억 원	A 예금	100억 원
지준금 C 대출	25억 원 25억 원	B 예금	50억 원
지준금 D 대출	12.5억 원 12.5억 원	C 예금	25억 원
지준금 E 대출	6.25억 원 6.25억 원	D 예금	12.5억 원
지준금 F 대출	3.125억 원 3.125억 원	E 예금	6.25억 원
지준금 G 대출	1.5625억 원 1.5625억 원	F 예금	3.125억 원
지준금 H 대출	0.78125억 원 0.78125억 원	G 예금	1.5625억 원
(이하 생략)			
지준금총계 대출총계	100억 원 200억 원	한은차입금 예금총계	100억 원 200억 원

예금과 대출총액은 〈도표 1-9〉와 같이 나타난다.

우선, 한국은행이 화폐 100억 원을 발행하여 은행에 빌려준 상황(한은차입금)에서 출발한다. 은행은 개인 A에게 100억 원을 대출하고, 그는 그 전액을 예금으로 맡긴다. 그러면, 은행은 A의 예금 100억 원 중 지준율 50%에 상응하는 50억 원은 현금(지준금)으로 보관하고, 나머지 50억 원은 전액 개인 B에게 대출한다. 이어서, 은행은 개인 B의 예금 50억 원 중 절반인 25억 원은 지준금으로, 나머지 25억 원은 개인 C에게 대출한다.

이러한 은행의 신용 창출이 계속되면 최종 결과는 〈도표 1-9〉의 맨 마지막 항목인 합계액으로 나타난다. 즉, 은행의 자금조달총액은 한은차입금 100억 원과 예금 200억 원으로 구성된다. 그리고 자금 운용총액은 지준금 100억 원과 대출 200억 원으로 구성된다. 결과적으로, 한국은행이 100억 원의 신규 화폐를 발행하면 이를 기반으로 통화량(예금총액)은 200억 원으로 늘어나 통화승수는 2배로 산정된다. 이 통화승수 2배는 지준율 50%의 역수(100% / 50%)와 정확하게 일치한다.

한국은행은 지준율을 높이거나 낮추면서 시중의 통화량을 조정할 수 있다. 일례로, 한국은행이 화폐를 100억 원만큼 발행하고 지준율을 50%로 정하면 예금(대출)은 200억 원만큼 시중에 풀린다. 그런데, 한국은행이 지준율을 10%로 낮추면 예금(대출)은 1,000억 원으로 늘어난다. 다시 말해, 한국은행이 지준율을 50%에서 10%로 낮추기만 하면 그 결과 예금(대출)은 최대 800억 원만큼 추가로 늘어날 수 있다는 뜻이다. 반면에, 한국은행이 지준율을 10%에서 50%로 인상하면 시중의 통화량은 최대 800억 원만큼 줄어들 수밖에 없다.

현재, 한국은행은 각각의 예금 유형별로 〈도표 1-10〉과 같이 지준율을 정하고 있다. 실제, 한국은행이 정한 지준율 2.0-7.0%는 전 세계 평균치와 비교해 보면 매우 낮은 수준이다. 왜 한국은행은 지준율을 낮게 잡은 것일까?

일반적으로 지준율은 그 나라의 상거래에서 현금이 차지하는 비중에 따라 좌우된다. 일례로, 선진국에서와 같이 신용카드나 계좌이

<도표 1-10> 한국은행의 예금 유형별 지급준비율(2023년 5월 현재)

예금 유형	지급준비율
장기주택마련저축, 재형저축	0.0%
정기예금, 정기적금, 상호부금, 주택부금, CD	2.0%
기타예금	7.0%

출처 · 한국은행 홈페이지

㈜ 각 금융회사는 월별(매월 1일부터 말일까지)로 매일의 지급준비금 적립대상 채무를 기초로 평균하여 계산한 지급준비금 적립대상 채무에 대한 최저지급준비금을 다음 달 둘째 주 목요일부터 그 다음 달 둘째 주 수요일까지 보유하여야 한다.

체 등의 거래 비중이 높을수록 은행에서 굳이 현금을 찾아 지급할 가능성이 적어 은행의 지준율을 낮게 잡아도 무방하다. 반면에, 후진국으로 갈수록 대부분 상거래가 현금으로 결제되기 때문에 은행은 고객의 현금 인출 요구에 대비하여 상당 수준의 현금을 보유해야 하고 결국 은행의 의무 지준율을 높게 유지할 필요가 있다.

한 가지 부연하면, 1980년대 이후 전 세계 중앙은행 통화정책의 근간이 '통화량'에서 '금리'로 전환되었다. 이에 따라, 시중의 통화량을 조절하는 방식인 지준율은 통화정책 수단으로서의 활용도가 과거보다 훨씬 낮아진 상황이다.

재할인율

한국은행이 화폐를 발행하여 은행에 빌려주면 은행의 신용 창출에 따라 통화량은 승수배만큼 늘어난다. 그런데, 시중에 통화량이 과다하게 풀린 상황이라면 한국은행은 은행에 빌려준 돈을 회수해 통화량을 줄일 수 있다. 반면에 시중에 통화량이 부족해서 한국은행이 은행에 추가로 돈을 빌려주다 보면 통화량이 늘어난다.

한국은행은 은행에 빌려주는 자금의 규모뿐만 아니라 그 자금의 가격인 금리를 조정하는 방식으로도 통화량을 조절할 수 있다. 이처럼, 한국은행이 은행에 빌려주는 자금의 금리를 인상(인하)하여 통화량을 줄이거나 늘리는 통화정책 수단을 '재할인(재할인율)'이라고 부른다. 원래, 재할인이란 은행이 기업에 할인해 준 어음을 담보로 하여 한국은행이 다시(재차) 할인해 주는 제도를 뜻한다.

A기업(구매업체)이 B기업(납품업체)으로부터 원자재를 외상으로 매입한다고 하자. 원래, 국내 기업들은 물품을 사고팔면서 외상으로 거래한다. 일단, A기업은 일정 기간(보통 1개월) 동안 거래된 매입액을 모두 합산하여 그 총액, 발행일, 만기일, 결제은행 등의 상세 내용이 적힌 '어음'을 발행하여 B기업에 교부한다. 그 후 B기업은 A기업으로부터 받은 어음을 만기일에 은행에 제출하면 은행은 A기업의 계좌에서 어음에 기재된 대금을 인출하여 B기업 계좌로 이체하면서 외상거래가 종결된다.

그런데, B기업은 돈이 부족하면 어음의 만기일 이전이라도 은행에 그 어음을 담보로 자금을 빌려 쓸 수 있다. 이를 '어음 담보대출' 또는 '어음할인'이라고 칭한다. 당연히, B기업은 어음을 담보로 은행으로부터 대출받는 것이기 때문에 수수료(할인일과 만기일까지의 기간 이자)를 부담해야 한다. 은행은 만기일에 A기업으로부터 그 어음 금액을 받아내면서 B기업에 빌려준 자금을 회수한다. 특히, A기업이 그 어음 금액을 만기일에 지급하지 않으면(부도) 은행은 B기업으로부터 과거에 대출한 금액을 회수하게 된다.

한편, '재할인'이란 은행이 기업들로부터 할인 매수한 어음을 한국은행이 재차 할인하여 되사주는 방식을 말한다. 당연히, 은행이 기업들로부터 어음을 할인하면서 적용된 금리(예를 들어 8%)에 비해, 한국은행이 은행으로부터 어음을 재할인할 때 적용되는 금리(예를 들어 5%)가 낮을 수밖에 없다. 이런 재할인 거래를 통해, 은행은 할인율에서 재할인율을 차감한 비율(예를 들어 이 사례에서 3%)만큼 이익을 얻는다.

만약, 시중에 자금이 부족하여 많은 기업이 도산할 가능성이 크다면 한국은행은 재할인 규모를 늘리고 재할인 금리를 낮추는 조처를 취한다. 그래야, 은행이 기업으로부터 할인한 어음을 한국은행에 재할인하는 식으로 한국은행으로부터 낮은 금리로 많은 돈을 빌려서 기업들의 어음을 재차 할인함으로써 시중에 통화량이 늘어나게 된다.

반면에, 시중에 자금이 적절한 수준 이상으로 과다한 상황이라면, 한국은행은 재할인 규모를 줄이면서 재할인 금리를 높인다. 이를 통해, 은행이 한국은행으로부터 빌리는 자금의 규모를 줄이도록 유도함으로써 은행이 시중에 공급하는 돈의 규모가 줄어들어 자연히 통화량이 감소하는 결과를 낳게 된다.

공개시장조작

중앙은행이 유가증권 등의 매매를 통해 시중의 통화량을 조절하여 시장금리에 영향을 주는 통화정책 수단을 '공개시장조작'이라 부른다. 이런 공개시장조작의 대상이 되는 유가증권으로는 이미 설명한 통화안정증권과 국채뿐만 아니라 은행인수어음과 환어음, 금, 외국환 등이 모두 포함된다. 이를 풀어서 설명하면 '국내에서 일정 요건을 갖춘 금융회사들을 상대로, 공개된 자금시장에서 중앙은행이 채권의 매각이나 매입을 통해 통화량을 조작함으로써 그 결과 시장금리를 조정하는 통화정책 수단'이 공개시장조작이다.

한국은행이 금융회사가 보유한 채권을 매입하는 대가로 돈을 풀면 자연히 통화량이 늘어나고 그 결과 시장금리는 하락한다. 반대로, 한국은행이 보유한 채권을 금융회사에 매각하면서 자금을 회수하면 당연히 통화량이 줄어들고 결국 시장금리는 상승한다.

본래, 공개시장조작은 금융시장의 가격 조절 메커니즘을 활용하면서 중앙은행이 그 시기 및 규모를 신축적으로 조절할 수 있다는 측면에서 가장 효율적인 통화정책수단이라 할 수 있다. 다만, 이 수단이 효율적으로 작동되려면 그 나라의 금융시장이 고도로 발달한 상태에서 시중 자금의 수요와 공급에 맞추어 시장금리가 즉시 조절될 수 있어야 한다. 다시 말해, 금융 선진국에서만 활용 가능한 통화정책이라는 의미다.

우리나라는 국제수지 흑자로 인해 해외 부문에서 유입된 외환을 원화와 교환하는 금액이 늘어나면서 통화량이 증가했다. 이를 흡수하기 위해 재정증권, 외국환평형기금채권, 통화안정증권 등의 발행 금액이 계속 확대되면서 공개시장조작을 위한 양적 여건을 확보한 바 있다.

또한 국내 금융회사들이 경제 발전에 힘입어 대형화 및 다양화되면서, 한국은행이 주간하는 국채 등의 경쟁입찰방식에 적극적으로 참여하면서 질적 여건도 상당히 개선된 상황이다. 그 결과, 한국은행의 통화정책 수단 중 공개시장조작이 차지하는 중요성이 더욱더 커지고 있다.

예대율

원래, 예대율loan to deposit ratio은 일정 시점의 대출잔액을 예금잔액으로 나눈 비율을 뜻한다. 일례로 어떤 은행의 예대율이 100%라면 그 은행은 그 당시 예금 전액을 대출하는 상황이다.

은행의 예대율은 100% 이하를 유지하는 것이 원칙이다. 왜냐하면, 은행이 받은 예금에서 지준율을 곱해 계산된 지준금만큼을 공제한 금액만 대출할 수 있기 때문이다. 예를 들어, 한국은행이 정한 지준율이 5%라면, 예금액 100% 중에서 지준금 5%를 공제한 잔액인 95%만큼이 대출할 수 있는 최대한도 금액이 된다. 이때의 예대율은 95% 내외가 된다.

한편, 예대율이 100% 이상이라면 예금잔액보다 대출잔액이 더 많은 상황이다. 어떻게 은행이 예금보다 더 많은 대출을 할 수 있을까? 예를 들어, 지준율이 5%에서 예대율이 120%라고 가정하면, 예금으로 유치한 95%에서 그 차액인 35%만큼을 외부에서 자금을 추가로 조달하여 대출하고 있다는 것이다. 그 차액만큼 은행은 채권(금융채)을 발행하거나 혹은 외국계 은행으로부터 외화를 빌려서 대출 재원으로 활용한다. 그만큼 은행이 영업수익을 늘리려고 적극적으로 대출 영업에 몰두하면서 시중에 통화량이 과도하게 풀린 상황 over-loan이다.

한국은행이 예대율을 규제하면서 시중의 통화량을 통제할 수 있다. 일례로 예대율이 120% 수준일 때 한국은행이 각 은행의 예대율을 100%까지 낮추라고 지도한다고 하자. 이런 상황에서 은행은 예금을 더 유치하여 예대율을 낮추거나 아니면 기존의 대출을 회수하여 외부에서 조달한 금융채나 외화 대출 등을 상환하는 수밖에 없다. 결국, 예대율의 조절을 통해 과열된 자금시장의 열기를 식힐 수 있게 된다.

LTV, DTI, DSR

원래, 아파트를 포함한 부동산 가액은 적게는 수억 원에서 많게는 수십억 원에 달하기 때문에 자기 돈만으로 매수하는 사람은 극히 드물다. 다시 말해, 금융회사로부터 자금 중 일부를 빌려서 활용할 수밖에 없다. 이처럼, 금융회사에 부동산을 담보로 제공하고 받는 대출을 '부동산담보대출'이라 한다.

원래, 금융회사는 채무자가 약정한 기간에 대출 원리금을 상환하지 않으면 담보로 잡은 부동산을 매각하여 그 대금을 회수한다. 담보대출은 그 원리금 회수에 대한 안전장치가 있기에 신용대출과 비교하면 이자율이 낮고 상환 기간이 길다는 특징이 있다.

은행이 주택담보대출금액을 결정하는데 기초가 되는 3가지 지표 LTV, DTI, DSR의 의미와 그 산정 방법에 대해 알아본다.

첫째, LTV^Loan To Value ratio는 일명 담보대출비율이라 칭한다.

LTV = (담보 대출 가능 금액 / 담보 주택 가액) X 100

은행에 담보로 제공한 주택 가액 대비 대출 가능 금액 비율로서 통상적으로 40~60% 수준에서 정해진다. 통상, 주택 가액은 KB시세를 기준으로 정해진다. 하지만, 신축주택 등 KB시세가 없는 상황이라면 한국감정원 시세, 국세청 기준시가, 감정평가법인의 감정가격 중 하나를 기준으로 삼는다. 일례로, LTV가 40%이고 주택의 시가가 5억이라면 은행의 대출 가능 금액은 대략 2억 원(5억 원×40%) 안팎에서 산정된다. 특히, 주택 가액이 높을수록 그리고 LTV가 커질수록 대출한도는 늘어난다.

둘째, DTI^Debt To Income ratio는 총부채상환비율이라 부른다.

$$DTI = (담보대출\ 원리금 + 기타\ 대출이자\ 상환액)\ /\ 연간소득$$

이는 채무자의 연간소득을 기준으로 원리금 상환능력을 심사하여 대출한도를 정한 비율로서 통상적으로 30~60% 수준에서 정해진다. 일례로, 개인인 A의 연간소득이 5천만 원이고 DTI가 60%인 지역에서 주택을 취득한다고 가정하자. 이런 상황이라면 매년 원리금으로 3천만 원(5천만 원 X 60%)을 상환할 수 있는 한도 내에서 대출할 수 있기에 그 상환 기간이 20년이라면 6억 원까지 빌려 쓸 수 있다. 특히, 연간소득과 DTI가 높거나 혹은 대출 상환 기간이 길어질수록 대출한도는 늘어난다.

셋째, DSR^{Debt Service Ratio}은 총부채원리금상환비율이라고 한다.

$$DSR = (담보대출\ 원리금 + 기타\ 대출\ 원리금\ 상환액)\ /\ 연간소득$$

앞서 DTI에서는 기타 대출에 대해 이자 상환액만을 고려하는 데 반해 DSR에서는 기타 대출의 이자뿐만 아니라 원금 상환액까지 포함해 그 비율을 산정한다. 여기서, 기타 대출에는 매년 갚아 나가고 있는 차량 할부금, 학자금 대출, 신용대출 등이 모두 포함된다.

보통, 신용대출은 매월 이자만 제대로 갚으면 그 원금을 상환하는 경우는 거의 없지만 차주의 대출 상환능력을 좀 더 꼼꼼하게 심사하기 위해 만든 지표가 DSR이다. 특히, DSR이 낮을수록 대출의 상환능력이 높다고 판단한다.

BIS비율

홍길동(보낸 사람)이 A은행의 예금 계좌에서 B은행의 장길산(받는 사람) 계좌로 10만 원을 송금한다고 하자. 이런 타행환 거래에서 장길산이 예금의 지급을 요청하면 B은행은 A은행으로부터 10만 원을 현금으로 받기 전이라 하더라도 예금을 지급해야 한다. 또한, 장길산(보낸 사람)이 B은행의 예금 계좌에서 5만 원을 A은행의 임꺽정(받는 사람)에게 이체하더라도 동일하게 적용된다.

은행들이 타행환 거래를 할 때마다 실물 현금을 서로 주고받지는 않는다. 왜냐하면, 일정 기간(보통 1개월) 동안 체결된 전체 거래 내용을 모두 집계한 후 은행들 간에 주고받을 금액을 상계하고 남은 잔액만을 실물 현금으로 결제하기로 약정했기 때문이다.

이런 사후 정산 결제시스템은 거래 은행이 망할 가능성이 없다는 전제하에서만 성립된다. 다시 말해, 이 시스템에 속한 은행 중 하나라도 도산할 가능성이 있다면 이런 은행 간 거래는 결코 이루어질 수 없다. 왜냐하면, 지급 은행은 그 대금을 받을 수 있다는 신뢰 하에 미리 지급했는데 거래 은행이 망해 대금을 받을 수 없다면 그 어떤 은행이 이런 거래에 응하겠는가?

위의 내용은 은행간 국제결제거래에서도 똑같이 적용된다. 예를 들어, 홍길동(보낸 사람)이 국내 은행의 예금 계좌에서 미국은행의 장길산(받는 사람)에게 미화 10만 달러를 송금할 때도 동일하게 적용된다. 다시 말해, 조금이라도 도산 가능성이 있는 은행은 아예 국제결제시스템에서 제외시킬 가능성이 크다.

국제결제은행BIS, Bank for International Settlement의 '은행규제감독위원회(바젤위원회)'는 1988년 7월에 전 세계 모든 나라 은행의 건전성과 안정성 확보를 위해 최소한의 자기자본비율(BIS 비율)을 유지하기 위한 국제적 기준을 제정하였다. 이어서 1992년부터 각 나라 은행들이 BIS 비율을 8% 이상을 유지하도록 권고했다. 특히, 그 비율이 8% 미만인 은행에 대해서는 BIS 비율을 높이기 위한 자구계획서 제출, 임원진 교체 등 각종 제재를 가하고 있다. 다시 말해, 은행이 대출 해준 기업의 도산으로 인해 부실채권이 늘어나 경영위험에 빠져든다고 하더라도 최소한 위험자산 대비 8% 수준의 자기자본을 유지하다 보면 위기상황을 슬기롭게 헤쳐나갈 수 있다고 판단한 것이다.

우리나라도 이런 제도를 1993년에 도입했고, 특히 1997년 외환위기 당시 BIS 비율이 8% 이하인 은행들의 경우 타 우량 은행에 흡수합병시키는 기준으로 활용되기도 했다. 현재, 국내 은행이 국제적인 업무(무역 거래, 외환거래, 해외 차입거래 등)를 수행하기 위해서는 최소 8% 이상의 BIS 비율을 유지해야 한다.

$$\text{BIS 비율} = (\text{자기자본} / \text{위험가중자산}) \times 100 > 8\%$$

위 계산식에서 분자인 '자기자본'은 은행의 주주들이 출자한 금액

(자본금)과 설립 후 벌어들인 이익 중 내부에 쌓인 금액(잉여금)을 모두 합산하여 계산한다. 한편, 분모인 '위험가중자산'은 은행이 개인이나 기업 등에게 빌려준 대출금액 등을 말하며 그 회수 가능성을 고려하여 위험도를 가중 평균하여 산정한다. 일례로, 국가 등에 빌려준 대출은 회수가 100% 가능한 것으로 보아 위험가중치는 0%가 적용되고 반면에 가계나 기업에 대한 담보대출이나 신용대출은 그 회수의 불확실한 수준에 따라 위험가중치는 0~100% 사이 값으로 정해진다.

국내 금융당국은 국제결제은행의 권고에서 한 발 더 앞서 BIS 비율이 최소 12%를 넘기도록 규정하고 있다. 이에 따라, 〈도표 1-11〉에서 보듯이 국내 은행들의 평균 BIS 비율은 15%대를 유지하고 있다.

국내 모 은행의 BIS비율이 8%라고 하자. 이 은행이 거래처에 100억 원을 대출하려면 최소 8억 원의 자기자본과 그 차액인 92억 원만큼의 부채(예금이나 금융채 등)로 자금을 조달해야 한다. 이런 셈법을 적용하면 이 은행의 자기자본이 8억 원 늘어날 때마다 대출 가능액은 자기자본의 약 12배인 100억 원만큼 증가한다.

반대로, 거래처의 도산으로 인해 부실채권이 발생하거나 여러 요인으로 인해 은행이 거액의 손실을 보게 되면 자기자본이 줄어들면서 자기자본 감소액의 12배만큼 대출을 회수해야만 하는 상황에 봉착한다. 결국, 은행의 안정성을 확보하기 위해 도입된 BIS 비율이 엄격하게 적용되면서 은행들의 대출 가능 금액에 영향을 미쳐, 금융시장의 통화량 증감에도 영향을 끼치게 되었다.

<도표 1-11> 국내 은행의 BIS비율

은행명	2022년 12월말 (단위 :%)			
	보통주자본 비율	기본자본 비율	총자본 비율	단순기본 자본비율
신한은행	14.07	15.01	17.77	5.18
제주은행	12.73	14.36	16.42	5.73
하나은행	14.68	14.88	16.62	5.22
국민은행	14.60	15.02	17.56	5.52
우리은행	12.71	13.69	15.60	4.72
대구은행	12.63	13.93	16.16	5.80
부산은행	14.54	15.59	16.55	6.51
경남은행	13.09	14.42	15.49	6.05
전북은행	13.05	13.10	14.07	6.27
광주은행	14.03	14.03	14.64	5.85
농협은행	15.84	16.57	18.77	4.50
SC은행	13.85	14.73	17.83	5.01
씨티은행	19.83	19.83	20.72	11.49
산업은행	12.13	12.13	13.27	9.55
기업은행	11.08	12.67	14.68	5.98
수출입은행	11.63	11.63	13.31	8.63
수협은행	10.72	12.58	13.52	5.99
케이뱅크	12.74	12.74	13.94	5.85
카카오뱅크	35.80	35.80	36.95	12.89
토스뱅크	-	10.23	11.49	3.70
국내은행**	12.57	13.88	15.25	6.18
(8개 은행지주)	12.58	14.32	15.59	5.63
(20개 은행)	13.50	14.11	15.99	5.94

출처 · 금융감독원

㈜ 정부의 규제비율 : 보통주자본비율 7.0%, 기본자본비율 8.5%, 총자본비율 10.5%, 단순기본자본
비율 3.0%
㈜ 보통주 자본비율 = 보통주자본금 / 위험가중자산
　　기본자본비율(TIER1) = (보통주자본금 + 기타기본자본금) / 위험가중자산
　　총자본비율(TIER2) = (보통주자본금 + 기타기본자본금 + 보완자본금) / 위험가중자산

05

물가지수

한국은행의 통화신용정책에 가장 큰 영향을 미치는 변수가 바로 '물가'이다. 다시 말해, 금융통화위원회는 물가상승률이 연 2%를 넘어 인플레이션 양상을 보이면 금융긴축으로, 그 이하 수준을 유지하면 대부분 현상 유지를, 특히 물가가 마이너스(-)를 기록하면서 경기침체를 지나 불황에 빠질 가능성이 있으면 금융완화를 결정한다.

각국의 중앙은행이 중시하는 물가에 대해 알아본다.

물가지수

2022년 중반부터 2023년 초반까지 전 세계 중앙은행들이 기준금리를 인상한 배경에는 물가가 큰 폭으로 상승했기 때문이다. 날뛰는 물가의 고삐를 잡기 위해 기준금리를 대폭 인상한 것이다.

원래, 물가는 '물품 가격'의 줄임말이다. 보통, 가격이란 어떤 상품이나 서비스 한 단위를 구매하는 대가로 지급하는 금액을 말한다. 시장에서는 수많은 물품과 서비스가 거래되는데 그 가격은 판매되는 장소에 따라 차이가 나며 어떤 물품의 가격이 오르면 또 다른 물품의 가격은 내려가기도 한다. 또한, 그 가격이 오르고 내리는 폭도 제각각이다.

정부는 개별 상품의 가격 수준 및 변동뿐만 아니라 경제 전반적인 가격 수준 및 변화를 측정할 필요가 있는데 이를 위해 '물가'라는 지표가 개발되었다. 즉, 물가(물가수준)란 시장에서 거래되는 개별 상품들의 가격 및 서비스의 요금을 그 중요도(비중)에 따라 평균한 종합적인 가격 수준을 말한다. 우리나라의 대표적인 '물가지수'로는 통계청에서 작성하는 '소비자물가지수'와 한국은행에서 작성하는 '생산자물가지수' 및 '수출입물가지수' 등이 있다.

소비자물가지수

원래, 소비자물가지수CPI: Consumer Price Index는 가구에서 일상생활을 영위하는데 필요한 상품과 서비스의 평균적인 가격변동을 측정하여 지수화한 것이다. 소비자물가지수는 가장 대표적인 물가지표로서 가계의 생계비나 기간별 화폐가치를 비교하는 데 활용된다. 또한, 국민연금이나 공무원연금 등의 급여 인상률을 조정하거나 노사 간의 임금 협상에 참조자료로도 활용된다. 소비자물가지수는 서울을

비롯한 38개 주요 도시를 기준으로 월평균 소비지출액이 총소비지
출액의 1/10,000 이상인 460개 품목(물품 308개, 서비스 152개)을 대상으
로 조사하고 있다.

한편, 물가변동의 장기적인 추세를 파악하기 위하여 작성되는 '농
산물 및 석유류 제외 물가지수'는 계절적인 요인이나 일시적인 공급
충격 등으로 인해 그 가격의 변동성이 큰 농산물과 석유류가 제외된
근원인플레이션underlying inflation에 가까운 지수에 해당한다.

<도표 1-12> 소비자물가지수 등락률

출처 · 한국은행 경제통계시스템

연월	저점	연월	고점	기간
2000년 5월	0.1%	2001년 5월	5.3%	
2002년 7월	2.1%	2003년 3월	4.5%	
2003년 8월	3.0%	2004년 8월	4.8%	
2007년 1월	1.7%	2008년 7월	5.9%	
2009년 7월	1.6%	2011년 8월	4.7%	
2016년 7월	0.4%	2017년 8월	2.5%	
2019년 9월	-0.4%	2022년 7월	6.3%	

〈도표 1-12〉는 통계청에서 발표하는 소비자물가상승률로서 한국은행은 연 2%를 기준으로 잡고 그 당시의 전반적인 경제 동향을 종합적으로 검토하여 금융긴축이나 금융완화와 관련된 각종 조처를 하기도 한다.

〈도표 1-12〉를 보면 소비자물가상승률은 2000년부터 2011년까지 2~6%에서 지루하게 박스권을 유지하다가 2011년 8월 4.7%의 상승률을 기록하다가 2019년 9월까지 무려 8년간에 걸쳐 지속적인 내림세를 보이며 안정적인 모습을 보인다. 하지만, 2020년에 접어들면서 국제 유가와 원자재 가격의 폭등으로 인해 단기간에 급반등한다. 과거 추세 중에서 가장 고점인 6%대에 육박한 것이다.

생산자물가지수

원래, 생산자물가지수PPI: Producer Price Index는 국내 생산자가 국내(내수) 시장에 출하하는 상품 및 서비스의 종합적인 가격 수준을 측정하여 지수화한 지표이다. 생산자물가지수는 명목 금액을 실질 금액으로 환산해주는 디플레이터deflator의 용도로 쓰일 뿐만 아니라 경기 동향을 판단하는 기본 지표로도 이용된다.

생산자물가지수는 상품의 경우 모집단 거래액(내수출하액)의 1/10,000 이상, 서비스의 경우 1/2,000 이상으로 소속 상품군의 가격 변동을 대표하는 867개(상품 765개, 서비스 102개) 품목을 대상으로 조사하여 측정한다. 이와 같이 선정된 품목들을 이용하여 산업별로 기본분류지수를 산출하며 특수분류지수(식료품과 식료품 이외, 신선식품과 신선식품 이외, 에너지와 에너지 이외, IT와 IT 이외, 식료품 및 에너지 이외, 신선식품 및 에너지 이외)도 함께 작성하고 있다.

수출입물가지수

보통, 수출입물가지수XMPI: eXport and iMport Price Indexes는 수출 및 수입 상품의 종합적인 가격 수준을 측정하여 지수화한 지표이다. 수출입물가지수는 수출입업체들의 수출 채산성 변동이나 수입원가 부담 파악, 수출물가지수와 수입물가지수의 상호비교를 통한 교역조건terms of trade 측정에 이용된다. 또한, 명목가격 기준의 수출액 및 수입액을 실질 가격으로 변환하는 데도 이용된다. 수출물가지수 및 수입물가지수는 각각 205개 및 235개 품목으로 통관기준 총수출액 및 총수입액에서 차지하는 비중이 1/2,000 이상을 대상으로 조사한다.

물가지수의 연관성

우리나라의 물가지수는 국제 유가나 원자재가격이 상승하면서 먼저 수입물가가 상승한다. 뒤를 이어, 제조업체들이 수입한 원자재를 원료로 사용해 만든 물품 원가 상승에 따라 출고가를 인상하면서 생산자물가지수가 올라간다. 이어서, 제조업체로부터 물품을 받아 파는 도소매업체가 그 판매가를 인상하면서 소비자물가지수도 약간의 시차를 두고 상승한다. 그러면, 근로자들이 물가상승으로 돈 가치가 떨어지자 생계비를 보전해달라는 요구로 인해 급여가 인상되고, 연이어 급여 비중이 매우 높은 음식점 등 각종 서비스업체의 가격도 덩달아 상승한다. 이와 같이, 수입물가에서 출발하여 생산자물가, 소비자물가, 서비스물가, 급여 인상 등이 시차를 두고 상승하면서 물가상승의 악순환 고리가 이어진다.

물가와 관련하여 특이할 사항으로 '기저효과'가 있다. 예를 들어, 100원 하던 가격이 120원으로 상승하면 그 상승률은 20%가 된다. 그런데 120원 하는 가격이 140원으로 다시 20원 오르면 그 상승률은 대략 16% 수준으로 나타난다. 다시 말해, 100원 하던 가격이 120원으로 20원 상승할 때 그 상승률은 20%인데 반해, 120원에서 140원으로 똑같이 20원 상승해도 그 상승률은 약 16%로 줄어든다. 이로 인해, 마치 물가의 고공행진이 낮아지는 것 같은 느낌이 든다. 특히, 120원에서 그 가격 상승이 멈추면 그 이후 상승률은 0%가 되고, 도리어 가격이 115원으로 약간만 하락해도 그 상승률은 마이너스(-)4%가 되면서, 일견 고물가가 잡힌 것처럼 보일 수 있다. 이로 미루어, 한 번 상승한 물가는 시간이 지나면 이런 기저효과(?)와 정부의 강력한 금융 긴축 효과(?) 등이 가세하여 잡힐 수밖에 없다고 이해하자.

물가변동 요인

개별 물품의 가격은 시장에서 수요와 공급에 의해 결정된다. 즉, 물품의 대한 수요가 많으면 물건값은 오르고 그 반대의 경우에는 물건값이 떨어진다. 이와 비슷하게, 국민경제의 종합적인 가격 수준인 물가도 총수요와 총공급에 의해 결정된다. 총수요가 증가하거나 총공급이 감소하면 물가는 상승압력을 받고, 반대로 총수요가 감소하거나 총공급이 증가하면 물가는 하락압력을 받는다.

보통, 총수요에 영향을 미치는 요인으로 통화량과 가계소득 등을 들 수 있다. 한편, 급여 및 국제 원자재가격 등 생산요소가격은 총공급을 변화시키는 요인에 해당된다. 특히, 물가 상승에 대한 사람들의 기대심리는 총수요와 총공급에 모두 영향을 준다. 이 내용에 대해 자세히 알아보자.

첫째, 통화량은 물가를 결정하는 매우 중요한 요소 중 하나이다. 예를 들어, 시중에 (돈이 많이 풀려) 통화량이 많아지면 수요가 증가하게 되는데, 이때 공급이 수요 증가를 따라가지 못하면 물가는 상승한다. 한편, 통화량과 이자율 간에는 반비례의 관계가 존재하므로 이자율의 하락은 물가상승요인으로 작용한다. 다만, 시중에 돈이 많이 풀리더라도 제대로 사용되지 않으면 물가상승으로 이어지지 않기 때문에 통화량과 물가의 관계를 파악하는 데 유통속도를 함께 살펴봐야 한다.

둘째, 가계의 구매력을 결정하는 소득도 총수요에 큰 영향을 미친다. 일반적으로 가계소득이 늘어나면 상품 및 서비스에 대한 수요가 증가하므로 물가가 상승한다. 반대로 가계소득이 줄어들면 수요가 감소하므로 물가는 하락압력을 받는다.

셋째, 급여는 물품이나 서비스의 원가를 구성하는 주요 항목으로서 공급 측면에서 물가를 변동시키는 요인이다. 다만, 급여가 상승하더라도 노동생산성이 향상되면 물가상승 압력이 완화된다. 예를 들어, 급여가 10% 오르더라도 (노동시간당 생산량을 의미하는) 노동생산성이 10% 높아지면 기업은 물품 등의 가격을 올리지 않고도 종전과 비슷한 수준의 이익을 유지할 수 있기 때문이다. 반면에, 급여가 노동생산성에 비해 가파르게 상승한다면 원가가 올라 결국에 물가는 상승압력을 받게 된다.

넷째, 우리나라는 원자재 대부분을 수입에 의존하고 있기 때문에 국제원자재가격의 변동은 국내물가에 상당한 영향을 미친다. 과거 1973~74년과 1978~80년의 석유파동oil shocks 그리고 최근(2021~2022년)의 국제원자재가격 급등에 따라 국내물가가 크게 올랐던 사례를 들 수 있다.

다섯째, 원/달러 환율도 수입품의 가격변동을 통해 물가에 영향을 준다. 외국으로부터 상품을 수입할 때 미국 달러화 등 결제통화를 기준으로 하는 수입가격은 변하지 않더라도 환율이 상승하면 동일 제품 한 단위를 수입하기 위해 더 많은 원화가 필요하게 된다. 따라서 원화 가치가 하락하는 환율 상승은 국내물가의 상승요인으로 작용한다. 반대로, 원화 강세로 환율이 하락하면 물가는 하락압력을 받는다. 특히, 외환위기로 원/달러 환율이 47.1%나 상승했던 1998년에는 생산자물가와 소비자물가가 각각 전년 대비 12.2%, 7.5%나 상승하였으며 2008년 글로벌 금융위기로 환율이 급등하였을 때도 물가가 비교적 큰 폭으로 상승한 적이 있었다.

여섯째, 기대인플레이션은 총수요와 총공급의 양 측면에서 물가 상승 압력으로 작용할 수 있다. 기대인플레이션이란 인플레이션 기대(심리)라고도 하며 물가 상승세가 상당 기간 지속할 경우 가격이 오르지 않은 품목에까지 물가상승이 점차 파급되어 앞으로 물가가 계속 오르리라는 기대감을 갖게 하는 것을 말한다.

원래, 인플레이션 기대심리가 확산할 경우 가계는 보유하고 있는 현금이나 저축의 실질 가치가 떨어질 것으로 보고 소비를 앞당기거나 부동산과 같은 실물자산을 사들이려 해서 총수요가 증가한다.

또한, 기대인플레이션율이 상승하여 실질금리가 낮아져 투자가 늘어나는 것도 총수요를 증가시키는 요인으로 작용한다. 반면, 총공급 측면에서는 기대인플레이션이 높아져 임금 등 생산요소가격의 상승이 예상될 경우 물가가 상승압력을 받을 수 있다.

보통, 기대인플레이션은 물가상승을 초래할 수 있는 상당히 중요

한 요인이므로 각국의 중앙은행들은 인플레이션 기대를 안정된 수준에서 유지하고자 노력하고 있다

    결국, 물가가 상승한다는 그 이면을 자세히 들여다보면 그 물품의 가격을 측정하는 수단인 '돈 가치'가 하락한다는 뜻과 일맥상통한다. 일례로, 중국집의 짜장면 가격이 10년 전의 3,000원에서 요즈음 6,000원으로 배 이상 올랐다는 것은 돈 가치가 절반만큼 떨어졌다는 뜻이 된다. 특히, 시간이 지날수록 물품 가격이 상승하면서 돈 가치가 하락한 주된 이유는 시중에 통화량이 많이 풀렸기 때문일 수 있다. 일견, 밀가루와 짜장 등의 원가가 올라 짜장면의 가격이 인상된다고도 하지만(공급 측면), 이보다 시중에 돈의 많이 풀려서(수요 측면) 물가가 올라간 것으로 파악된다.

교환방정식

경제학에서 교환방정식이란 시중에 풀린 통화량이 물가에 미치는 영향을 설명하는 이론으로 파악된다.

교환방정식 : GDP = PQ = MV

GDP : 국내총생산(Gross Domestic Product)

P : 물가   Q : 산출량   M : 통화량   V : 통화의 유통속도

앞의 식에서 국내총생산^{GDP}은 '한 나라가 일정 기간(보통 1년)에 산출한 재화나 용역의 가치의 합계액'을 뜻한다. 이 GDP는 물품(서비스 포함)의 총산출량^{Q}에 물품의 가격^{P}을 곱해 산정한다. 그리고, 한 나라 경제에서 물품을 교환하기 위한 수단인 통화량^{M}에 유통속도^{V}를 곱한 금액은 결과적으로 GDP와 정확하게 일치한다는 것이 교환방정식의 주된 요지이다.

이해를 돕기 위해 예를 들어 보도록 하겠다. 우리나라의 특정 연도 GDP가 2,000조 원이고 시중에 풀린 통화량이 500조 원이라면 그 통화의 유통속도가 대략 4회로 계산된다. 이런 상황에서 만약 통화량이 전년보다 550조 원으로 10%가 늘어나면 물가 역시 대략 10%가 상승할 가능성이 크다. 왜냐하면, 물품의 산출량(Q)은 생산설비의 증설과 노동 인력의 증가 등이 있어야 늘어나는데 이는 장기간에 걸쳐 서서히 진행되기 때문이다. 또한, 통화의 유통속도(V)는 (물품 구매를 현금 지급하거나 신용카드로 결제하는 등) 이미 관습적으로 정해져 있어서 단기적으로 크게 변화하지 않는다.

이에 따라, 교환방정식의 핵심 사항을 정리하면 통화량이 단기간에 많이 늘어나면 그로 인해 물가만 상승하는 결과로 이어진다. 따라서, 중앙은행이 경제의 성장률에 맞추어 적절한 수준에서 통화량의 증가율을 조절해야 물가상승을 억제할 수 있다는 것이다.

06

기준금리

한국은행을 포함하여 전 세계 중앙은행이 2022년 중반부터 기준금리를 대폭 인상한 바 있다. 이와 관련된 금융시장의 신조어로, 기준금리를 25bp(0.25%) 올리면 베이비 스텝^{baby step} 그리고 50bp(0.50%)를 인상하는 빅 스텝^{big step} 그리고 75bp(0.75%)를 인상하면 자이언트 스텝^{giant step}, 무려 100bp(1.00%)를 올리면 울트라 스텝^{ultra step}이라 부른다. 이처럼, 전 세계 중앙은행들이 기준금리를 인상하는 이유, 그 인상이 금융시장에 미치는 영향, 그들의 의도하는 결과 등에 대해 알아본다.

기준금리

과거, 전 세계 중앙은행은 교환방정식에 따라 경제성장률과 물가상승률에 맞추어 통화량을 조절하는 패턴의 통화정책을 시행했다. 하지만, 통화량을 조절하는 방식에는 여러 문제점이 발생한다.

우선, 중앙은행이 사전에 목표로 정한 지표와 사후적으로 나타나는 지표 간의 차이가 나는 경우이다. 예를 들어, 내년도 경제성장률 3%에 물가상승률 2%로 전망하고 통화량의 증가율을 5%에 맞춰 통화신용정책을 실행했는데 실제 성장률이 마이너스(-)로 나타나면서 경기 침체에 물가만 상승하는 스태그플레이션이 나타나는 상황이다.

다음으로, 중앙은행이 목표로 하는 통화량을 시중에 풀었지만 금융시장의 왜곡에 따라 자금이 의도한 대로 풀리지 않는 상황이다. 예를 들어, 중앙은행이 금융시장의 자금 경색을 풀기 위해 통화량을 크게 늘려 은행에 자금을 지원했지만 은행이 그 자금을 (가계나 기업에 대출하지 않고) 국채만을 매입하는 상황이다.

이러저러한 이유로 인해 중앙은행은 통화량의 증감을 조절하는 방식에서, 기준금리를 조절(인상이나 인하)하는 방식이 더 효율적이라는 것을 체감하면서 통화정책의 기조가 전환하게 되었다. 다시 말해, 물가가 상승하면 기준금리를 인상함으로써 경기를 안정화하고, 물가 하락에 따라 경기가 침체하는 현상이 나타나면 기준금리를 인하하는 방식이다.

원래, 기준금리는 예금금리나 대출금리처럼 실제 존재하는 이자율이 아닌, 가상의 금리에 불과하다. 다시 말해, 〈도표 1-13〉처럼 각 국가마다 기준금리로 정한 이자율은 각각 다르다. 다만, 초단기 이자율을 기준금리로 정하고 있다.

국가별 중앙은행	적용하는 기준금리
한국은행	7일물 환매조건부채권 매각시 고정입찰금리, 7일물 환매조건부채권 매입시 최저입찰금리(minimum bid rate)
미국 연방준비제도(FRB)	24시간(1일)물 연방기금금리
일본은행	24시간(1일)물 콜금리
중국 인민은행	7일물 환매조건부채권(RP) → 1년물 대출우대금리(LPR) (2019년 9월 20일부터)
유럽 중앙은행	재할인율(조달금리)

한국은행은 기준금리를 '7일 물 환매조건부채권 매각할 때의 고정입찰금리 또는 7일 물 환매조건부채권 매입할 때의 최저 입찰금리'로 정하고 있다. 다시 말해, 한국은행이 은행으로부터 담보(채권)를 잡고 7일간 자금을 빌려줄 때 적용되는 이자율이라는 뜻이다. 반면에, 미국과 일본의 중앙은행은 단 하루짜리 초단기자금을 빌려줄 때의 이자율을 기준금리로 정한 상황이다.

한국은행이 기준금리를 3%에서 3.5%로 인상한다고 하자. 그 즉시 한국은행의 실무자들은 초단기 금융시장에 자금 공급을 줄이기 시작한다. 그러면 자금이 부족해지면서 금리가 연 3% 선에서 천천히 상승하기 시작한다. 그렇게 해서 초단기 금융시장의 금리가 연 3.5% 이상 올라가면 약간씩 자금의 공급을 늘려 그 수준에 맞추도록 조치한다. 한국은행이 여러 금리 중에서 초단기 금리를 타깃으로 정한 이유는 그냥 편리하기 때문이다. 다시 말해, 한국은행이 소수의 금융회사를 대상으로 금리를 경쟁입찰하는 방식으로 진행되기 때문이다.

〈도표 1-14〉는 한국은행이 결정하여 고시한 2000년 1월부터 현재(2023년 4월)까지 기준금리의 장기 추세를 보여주는 그래프이다. 이 기간에, 한국의 기준금리는 미국발 금융위기가 터지기 직전(2008년 8월)에 기록한 5.25%가 가장 높은 수준이고, 가장 낮은 기간은

<도표 1-14> 한국은행의 기준금리 추세

출처 · 한국은행 경제통계시스템

연월	기간	기준금리	등락률	비고
2000년 1월	-	4.75%	-	
2000년 10월	9개월	5.25%	(+) 0.50%	
2004년 11월	49개월	3.25%	(-) 2.00%	
2008년 8월	45개월	5.25%	(+) 2.00%	금융위기 고점
2009년 2월	6개월	2.00%	(-) 3.25%	금융위기 저점
2011년 6월	30개월	3.25%	(+) 1.25%	
2016년 7월	61개월	1.25%	(-) 2.00%	
2018년 12월	29개월	1.75%	(+) 0.50%	
2020년 5월	17개월	0.50%	(-) 1.25%	코로나 사태
2023년 1월	32개월	3.50%	(+) 3.00%	미국 중앙은행 금리 인상

2020년 5월부터 2021년 7월까지 약 14개월 동안 계속 0.50%를 유지한 때이다.

기준금리의 인상(인하)

각국의 중앙은행은 경제가 침체나 불황을 보일 때면 기준금리를 낮추고, 경제가 호황이나 과잉에 처하면 금리를 높이는 통화정책을 시행한다. 일례로, 2008년 미국발 부동산 가격 하락에서 출발하여 투자은행인 리먼 브러더스의 도산으로 절정에 달한 금융위기 당시, 각국의 중앙은행은 기준금리를 인하한 바 있다. 또한, 2019년 초 중국발 코로나로 인해 전 세계가 팬데믹으로 몸살을 앓고 있을 때도 기준금리를 낮춘 바 있다.

반면에, 중앙은행의 저금리 정책으로 인해 시중에 막대한 유동성이 풀려 경제가 호황을 지나 과열 단계에 접어든 상황에서 국제 원자재와 곡물 가격이 급등하면서 물가가 고공행진을 하자 2021년 중반부터 미국 FRB의 주도하에 기준금리를 인상하는 상황으로 전환했다.

그러면, 중앙은행의 기준금리 인상이 경제에 어떻게 영향을 미치는지 그 파급효과에 관해 알아보자.

첫째, 중앙은행이 기준금리를 인상하면 자금시장에서의 단기금리, 장기금리, 예금금리, 대출금리 등 모든 금리가 시차를 두면서 상승한다. 마치 연못에 돌을 던지면 그 파장이 천천히 겉으로 퍼지는 모습과 거의 유사하다. 일단, 중앙은행이 시중은행에 빌려주는 초단기 이자율이 인상되면서 시중은행은 늘어난 조달비용을 대출이자율의 인상으로 전가하고 이어서 예금이자율도 천천히 상승하게 된다.

특히, 중앙은행의 기준금리가 5%대에 육박하고 은행의 예대마진율 3%라면 대출금리는 최소 8% 수준에서 결정된다. 그런데, 8% 이자율은 은행의 초우량 고객에게나 적용된다. 만약, 신용도가 낮은 고객이 장기간에 걸쳐 상환하는 대출을 요청하면 그 대출은 거부되거나 아니면 승인되더라도 큰 폭의 가산 금리로 인해 최소 10% 이상의 높은 이자율이 적용될 가능성이 크다. 결국, 저신용자는 저축은행이나 대부업체로 밀려나 초고금리 대출을 빌려 쓸 수밖에 없다.

둘째, 기준금리 인상에 따라 은행의 이자율이 상승하면 자연히 예금은 늘어나고 대출은 줄어든다. 원래, 시장의 참여자들은 가격(이자율)이 올라가면 공급량(예금)은 늘리고, 수요(대출)는 줄이는 식으로 대처하는 것과 거의 유사하다.

은행으로부터 과거 대출을 받았거나 향후 받을 사람들은 이자율이 상승하면 그 이자 부담을 줄이기 위해 과거에 빌린 대출을 일부(전부) 상환하거나 또는 투자(주식이나 부동산 매입 등) 규모를 줄여 신규 대출을 받지 않거나 줄일 가능성이 크다.

반면에, 예금이자율이 상승하면 개인은 소비와 투자를 줄여 남은 자금을 저축하려는 경향이 있다. 기업도 대출이자율의 부담이 늘어나면 신규 투자는 줄이고, 지출을 긴축하면서 여유 자금을 확보하려는 노력을 기울인다.

셋째, 중앙은행이 기준금리를 인상하면 위험자산(주식, 부동산, 원자재 등)의 가격도 하락한다. 일례로, 위험자산에 투자해서 기대수익률이 5%가 예상되는데 은행에 예금하면 5% 이자율을 준다면 어떻게 대처할까? 당연히, 투자자는 보유하는 위험자산을 매각하여 확보한 자금을 은행에 예금할 가능성이 크다. 왜냐하면, 위험자산 수익률은 가격 하락으로 위해 손실을 볼 가능성이 있는 기대수익률인 데 반해, 은행의 예금이자율은 그 은행이 망하지 않는 한 만기시점에 받을 가능성이 100%인 확정수익률이기 때문이다.

또한, 저금리인 상황에서 은행으로부터 1~2%의 대출이자율로 돈을 빌려 위험자산에 투자하면 5%의 수익률이 기대되는데, 기준금리 인상으로 인해 대출이자율이 5%대 수준이라면 기존 대출을 상환하거나 신규 대출을 꺼릴 수밖에 없다. 왜냐하면, 위험자산에 투자해서 대출이자율을 갚고도 수익을 낼 수준의 수익률을 얻기 힘들기 때문이다.

이처럼 위험자산의 매도에 따른 자금으로 대출을 상환함으로써 자금시장 측면에서 예금의 감소로 인해 통화량이 줄어든다. 그리고 위험자산의 매도 공세로 인해 가격이 하락하면 '부의 자산효과'가 일어난다. 일단, 개인은 자산가치가 상승하면 자신이 부자가 된 것으로 생각하고 소비를 늘리는 경향이 있는데, 이를 '자산효과'라고 칭한다. 반면에, 자산가치의 하락으로 인해 부자에서 갑자기 자산이 줄어든 빈자가 된 것처럼 소비를 줄이는 경향을 일명 '부의 자산효과'라고 부른다. 어찌하든, 금리인상으로 인해 부의 자산효과가 나타나면서 소비가 줄어들고 이는 경기 침체로 이어진다는 뜻이다.

넷째. 중앙은행의 기준금리 인상은 환율에도 영향을 미친다. 예를 들어, 한국은행이 기준금리를 인상하면 위에서 설명한 바처럼 대출 감소와 저축 증가에 따라 통화량이 줄어든다. 이로 인해, 외환시장에서 원화의 공급이 줄어들면서 달러의 공급에 증감이 없다면 원/달러 환율은 하락하고, 그만큼 원화 가치가 상승한다. 다시 말해, 원/달러 환율이 1,000원에서 950원으로 하락한다는 뜻이다.

다음으로, 원/달러 환율이 하락하면 수출은 줄어들고 수입은 늘어난다. 예를 들어, 원/달러 환율이 1,000원에서 950원으로 하락할 때, 1달러 수출하면 받는 물품 대금이 1,000원에서 950원으로 줄어들기에 채산성이 나빠진다. 반면에, 1달러에 수입하는 물품의 가격은 1,000원에서 950원으로 낮아지기 때문에 구매하려는 수요가 늘어난다. 그 결과, 수출이 줄어들고 수입이 늘어나면서 무역수지 악화로 인해 경기가 침체하는 양상으로 이어진다.

위의 내용을 정리하면 중앙은행이 기준금리를 인상하여 시중에 퍼져있는 통화량을 줄여 과열된 경기를 안정화하면서(일시적인 경기 침체까지는 용인) 물가상승을 잡으려는 방편이다.

한편, 중앙은행이 기준금리를 인하하면 시중에 통화량을 늘려 민간부문(가계와 기업)이 소비와 투자를 증가시켜 침체한 경기를 회복하려는 통화정책 수단이다. 하지만, 오랫동안 저금리 정책을 시행할 때는 대출을 받아 위험자산(주식, 부동산, 원자재 등)에 투자하려는 수요가 늘어나 그 자산가격이 급등하면서 거품이 형성될 가능성이 있다. 특히, 이러한 거품이 붕괴할 경우 엄청난 사회적 후유증을 남길 수 있기 때문에 저금리 정책이 무조건 장점이 있는 것은 아니다.

한국과 미국의 기준금리 추이

우리나라의 기준금리는 한국은행이 국내의 전반적인 경제 및 자금상황을 고려하여 결정한다. 이에 더해, 미국 FRB가 기준금리를 급하게 조정하는 경우 그 영향을 받아 우리나라의 기준금리를 걸맞게 조정하기도 한다.

〈도표 1-15〉에서 과거 20여 년간 한국과 미국의 기준금리 변동 추세를 보면, 한국의 기준금리가 미국보다 비교적 높은 수준을 유지해 왔다. 그 이유는 미국 금리가 한국 금리보다 더 높아지면 외국인 투자자가 국내에 투자한 주식이나 채권 중 상당 금액을 매각하여 회수할 가능성이 있기 때문이다. 이런 외국인들의 투자자금 회수에 따라 주가 하락, 금리 상승, 환율 상승, 수입물가 상승, 소비 및 투자 감소로 인해 경기 침체와 불황이라는 악순환에 빠질 가능성이 있다.

과거 20여 년에 걸쳐 한국은행과 미국의 FRB는 기준금리를 어떻

\<도표 1-15\> 한국은행과 미국 FRB의 기준금리 추세

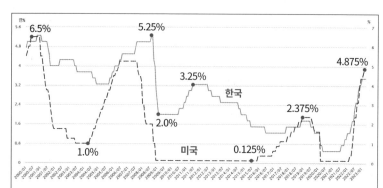

출처 · 한국은행 경제통계시스템

㈜ 실선은 한국의 기준금리이고 점선은 미국의 기준금리임

연월	한국	미국	금리차(%)
2000년 1월	4.75% (저점)	5.50% (저점)	(-) 0.75
2000년 5월	5.00%	6.50% (고점)	(-) 1.50
2000년 10월	5.25% (고점)	6.50%	(-) 1.25
2001년 12월	4.00%	1.75%	(+) 2.25
2003년 6월	4.00%	1.00% (저점)	(+) 3.00
2004년 11월	3.25% (저점)	2.00%	(+) 1.25
2006년 7월	4.25%	5.25% (고점)	(-) 1.00
2008년 8월	5.25% (고점)	2.00%	(+) 3.25
2008년 12월	3.00%	0.125% (저점)	(+) 2.875
2009년 2월	2.00% (저점)	0.125%	(+) 1.875
2011년 6월	3.25% (고점)	0.125%	(+) 2.125
2015년 11월	1.5%	0.125%	(+) 1.375
2016년 7월	1.25% (저점)	0.375%	(+) 0.875
2018년 12월	1.75% (고점)	2.375% (고점)	(+) 0.625
2022년 2월	1.25%	0.125% (저점)	(+) 1.10
2020년 5월	0.50% (저점)	0.125%	(+) 0.375
2023년 3월	3.50% (고점)	4.875% (고점)	(-) 1.375

게 변동했는지 그 경과에 대해 알아본다.

과거 2000년 10월 미국의 기준금리(6.50%)가 한국(5.25%)보다 약간 높은 수준(1.25%)이었다. 하지만, 미국 나스닥시장의 버블이 꺼지면서 주가가 급락하는 와중에 연이어 이슬람 무장단체의 뉴욕 테러(911사태)까지 터지면서 미국 FRB가 기준금리를 인하하면서(2001년 1월 6.5%에서 그해 12월 1.75%까지 하락), 그 기준금리 차이(1.25%)는 금방 해소되었다.

2000년에 시행된 금리 인하로 인해 시중에 풀린 유동성이 부동산 가격을 급등시키자 미국의 FRB는 기준금리를 인상한다(2004년 5월 1%에서 2006년 6월 5.25%까지 상승).

미국의 기준금리 인상에 따라 대출 회수 조치로 인해 부동산 가격이 하락하고, 이를 기반으로 한 각종 파생상품의 가격까지 폭락하면서 여러 투자은행이 도산하자, 미국의 FRB는 급하게 기준금리를 인하한다(2007년 7월 5.25%에서 2008년 12월 1%까지 하락).

2009년 이후 미국을 포함한 전 세계 국가가 경기 침체와 불황을 겪으면서 미국의 FRB는 2008년 12월부터 2015년 11월까지 무려 7년이라는 장기간에 걸쳐 기준금리 0.125% 수준을 이어간다. 우리 인류는 역사상 최장의 초저금리 시대를 맞이한 것이다.

드디어, 2015년 12월부터 경기가 약간씩 소생하는 기미를 보이자 미국의 FRB는 그동안 풀린 막대한 유동성이 물가를 자극할 수 있다는 우려 속에 3년간에 걸쳐 기준금리를 서서히 인상한다(2015년 11월 0.125%에서 2018년 12월 2.375%까지).

2018년 그 당시, 기준금리를 더 높게 인상해도 미국 경제는 버틸 체력이 되는데도 불구하고, 안타깝게도 전 세계적으로 코로나 팬데믹 현상이 발생하면서 미국의 통화정책이 반전하게 된다. 미국의 FRB는 기준금리를 단 6개월 만에 초저금리 수준으로 재차 회귀한다(2019년 7월 2.375%에서 2020년 3월 0.125%까지). 과거 3년간에 걸쳐 금리를 인상한 조치가 단 6개월 만에 물거품이 된 것이다.

2020년 3월부터 2022년 2월까지 약 2여 년간에 걸친 저금리 상황이 종료되면서, 미국 FRB는 한풀이하듯 기준금리를 단기간에 여러 번의 거인 발자국을 남기면서 급하게 인상한다(2022년 2월 0.125%에서 2023년 3월 5%까지).

2023년 4월 한국은행은 소비자물가상승률이 4%대로 안정되고 경제 성장률이 소폭 마이너스(-)를 보이자, 경기 침체 가능성과 막대한 가계부채에 대한 대출이자 부담 등에 대한 우려로 인해 지금까지 7번에 걸친 기준금리 인상을 멈추고 현상 유지하기로 한다. 현재(2023년 3월), 한국은행의 금리 인상이 종료된 상태라 금융시장은 판단하지만 금융통화위원들은 기준금리 상단을 3.75%로 예상한 만큼 추가로 0.25% 인상할 가능성이 상존한다.

미국의 FRB는 실리콘밸리 은행과 시그니처 은행의 파산으로 인해 금융시장의 불안감이 고조되고 있지만 여전히 물가 상승률이 높은 수준을 보이면서 꺾이지 않자 기준금리를 2023년 3월 0.25% 그리고 5월 0.25% 인상하면서 상단 기준 5.25%에 도달한다. 이로 인해 한미간의 기준금리 격차는 역대 최대치인 1.75%P로 벌어진다.

그 결과, 금융시장은 미국 FRB의 기준금리 인상은 이 시점으로 끝내고, 향후 피벗(인하) 가능성에 대해 논의하는 단계라 생각한다.

결국, 미국의 기준금리가 한국의 금리를 추월하여 그 차이가 1.75%까지 벌어진 상황이다. 과거 외환위기(1997년)와 금융위기(2008년)가 다시 온 것처럼 원/달러 환율이 1,400원대를 돌파한 바 있다. 하지만, 한국 정부의 금융 안정화 조치 등에 따라 원/달러 환율이 1,200원~1,300원에서 안정화하는 모습을 보인다.

단기금리와 장기금리의 차이

원래, 장단기금리차는 장기금리와 단기금리의 차이를 말하는데 향후 세계 경제의 방향을 예측하는 데 많이 활용된다. 역사적으로 보면 경제가 확장세를 지속하다가 침체되는 상황으로 진입하기 직전에 장단기금리차가 많이 축소되거나 또는 양(+)에서 음(-)으로 역전되는 현상이 여러 번 관찰되었다. 그래서 경기 확장기에 있는 경제에서 장단기금리차 축소 현상이 지속할 경우 경기가 정점에 다다른 것으로 판단되어 향후 경기전환을 예상하기도 한다. 보통, 경기가 침체기로 전환되기 전에 장단기금리차가 축소되는 이유로는 대표적으로 다음 두 가지 요인을 꼽을 수 있다.

첫째, 중앙은행의 통화정책과 관련되는 요인이다. 일반적으로 경기가 활황을 지속하게 되면 물가상승 압력이 높아지기 때문에 중앙은행은 기준금리를 선제적이고도 점진적으로 인상하며 통화 긴축 정책을 실시하게 된다. 이러한 기준금리 인상은 장단기금리의 상승으로 이어지는데, 이때 단기금리의 상승 폭이 장기금리보다 더 크게 나타날 수 있다. 다시 말해, 중앙은행의 기준금리 인상 기조는 경제 참가자들에게 미래 인플레이션이 하락하고 경기도 다소 둔화할 수 있다는 기대를 불러올 수 있는데 이는 장기금리의 상승을 억제하거나 장기금리를 하락시키는 방향으로 작용하기 때문이다.

둘째, 장단기금리차는 향후 경기에 대한 경제 주체들의 기대에도 영향을 받는다. 예를 들어, 기업은 투자계획을 세울 때 제품 수요 등에 영향을 미칠 수 있는 앞으로의 경기전망을 주의 깊게 분석하며 경기가 침체할 것으로 예상되는 경우 차입과 장기투자를 줄이게 된다. 이는 대출시장에서 장기자금에 대한 수요를 감소시켜 장기금리의 하락을 불러온다.

또한, 경기가 침체하였을 때에는 중앙은행이 통화공급을 확대하는 경향이 있으므로 미래의 단기금리가 현 수준보다 낮아질 것으로 기대하는 때도 장기금리는 하락하게 된다.

이처럼 장단기금리차는 경기변동과 중앙은행의 통화정책, 향후 경기에 대한 경제 주체들의 기대 등을 반영하고 있으므로 시장참가자들과 정책입안자들에게 중요한 정보를 제공하는 지표로 활용된다. 실제로 1980년 이후 미국의 사례를 보면 장단기금리차가 역전된 후 6~24개월의 시차를 두고 모두 경기 침체기를 겪은 것을 알 수 있다. 〈도표 1-16〉은 미국의 장기금리인 10년 만기 국채이자율에서 단기금리인 2년 만기 국채이자율을 차감한 금리차의 변동 추세를 보여주고 있다.

한편, 우리나라의 국채 및 회사채 등 각종 채권 유통수익률은 금융투자협회가 10개의 증권회사로부터 하루 두 번(11시 30분, 15시 30분) 유통시장에서 체결 또는 호가하는 채권수익률을 통보받아 이 중 최고치와 최저치 각각 2개를 제외한 나머지 6개 수익률을 단순 평균하여 매일 2회(12시, 16시) 공시하고 있다.

〈도표 1-16〉을 보면 첫째, 2000년 12월 장단기금리차가 0%에 근접한 후 그로부터 4개월 후인 2001년 3월부터 그해 12월까지 약 9개월 동안 경기가 침체된다. 특히, 2003년 7월 장단기금리차는 2.69%

〈도표 1-16〉 미국 국채의 장단기금리차이

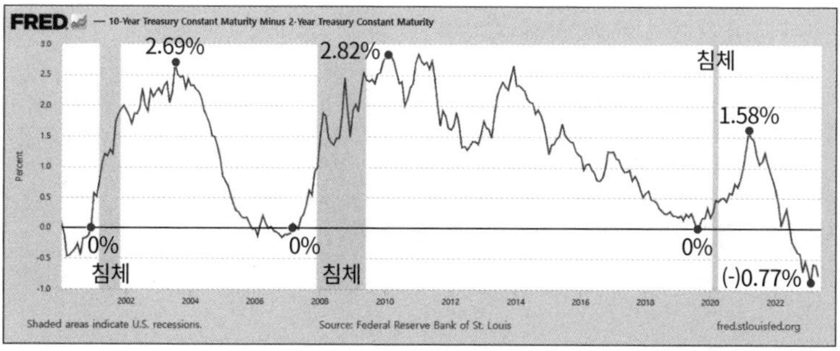

출처 · 세인트루이스 연방은행

㈜ 장기금리인 10년 만기 국채금리에서 단기금리인 2년 만기 국채금리를 차감한 금리차이를 나타내는 그래프임

로 최대치로 벌어진다.

둘째, 2006년 1월부터 2007년 3월까지 대략 14개월 동안 장단기금리차는 거의 0% 수준에서 움직이고 그로부터 9개월이 지난 2007년 12월부터 2009년 6월까지 약 18개월 동안 경기 침체를 겪는다. 특히, 2010년 3월 장단기금리차는 2.82%로 최대치를 기록한다.

셋째, 2019년 8월에 장단기금리차는 0%에 접근하고, 그로부터 4개월이 지난 2020년 2월부터 4월까지 매우 짧은 경기 침체를 보인다. 특히, 2021년 3월 장단기금리차는 1.58%로 벌어진다.

최근 시점인 2022년 6월에 장단기금리차는 0%에 근접한 상황에서 과거와는 달리 그 차이가 계속 벌어지면서 2023년 3월에 (-)0.77%를 기록한다.

〈도표 1-17〉은 우리나라의 장기금리인 10년 만기 국채이자율과 단기금리인 3년 만기 국채이자율의 변동 추세를 나타내는 그래프이다. 2023년 4월 기준으로 장단기금리차가 거의 0%에 근접한 0.06%를 기록한 것으로 보아, 향후 적어도 2023년 말까지 늦으면 2024년 말까지 경기가 침체할 것으로 추정된다.

<도표 1-17> 우리나라 국채의 장단기금리차이

6.65%

10년 만기 국채금리

3.32%

3.28%

3년 만기 국채금리

0.83%

출처 · 한국은행 경제통계시스템

㈜ 상단 실선은 10년 만기 국채금리, 하단의 실선은 3년 만기 국채금리임

연월	10년 만기	3년 만기	금리차(%)
2000년 1월	6.65%	5.99%	0.66 (최대)
2004년 12월	3.85%	3.28%	0.57
2007년 12월	5.82%	5.54%	0.28
2008년 9월	5.99%	5.81%	0.18 (최소)
2009년 1월	4.42%	3.44%	0.98 (최대)
2016년 8월	1,41%	1.22%	0.19 (최소)
2018년 5월	2.76%	2.20%	0.56 (최대)
2020년 7월	1.36%	0.83%	0.53
2023년 4월	3.32%	3.26%	0.06 (최소)

07

금리상식

금리 투자에 앞서, 이자율 및 금리와 관련하여 일상에서 자주 사용하는 몇 가지 용어를 정리해 본다.

기간 이자율

금융의 기초 상식으로 은행에 돈을 맡기면 예금이자를 받고, 반면에 은행으로부터 돈을 빌리면 대출이자를 납부해야 한다. 이처럼, 은행 거래에 따라 그 대가로 주고받는 이자는 원금에 이자율을 곱해 계산한다. 일례로, 1백만 원을 1년 만기 연 3% 정기예금에 맡기면 연 3만 원의 예금이자를 받는다. 한편, 1백만 원을 연 5%의 신용으로 대출받으면 연 5만 원의 대출이자를 내야 한다.

그런데, 은행 광고지에 6개월 만기 정기예금이자율이 3%라고 적혀있다고 하자. 이때, 정기예금이자율 3%는 6개월 동안의 이자율일까? 아니면 연 이자율일까? 원래, 이자율 앞에 그 대상 기간이 명확히 기재되지 않으면 6개월의 이자율이 3%라고 이해하면 된다. 따라서, 은행이 이 정기예금의 연 이자율이 3%이고 6개월 이자율은 그 절반인 1.5%라고 주장하려면 이자율 앞에 그 기간을 명확하게 기재해야 한다.

이와 유사하게 은행 광고지에 3년 만기 정기예금이자율이 3%라 적혀있으면 이는 매년 이자율이 1%씩 해서 만기일에 총 3%의 이자를 지급하는 예금이라는 뜻이다. 반면에, 3년 만기 정기예금이자율이 연 3%라면 만기일에 매년 3%씩 해서 총 9%의 이자를 받는 예금이 된다.

결국, 은행이 고객에게 제시하는 금융상품 설명서에 기재된 이자율의 대상 기간을 명확하게 확인하고 나서, 각종 금융상품에 가입해야 차후에 발생할 갈등이나 손실을 줄일 수 있다.

베이시스 포인트(bp)

만약, 은행이 연 신용대출이자율을 5%에서 7%로 인상한다고 하자. 이때, 그 변화 폭인 2%를 기준치인 5%로 나눠 비율로 표시하면 이자율이 무려 40%나 상승한 것처럼 보인다. 이처럼, 증가한 비율을 기초 비율로 표기한다면 신문 경제면에 '서민들이 애용하는 신용대출이자율을 무려 40%나 인상해 은행이 막대한 폭리를 취하고 있다.'라고 대서특필할 가능성이 크다. 왜냐하면, 사람들에게 강력한 쇼크를 주는 기사일수록 그만큼 많이 읽힐 가능성이 크기 때문이다.

반면에 그 변화한 폭인 2%를 기준으로 은행이 신용대출이자율을 2% 인상했다고 말하기도 어딘가 모호하다. 실제로, 이 정도 수준의 대출금리 인상은 경제에 큰 영향을 미치는데도 불구하고 은행이 이 자율을 미세 조정한 것처럼 사람들에게 인식될 수 있기 때문이다.

원칙적으로, 연간 이자율이 5%에서 7%로 오르면 금융시장에서 는 '이자율이 2%P(포인트) 인상'이라고 표기한다. 특히, 포인트point를 글로 쓸 때는 줄여서 P로 나타낸다. 이와 유사하게, 한국은행이 기준 금리를 0.25% 인상하면 금융시장에서는 '한국은행 기준금리 25bp 인상'이라고 이해한다. 여기서 bp는 '베이시스 포인트basis point'의 줄 임말로서 소수점 이하 둘째 자리를 지칭한다.

명목 이자율과 실질 이자율

원래, 명목 이자율이란 금융상품에 가입할 때 받는 약정서에 기재 된 이자율을 말한다. 일례로, 정기예금이자율이 연 3%라 기재되어 있으면 그 3%가 명목 이자율에 해당한다. 반면에, 실질 이자율이란 물가 상승률을 참작하여 실제 구매력 측면에서 살펴본 이자율을 말 한다.

이와 관련된 사례를 알아본다. 만약 정기예금이자율이 연 3%라 면 현재 시점에 100만 원을 예치하면 1년 후 만기일에 103만 원을 받는다. 그런데 이 상황에서 연간 물가 상승률이 3%라면 100만 원짜리 물품 가격은 평균적으로 1년 후 103만 원으로 올라간다. 따라서, 정기예금에 가입해서 1년 후에 받는 (원금과 이자를 더한 금액인) 원리금으로 동일한 물품을 살 수 있다. 그 결과 정기예금에 가입해서 이자를 받더라도 물품 가격이 같은 수준만큼 올라 그 손익이 제로(0)가 된다. 다시 말해, 실질 이자율이 0%라는 뜻이다.

약간의 오차는 있지만 실질 이자율은 명목 이자율에 물가 상승률을 차감하여 계산한다. 예를 들어, 명목 이자율이 3%인데 물가 상승률이 1%라면 실질 이자율은 2%가 되어, 예금이 미래의 돈 가치를 늘리는 수단이 된다. 반면에, 명목 이자율이 3%인데 물가 상승률이 5%라면 실질 이자율이 (-)2%로서 굳이 예금에 가입해서 1년 후에 원리금을 받아 물품을 구매하기보다 지금 필요한 물품을 사는 편이 낫다는 뜻이다.

과거 1980년대 은행들의 평균 예금이자율이 20% 육박할 정도로 고금리 상황이었다고 말하면, 그 당시 은행에 예금만 해도 부자가 되리라 생각하는 사람들이 의외로 많다. 하지만, 그때의 물가상승률 역시 20% 수준이었기에 실질 이자율은 거의 0%에 근접했다. 과거와 비교해 보면 현재 정기예금이자율은 저금리 추세로 인해 3%대에 불과하지만 이와 더불어 물가 상승률이 1%에 불과하기에 실질 이자율이 2%에 달하는 지금이야말로 은행 예금이 재산을 불리는 보다 나은 재테크 수단이라 하겠다.

세전이자율과 세후이자율

원래, 모든 소득에는 세금이 부과되듯이 개인이 벌어들이는 이자소득에 대해 세금을 내야 한다. 국내 소득세법에서는 이자소득을 다음과 같이 다양하게 구분하면서 각기 다른 세율을 적용하고 있다.

첫째, 비과세 방식이다. 일례로, 개인종합 자산관리(ISA)에서 5년간 벌어들인 소득의 합계액이 200만 원 한도까지는 세금이 부과되지 않는다. 따라서, 그 계좌에서 번 소득이 연 180만 원이면 그 전액이, 반면에 소득이 300만 원이라면 한도인 200만 원까지만 비과세된다. 특히, 연봉이 5천만 원 이하인 소득자라면 250만 원 한도까지 비과세된다. 이에 더해, 이 한도액을 초과하는 소득에 대해서는 9.9%의 낮은 세율이 적용된다.

둘째, 저율 과세 방식이다. 자신이 사는 지역에 소재한 새마을금고, 신용협동조합(신협), 단위 농협이나 수협 등에 1인당 3천만 원 한도까지 정기예탁금에 가입하면서 받는 이자소득에 대해서는 연 1.4%의 농어촌특별세만 내면 된다. 일례로, 새마을금고에 가입한 1년 만기 정기예탁금이자율이 연 3%라면, 세후 이자율은 2.958%가 된다.

세후 이자율 = 이자율 X (1 – 세율) = 3% X (1-0.014) = 2.958%

특히, 은행에 같은 이자율의 정기예금에 가입할 때의 세후 이자율인 2.538%와 비교하면 약 42bp(0.42%)만큼 차이가 난다. 그 차이만큼 세금이 적기 때문에 손에 쥐는 이자소득이 더 많다는 뜻이다.

은행 예금의 세후 이자율 = 3% X (1-0.154) = 2.538%

세후 이자율의 차이 = 신협 등의 세후 이자율 - 은행의 세후 이자율

= 2.958% - 2.538% = 0.42%(42bp)

1천만 원을 각각의 금융회사에 예치할 때 받는 세후 이자는 대략 42만 원 차이가 난다. 특히, 은행과 비교하면 제2금융권(신협, 새마을금고 등)에서 제시하는 이자율이 비교적 높고, 이에 더해 세금 혜택까지 누린다면 더욱더 높은 수익을 얻을 수 있다.

셋째, 일반과세 방식이다. 일반적으로 세금을 매기는 방식으로, 개인이 벌어들인 이자소득에 대해 14%의 소득세(국세)와 1.4%의 지방소득세(지방세)를 합쳐 총 15.4%의 세금을 납부해야 한다. 특히, 금융회사는 예금주에게 이자소득 중에서 세금 해당액을 미리 공제하고 나서 그 차액만을 지급한다. 이를 분리과세라 칭한다. 당연히, 금융회사는 미리 공제한 각 개인의 세금 해당액을 그 사람의 명의로 세무서에 일괄 신고 납부한다.

넷째, 종합과세 방식이다. 고소득자에게 적용되는 방식으로 개인

이 1년 동안 벌어들인 이자소득이 2천만 원을 초과하는 경우 그 이자소득을 다른 소득(배당소득, 근로소득, 사업소득 등)과 모두 합산하여 세금을 계산한다. 이 경우, 국내 소득세율이 소득이 높을수록 세율이 높아지는 누진과세방식을 따르기 때문에 고소득자로부터 더 많은 세금을 걷어내기 위한 방식이다.

과거 저금리로 인해 예금금리가 연 1% 상황에서는 은행에 20억 원을 예치해야 연간 2천만 원의 이자소득이 발생해 종합과세가 시작되었다. 하지만, 금리 인상으로 인해 예금이자율이 4%에 육박하면서 은행에 5억 원만 예금해도 종합과세가 되는 실정이다.

단리와 복리

기본적으로 이자를 계산하는 방식에 따라 단리와 복리로 구분된다. 여기서, 단리는 원금에만 이자를 계산하는 데 반해 복리는 원금뿐만 아니라 이자에도 이자가 더해진다. 이를테면, 은행에 연 10% 이자율로 1천만 원을 단리와 복리 예금에 가입할 때 연도별 원리금의 증감액을 〈도표 1-18〉에서 비교해 보자.

우선, 단리 예금의 경우 1천만 원에 연 이자율 10%를 적용하면 매년 100만 원의 이자가 발생한다. 다시 말해, 단리 방식은 은행에 정기예금 1,000만 원에 예치한 후 해마다 이자 100만 원을 받아서 생활비로 쓰는 것과 유사하다. 〈도표 1-18〉에서 보듯이 단리 예금의 연 이자율이 10%라면 그 예금의 원리금이 당초 원금의 2배가 되는 기간은 10년으로 나타난다. 이는 100을 이자율(10%)로 나눈 수치와 정확하게 일치한다. 따라서, 단리 예금의 이자율이 5%라면 약 20년이 지나야 원리금이 2배가 된다.

한편, 복리 예금이란 원금에 과거에 발생한 이자를 더한 원리금에 이자율을 곱해 이자를 계산한다. 〈도표 1-18〉에서 보듯이 1차연도에는 원금 1천만 원에 이자율 10%를 곱한 100만 원의 이자가 발생한다. 하지만, 2차연도에는 원금 1천만 원에 1차연도 이자 100만 원을 더한 원리금 1,100만 원에 이자율 10%를 곱해 110만 원으로 이자가 늘어난다. 이런 복리 방식에 따르면 대략 8차연도가 되는 기간에 원리금이 2천만 원에 도달해 당초 원금의 2배가 된다.

〈도표 1-18〉 단리 예금과 복리 예금의 비교 (단위:만원)

연	단리 예금		복리 예금	
	원금	이자	원금	이자
1차연도	1,000	100	1,000	100
2차연도	1,000	100	1,100	110
3차연도	1,000	100	1,210	121
4차연도	1,000	100	1,331	133
5차연도	1,000	100	1,464	146
6차연도	1,000	100	1,610	161
7차연도	1,000	100	1,771	177
8차연도	1,000	100	1,948	195
9차연도	1,000	100	2,143	214
10차연도	1,000	100	2,357	236
합계		1,000		1,593

금융시장에서 잘 알려진 사실로서 '72 법칙'이 있다. 앞서 보듯이, 단리 예금의 경우 100을 이자율로 나누면 원금이 2배가 되는 기간을 간편하게 산정할 수 있다. 예를 들어, 단리 예금의 이자율이 10%라면 10년이 지나야 당초 원금이 2배가 된다. 반면에, 복리 예금의 경우에는 72를 이자율로 나누면 개략적으로 원금이 2배로 늘어나는 기간을 추정할 수 있다. 일례로, 72를 이자율 10%로 나누면 7.2년이 지나면 원금이 2배가 된다. 그런데, 이런 7.2년은 〈도표 1-18〉에서의 8년과는 약간의 편차가 있다.

이쯤에서 투자의 진실을 정리해 본다. 만약 저금리로 인해 예금 이자율이 1%라면 복리 방식으로 투자하더라도 72년이 지나야 원금이 2배가 된다. 이런 72년이라는 기간을 실감 나게 예시하면 20대 중반에 가입한 정기예금이 아들 세대를 건너뛰어 손자가 20대 중반이 되는 시기가 되어서야 원금이 2배로 늘어나게 된다.

그런데 예금이자율이 2%가 되면 그 기간이 36년으로 줄어든다. 개인 본인이 20대 중반에 정기예금에 가입하면 정년퇴직하는 50대 중반쯤이면 원금이 2배가 된다. 이로 미루어, 이자율이 최소 2%는 되어야 당대에 살아서 그 혜택을 본다는 것이다. 만약 이자율이 크게 상승하여 7%대가 되면, 강산이 한 번 바뀌는 10년만 지나도 원금이 2배로 늘어난다.

08

금리에 투자한다

금리에 투자한다는 것은 현재 시점에 자금을 투자하면 시간이 흘러가면서 미래 만기일에 당초 약정한 이자율만큼의 수익과 이에 더해 매매차익을 얻을 수 있다는 의미다. 보통, 금리에 투자하는 재테크 수단으로 크게 예금과 채권 2가지 유형이 있다.

현재가치와 미래가치

은행에 1,000만 원을 연 이자율 5%인 정기예금으로 1년 동안 맡기면 만기일에 얼마큼의 원리금을 받을 수 있을까? 그 정답은 1,050만 원이다. 풀어보면 은행으로부터 만기일에 원금 1,000만 원과 (세금이 없다고 가정하면) 이자 50만 원을 받기 때문이다.

그렇다면, 같은 연 이자율 5%의 정기예금에 가입하면서 1년이 지난 만기일에 원리금으로 1,050만 원을 받으려면 은행에 현재 시점에 얼마큼을 예치해야만 할까? 그 정답은 1,000만 원이다.

이로 미루어, 은행에 연 이자율 5%로 현재 1,000만 원을 맡기면 은행은 1년이 지난 만기일에 예금주에게 1,050만 원을 지급하기로 약속했다는 것이다. 이는 달리 말하면 예금주에게 있어 현재의 1,000만 원과 1년 후 만기일에 받는 1,050만 원이라는 2개의 금액은 시차는 존재하지만 그 가치는 동일하다는 뜻이다. 이것을 '자금의 시간가치'라 부른다.

이처럼, 현재와 미래라는 그 시점이 다른 상황에서의 돈의 가치는 단순히 금액이 적고 크고 만으로 비교할 수 없다. 다시 말해, 현재의 1,000만 원과 미래의 1,050만 원을 서로 비교하기 위해서는 그 시점을 일치시킬 필요가 있다. 그 금액을 단순히 비교한다면 어느 시점에 맞추어도 상관없다. 즉, 현재 시점에서의 가치를 비교해도 되고 미래 시점에서의 가치를 비교해도 무방하다. 다만, 느낌상으로 비교하기 쉽다는 측면에서 실무적으로는 현재 시점의 가치로 환산하는 방법이 주로 이용된다.

현재가치PV, Present Value란 미래의 일정 금액을 현재 시점의 가치로 환산한 금액을 말한다. 한편, 미래가치FV, Future Value는 미래 일정 시점에 받기로 약정한 금액을 말한다. 특히, 현재가치와 미래가치는 이자율을 매개로 하여 다음의 관계가 있다.

미래가치 = 현재가치 X (1 + 이자율)

$$현재가치 = 미래가치 / (1 + 이자율)$$

앞 사례에서 은행에 현재가치 1,000만 원을 예금하면 1년 후 미래 가치 1,050만 원을 받고, 한편으로 1년 후 미래가치 1,050만 원을 받으려면 현재가치 1,000만 원 상당액을 지금 즉시 은행에 예치해야 한다. 그러면 약간의 변화를 가해, 1년 후 미래가치 1,000만 원을 받으려면 연 이자율 5%인 상황에서 현재가치는 얼마일까? 그 정답은 952만 원(=1,000만 원 / 1.05)으로 계산된다.

보통, 현재가치를 미래가치로 환산하는데 적용되는 금리를 '이자율(수익률)'이라 하고, 미래가치를 현재가치로 환산하는데 적용되는 금리를 '할인율discount rate'이라 칭한다. 그리고 (1 + 할인율)의 역수를 '현가계수present value factor'라고 부른다. 만약, 할인율이 5%라면 현가계수는 0.9524(= 1 / 1.05)로 계산된다.

위의 내용을 정리하면, 현재가치에 (1 + 이자율)을 곱하면 미래가치가 그리고 미래가치를 (1 + 할인율)로 나누면 현재가치가 계산된다. 또한, 미래가치에 현가계수를 곱하는 방식으로도 현재가치를 산정할 수 있다.

예금이자율의 변동

앞 사례에서 정기예금이자율이 5%에서 10%로 높아지면 관련 금액들은 어떻게 변동될까? 그 정답을 풀어보면 현재가치 1,000만 원은

1년 후 이자율의 변동에 따라 그 미래가치가 1,050만 원에서 1,100만 원으로 50만 원 늘어난다. 반면에, 그 이자율이 5%에서 3%로 낮아지면 현재가치 1,000만 원은 1년 후 미래가치가 1,030만 원으로 당초에 비해 20만 원 줄어든다.

결국, 똑같은 현재가치를 예치해도 이자율이 높아지면 미래가치가 더 많이 늘어나고 이자율이 낮아지면 미래가치는 더 줄어든다는 사실을 기억하기 바란다. 위 셈식을 정리하면 다음과 같다.

$$\text{미래가치} = 1{,}000\text{만 원} \times (1 + 5\%) = 1{,}050\text{만 원}$$

$$\text{미래가치} = 1{,}000\text{만 원} \times (1 + 10\%) = 1{,}100\text{만 원}$$

$$\text{미래가치} = 1{,}000\text{만 원} \times (1 + 3\%) = 1{,}030\text{만 원}$$

만약 정기예금이자율이 5%에서 10%로 높아진다면 1년 후 미래가치 1,000만 원은 그 현재가치가 952만 원에서 909만 원으로 감소한다. 다시 말해, 그 이자율이 5%에서 10%로 상승한다면 현재 시점에 예치하는 현금이 대략 43만 원이 줄어들어도 1년 후 똑같은 미래가치 1,000만 원을 받을 수 있다는 뜻이다. 반면에, 이자율이 5%에서 3%로 낮아지면 1년 후 미래가치 1,000만 원은 현재가치가 971만 원이 된다.

결국, 똑같은 미래가치를 받더라도 이자율이 상승하면 현재가치는 줄어들고, 이자율이 하락하면 현재가치는 더 늘어난다는 사실도 기억하기 바란다. 위 셈식을 정리하면 다음과 같다.

현재가치 = 1,000만 원 / (1 + 5%) = 952만 원

현재가치 = 1,000만 원 / (1 + 10%) = 909만 원

현재가치 = 1,000만 원 / (1 + 3%) = 971만 원

예금에 투자한다 금리가 상승하는 상황

은행에 1,000만 원을 1년 만기 정기예금이자율 5%로 오전에 예치했는데 그 은행이 그날 오후 해당 이자율을 10%로 인상하면 어찌할까? 당연히 기존 예금을 계속 유지하면 1년 후 미래가치가 1,050만 원이지만 신규 예금으로 변경하면 그 미래가치가 1,100만 원으로 늘어난다. 따라서, 이 경우 기존 예금은 해약하고 즉시 신규 예금으로 갈아타는 편이 수익률을 높이는 지름길이다.

그러면, 은행에 1,000만 원을 1년 만기 정기예금이자율 5%로 예치했는데, 만기일을 하루 이틀 남겨놓고 그 이자율을 10%로 인상하면 이때는 어찌할까? 보통, 정기예금의 경우 만기 이전에 해약하면 약정 이자율보다 낮은 이자율이 지급된다. 따라서, 해당 이자율의 인상 여부를 불문하고 만기일에 가까운 시점이라면 기존 예금을 끝까지 유지하는 것이 더 유리하다.

그런데, 은행에 1,000만 원을 1년 만기 정기예금이자율 5%로 예치했는데, 예금한 지 6개월이 지난 후 해당 이자율을 10%로 인상하면 이때는 어찌할까? 이에 대한 정답은 약간 복잡하다. 왜냐하면, 기존 예금을 만기 때까지 유지하는 경우의 미래가치와 이를 해약하고

신규 예금으로 갈아탈 때의 미래가치를 서로 비교하여 그 차이를 놓고 판단을 내려야 하기 때문이다. 만약 이런 상황을 예측할 수만 있다면 최고의 방법이 하나 있다. 애초에 연 이자율 5%인 (1년 만기가 아닌) 6개월 만기 정기예금에 가입한 후, 6개월이 지난 만기일에 은행이 연 이자율 10%로 인상한 정기예금에 다시 예치하는 것이다.

결론적으로, 예금금리가 상승하는 상황이라면 되도록 만기가 짧은 예금에 가입하는 편이 무난하다. 예를 들어, 최소 3개월마다 만기가 도래하면서 그때마다 인상된 금리로 재예치할 수 있는 예금에 가입하라는 뜻이다.

예금에 투자한다 금리가 하락하는 상황

한편, 은행에 1,000만 원을 1년 만기 정기예금이자율 5%로 오전에 예치했는데 그 은행이 그날 오후 그 이자율을 3%로 인하하면 어찌할까? 당연히 기존 예금의 이자율 5%가 신규 예금의 3%보다 높으므로 기존 예금을 계속 유지하는 편이 더 유리하다. 특히, 은행이 예금이자율을 인하하더라도 기존 예금에는 그 영향을 미치지 않기 때문에 만기일 이전이라면 언제라도 기존 예금을 (해약하지 않고) 계속 유지하는 편이 수익률을 더 높이는 지름길이다.

결국, 예금이자율이 하락하는 상황이라면 되도록 만기가 길고 이자율이 높은 예금에 예치하면 더 큰 수익을 얻을 수 있다. 예를 들어, 최소 5-10년 만기에 이자를 복리로 지급하는 고금리 정기예금에 가입하자.

채권

채권債券, bond이란 채무자가 채권자로부터 돈을 빌리면서 그 사실을 적시한 내용(채권자 성명 주소, 채무자 성명 주소, 빌리는 기간, 빌리는 이자율, 원리금의 지급방법 등)이 기재된 일종의 '차용증서'를 말한다. 예를 들어, 은행이 예금주로부터 받은 예금과 관련하여 관련 내용을 기재하여 교부하는 '예금통장'도 넓은 의미의 차용증서에 해당한다. 이때 예금주는 채권자이고 은행은 채무자에 해당된다.

채권은 그 발행하는 주체에 따라 다양하게 구분된다. 예를 들어, 국가가 돈을 빌리면서 발행하는 국고채, 서울특별시 등의 지방자치 단체가 발행하는 지방채, 도시철도공사 등의 공사가 발행하는 공공 채, 삼성전자 등 민간기업이 발행하는 회사채, 신한은행 등의 금융 회사가 발행하는 금융채 등이 있다.

채권에 투자한다는 것은 앞에서 예시한 은행에 예금하는 것과 거의 유사하다. 예를 들어, 국가가 발행한 1년 만기 연간 표면이자율 5%인 국고채 1,000만 원을 매입하면, 그 만기일에 국가로부터 원금 1,000만 원과 (세금이 없다고 가정하면) 이자 50만 원을 받는다.

채권에 투자한다 시장금리가 상승하는 상황

국가가 발행한 1년 만기 표면이자율 5%인 국고채 1,000만 원을 오전에 매입했는데 (천지개벽이 올지언정 발생 확률은 거의 없지만) 그 시장금리가 연 10%로 상승하면 어찌할까? 만약 은행에 예금하는 상황이라면 5%의 기존 예금을 해약하고 10%의 신규 예금으로 갈아타면 된다. 그런데 국고채 투자는 이러한 방법이 통용되지 않는다. 굳이 갈아탄다면 5% 국고채를 팔고 10% 국고채를 새로 살 수는 있다. 어떻든 기존 5% 국고채를 매도할 수밖에 없다.

그러면 이어지는 질문으로, 1,000만 원에 매입한 5% 국고채를 얼마에 팔 수 있을까? 그 정답은 955만 원이다. 다시 말해, 당일에 사자마자 팔면서 약 45만 원의 손실을 본다는 뜻이다. 그 이유를 알아보도록 하자.

만약 5% 국고채를 계속 보유한다면 1년 후 만기일에 1,050만 원을 받는다. 그런데, 시장금리는 연 10%로 오른 상황이다. 그러면, 이 5% 국고채를 사려는 투자자에게 연간 수익률 10%를 맞추는 방법은 무엇일까? 그 정답으로 만기일인 1년 후 미래가치 1,050만 원을 시장금리인 10%로 할인한 현재가치 955만 원으로 팔면 된다. 이에 따라, 새로운 투자자가 5% 국고채를 955만 원에 매입하여 1년 후 만기일까지 보유한다면 1,050만 원을 받기 때문에 그 수익률이 정확하게 10%로 계산된다. 이 계산 내용을 정리해보면 다음과 같다.

$$1년 후 미래가치 = 1,000만 원 X (1 + 5\%) = 1,050만 원$$

$$현재가치 = 1,050만 원 / (1 + 10\%) = 955만 원$$

$$연간 수익률 = (1,050만 원 / 955만 원) X 100 - 100 = 10\%$$

국가가 발행한 1년 만기 표면이자율 5%인 국고채 1,000만 원을 오전에 매입했는데 만기일을 한 달 정도 남겨놓고 시장금리가 연 10%로 상승하면 어찌할까? 이처럼, 그 만기일을 한 달 남긴 국고채의 가치는 시장금리 상승으로 인해 대략 1,042만 원으로 계산된다. 따라서, 만기일로부터 한 달 전에 1,042만 원에 채권시장에서 매도하든지 아니면 그 만기일까지 보유하여 1,050만 원을 받든지 중 하나를 택일하면 된다. 이 경우, 만기를 한 달 앞두고 1,000만 원짜리 원금을 기준으로 약간의 이자 차이(약 8만 원)가 나는 상황이다.

$$1년 후 미래가치 = 1,000만 원 X (1 + 5\%) = 1,050만 원$$

$$현재가치 = 1,050만 원 / (1+ 0.82\%) = 1,042만 원$$

$$만기 30일 남은 이자율 = 10\% X 30일 / 365일 = 0.82\%$$

보통, 채권의 잔존 기간이란 약정 기간에서 경과 기간을 차감하여 계산한다. 일례로, 5년(약정 기간) 만기 국고채를 발행한 지 2년(경과 기간)이 지나면 그 잔존 기간은 3년으로 계산된다.

결론적으로, 채권의 표면이자율보다 시장금리가 더 높아지면 채권의 가치는 하락한다. 다만, 잔존 기간이 짧아질수록 시장금리의 변동은 채권 가치에 미치는 영향이 줄어든다. 이로 미루어, 시장금리가 상승할 때 채권에 투자하면 손실을 본다는 사실을 명심한다.

채권에 투자한다 시장금리가 하락하는 상황

한편, 국가가 발행한 1년 만기 표면이자율 5%인 국고채 1,000만 원을 오전에 매입했는데, 갑자기 시장금리가 3%로 하락하면 어찌할까? 이미 설명한 바처럼 은행의 예금이라면 그 이자율을 낮아지더라도 기존 예금에는 영향을 미치지 않기 때문에 그 만기일 이전까지는 기존 예금을 계속 유지하는 편이 낫다. 그러면, 채권 투자에도 이런 내용이 유효하게 성립할까?

투자자가 5% 국고채를 계속 보유하면 1년 후 만기일에 1,050만 원을 받게 된다. 그런데, 시장금리는 3%로 내린 상황이다. 그러면, 이 5% 국고채를 사려는 사람에게 연간 수익률 3%를 맞추는 방법은 1년 후 미래가치 1,050만 원을 3%로 할인한 현재가치 1,019만 원에 팔면 된다. 다시 말해, 지금 현재 5% 국고채를 1,019만 원에 매입한다면 그 만기일에 1,050만 원을 받을 수 있어 연간 수익률이 3%로 나타난다.

1년 후 미래가치 = 1,000만 원 X (1 + 5%) = 1,050만 원

현재가치 = 1,050만 원 / (1 + 3%) = 1,019만 원

연간 수익률 = (1,050만 원 / 1,019만 원) X 100 – 100 = 3%

결론적으로, 채권의 표면이자율보다 시장금리가 낮아지면 채권의 가치는 상승한다. 다시 말해, 시장금리가 하락하는 상황에서 채권에 투자하면 이익을 늘릴 수 있다.

채권의 기간별 수익률 변화

우리나라 정부는 만기가 1년짜리인 단기채권부터 만기가 30년에 달하는 장기채권까지 다양한 형태의 국고채를 발행하고 있다. 특히, 만기가 1년 이내인 단기채권의 경우 표면이자율 대비 시장금리가 변동하면, 그 가치가 어떻게 변동하는지에 관해 설명했다. 그러면, 만기가 길어질수록 그 가치는 얼마큼 벌어질까?

〈도표 1-19〉에서 표면이자율 5%인 1,000만 원 상당의 국고채가 시장금리의 변동에 따라 시장가치의 변화가 어느 정도인지를 보여주고 있다.

〈도표 1-19〉 시장금리 변동에 따른 채권가치 변화(단위 : 만원)

연	2%	3%	4%	5%	6%	7%	8%
1년	1,029	1,019	1,010	1,000	991	981	972
2년	1,058	1,038	1,019	1,000	982	964	945
3년	1,087	1,056	1,028	1,000	973	948	923
4년	1,114	1,074	1,036	1,000	965	932	901
5년	1,141	1,092	1,044	1,000	958	918	880
10년	1,269	1,171	1,081	1,000	926	859	799
20년	1,491	1,298	1,136	1,000	885	788	705

단기채권인 1년 만기 표면이자율 5%인 국고채 1,000만 원을 매입한 후 시장금리가 2%로 하락하면 그 시장가치는 1,029만 원(수익률 2.9%)으로 늘어난다. 반면에 시장금리가 8%로 상승하면 그 시장가치는 972만 원(손실률 2.8%)으로 줄어든다.

중기채권인 5년 만기 표면이자율 5%인 국고채 1,000만 원을 매입한 후 시장금리가 2%로 하락하면 그 시장가치는 1,141만 원(수익률 14%)으로 늘어나고, 시장금리가 8%로 상승하면 그 시장가치는 880만 원(손실률 12%)으로 줄어든다.

장기채권인 20년 만기 표면이자율 5%인 국고채 1,000만 원을 매입한 후 시장금리가 2%로 하락하면 그 시장가치는 1,491만 원(수익률 49.1%)으로 늘어나고, 시장금리가 8%로 상승하면 그 시장가치는 705만 원(손실률 29.5%)으로 줄어든다.

〈도표 1-19〉를 보면서 채권의 표면이자율과 시장금리와의 관계를 다음과 같이 정리해 본다.

첫째, 표면이자율(5%)에 비해 시장금리가 낮아지면(2~4%) 채권의 시장가치(현재가치)는 상승하기 때문에 평가차익(매매차익)을 얻게 된다. 반면에 시장금리가 높아지면(6~8%) 채권의 시장가치(현재가치)는 하락하기 때문에 평가차손(매매차손)이 발생한다.

둘째, 채권의 만기가 길수록 시장금리의 하락에 따른 시장가치

(현재가치)의 상승 폭은 더 크게 벌어진다. 예를 들어, 1년 만기 표면 이자율 5% 국고채 1,000만 원을 매수한 상황에서 시장금리가 2%로 낮아지면 그 시장가치는 1,029만 원(수익률 2.9%)으로 상승한다. 이에 반해, 20년 만기 국고채의 경우 같은 상황에서 그 시장가치는 1,491 만 원(수익률 49.1%)으로 대폭 늘어난다. 향후, 한국은행의 기준금리 인하 조치에 따라 시장금리가 하락하는 상황에서 장기채권이야말 로 매우 유효한 투자수단이라 하겠다.

셋째, 채권의 만기일이 길수록 시장금리의 상승에 따른 그 시장 가치(현재가치)의 하락 폭이 더 크게 벌어진다. 예를 들어, 1년 만기 5% 국고채 1,000만 원을 매수한 상황에서 시장금리가 8%로 높아지 면 그 시장가치는 972만 원(손실률 2.9%)으로 하락한다. 하지만, 20년 만기 국고채의 경우 같은 상황에서 그 시장가치는 705만 원(손실률 29.5%)으로 크게 낮아진다.

채권은 보유하는 기간에 (원금에 표면이자율을 곱한) 이자를 받 고 그 만기일에 원금을 돌려받는 구조이다. 이런 이자소득에 더해, 앞서 보듯이 시장금리가 변동함에 따라 매매차익(또는 매매차손)을 보 기도 한다.

하지만, 개인투자자가 국내에서 채권에 투자하는 경우 여러 문제 에 봉착한다. 일단, 채권은 그 종목 수가 엄청나게 많아 투자할 종목 을 고른다는 것 자체가 쉽지 않다. 또한, 주식투자와 비교해 채권은 매수하기도 어렵고, 특히 장기채권을 매수했다 하더라도 (채권시장에서 거래가 원활하지 않기 때문에) 그 만기일 이전에 매도하기도 그리 쉽지 않다. 특히, 전문성이 낮은 개인투자자가 해외채권을 거래할 때에도 이와 유사한 문제에 부딪힌다.

개인투자자가 채권 투자종목을 손쉽게 선택할 수 있고, 그 채권의 만기일 이전에 언제라도 사거나 팔 수 있으며 간편하게 국내 및 해외채권에 투자할 수도 있는 상장지수펀드ETF와 상장지수채권ETN에 대해 알아보자.

단기채권에 투자하는 종목

원래, 채권 투자에 따라 얻는 수익에는 '이자수익'과 '평가차익(매매차익)'이 있다. 이 중 어느 것을 중시하느냐에 따라 단기채권과 장기채권으로 투자 대상이 엇갈린다. 예를 들어, 이자수익을 얻을 목적이라면 주로 단기채권을 중심으로 운용하는 종목에 투자한다. 이에 따라, 은행의 정기예금과 유사한 수준의 수익률을 얻을 수 있다.

〈도표 1-20〉은 국내 주식시장에서 만기가 3년 이내인 단기채권에 투자하는 종목들이다. 그 이름에 공통으로 표시된 것처럼 이 종목은 국채 등의 채권에 투자하는 '서류상의 회사paper company'로서 정식 명칭은 '상장지수펀드ETF' 혹은 '상장지수채권ETN'이라 부른다. 이들은 모두 각각의 금융회사가 각 종목이 보유한 재산을 채권 현물이나 금리선물 등에 투자해 수익을 내기 위해 설립한 '채권 전용

<도표 1-20> 단기채권 투자종목

종목명	종목코드	비고
KODEX 단기 채권	153130	1년 이내 단기 시장금리
TIGER 단기 통안채	157450	1년 이내 단기 통안채 시장금리
KODEX 국고채 3년	114260	시장금리 하락시 1배 차익
KODEX 국고채 3년 인버스	292770	시장금리 상승시 1배 차익
메리츠 국채 3년 ETN	610045	시장금리 하락시 1배 차익
메리츠 레버리지 국채 3년 ETN	610046	시장금리 하락시 2배 차익
메리츠 3X 레버리지 국채 3년 ETN	610055	시장금리 하락시 3배 차익
메리츠 인버스 3년 ETN	610047	시장금리 상승시 1배 차익
메리츠 인버스 2X 국채 3년 ETN	610048	시장금리 상승시 2배 차익
메리츠 인버스 3X 국채 3년 ETN	610056	시장금리 상승시 3배 차익

(주1) KODEX는 삼성자산운용에서 설계하여 운용하는 펀드상품의 상표명
(주2) TIGER는 미래에셋자산운용에서 설계하여 운용하는 펀드상품의 상표명
(주3) '메리츠'는 메리츠증권을 의미하면, 이들 종목은 그 증권사가 추종지수의 시장이자율의 변동치
　　　만큼 수익(손실)을 보장하는 종목임
(주4) '비고'란의 시장금리는 3년 만기 국고채 거래 시장에서 형성된 금리를 의미

투자회사'라고 이해하면 된다. 이 중 일부 종목에 대해 시장금리의 변동에 따른 주가 그래프와 수익률을 첨부하니 투자에 참고하기 바란다.

〈도표 1-21〉에 나오는 종목의 주가는 'F&N가이드'에서 발표하는 '기초지수KRW Cash Index'의 변동률과 유사하게 움직이도록 삼성자산운용에서 그 펀드 재산을 운용하는 투자회사ETF이다. 그 기초지수는 채권의 잔존기간이 1개월 이상 1년 이하의 국고채와 통화안정증권 등 30개 종목으로 구성되며 듀레이션(채권의 가중평균 잔존기간)은 6개월 내외로 산정된다.

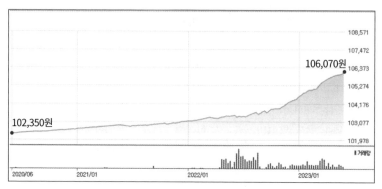

106,070원

102,350원

108,571
107,472
106,373
105,274
104,176
103,077
101,978

거래량

2020/06   2021/01   2022/01   2023/01

출처 · 네이버 증권

이 종목 주가는 최저 102,350원(2020년 6월)에서 최고 106,070원 (2023년 6월)까지 3년간에 걸쳐 대략 3.63% 상승하여 연평균 수익률 은 1.21%로 나타났다. 실제로, 시장금리에 맞춰 매일 이자율이 더해 지면서 완만하게 우상향한다. 다만, 시장금리가 (일례로 연 1%에서 연 2%와 같이) 상승하면 그 기울기가 급해지고 반대로 하락하면 그 기울 기는 낮아진다.

〈도표 1-22〉 종목의 주가는 기초지수(3년 만기 국고채 시장금리)의 변 동률과 유사하게 움직이도록 메리츠증권에서 운영하는 투자회사 ETN이다. 예를 들어, 시장금리가 1bp 하락하여 그 채권 가치가 10원 상승하면 이 종목의 주가도 10원만큼 상승한다. 반면에, 시장금리가 상승하면 그만큼 주가는 하락한다.

현재, 3년 만기 국고채는 6개월마다 신규 종목이 발행된다. 따라

<도표 1-22> 메리츠 국채 3년 ETN (종목코드 : 610045)

출처 · 네이버 증권

시점	주가(원)	등락율	기간
2022년 10월 31일	10,035	-	
2023년 2월 3일	10,330	(+) 2.94%	3개월
2023년 3월 2일	10,220	(-) 1.06%	1개월
2023년 5월 11일	10,405	(+) 1.81%	2개월
2023년 5월 30일	10,355	(-) 0.48%	20일

서, 가장 최근에 발행된 3년 만기 국고채 3개로 구성하며 시간이 흘러 신규 국고채가 발행되면 이를 편입하면서 가장 오래된 국고채가 편출되는 방식이다.

1년 만기 채권 투자종목과 비교해 보면, 시장금리의 변동에 따라 주가가 (단기채권처럼 완만하기보다는) 약간씩 오르락내리락하면서 전체적으로 우상향한다는 차이점이 눈에 띈다.

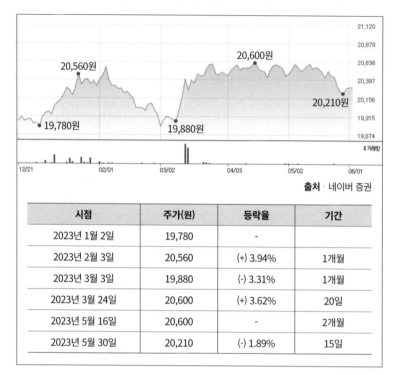

<도표 1-23> 메리츠 3X 레버리지 국채 3년 ETN (종목코드 : 610055)

출처 · 네이버 증권

시점	주가(원)	등락율	기간
2023년 1월 2일	19,780	-	
2023년 2월 3일	20,560	(+) 3.94%	1개월
2023년 3월 3일	19,880	(-) 3.31%	1개월
2023년 3월 24일	20,600	(+) 3.62%	20일
2023년 5월 16일	20,600	-	2개월
2023년 5월 30일	20,210	(-) 1.89%	15일

〈도표 1-23〉에서 이 종목의 주가는 '기초지수(3년 만기 국고채 시장금리)'의 변동률에 3배만큼 움직이도록 운영하는 투자회사ETN이다. 예를 들어, 시장금리가 1bp 하락하여 그 채권 가치가 10원 상승하면 이 종목의 주가는 그 3배 수준인 30원만큼 상승한다. 반면에, 시장금리가 상승하면 그에 해당되는 금액만큼 주가는 하락한다.

이 종목은 3년 만기인 단기채권에 투자하는데도 불구하고, 시장금리에 3배 레버리지로 변동하기 때문에 날짜별 시장금리의 변동에 따라 그 주가가 등락 폭이 커지는 모습이다.

<도표 1-24> 메리츠 인버스 국채 3년 ETN (종목코드 : 610047)

출처 · 네이버 증권

시점	주가(원)	등락율	기간
2022년 11월 7일	9,975	-	-
2023년 1월 25일	9,835	(-) 1.40%	2개월
2023년 3월 2일	9,990	(+) 1.58%	2개월
2023년 3월 23일	9,860	(-) 1.30%	21일
2023년 5월 30일	9,990	(+) 0.41%	2개월

〈도표 1-24〉에서 이 종목의 주가는 '기초지수(3년 만기 국고채 시장 금리)'의 변동률과 유사하게 움직이도록 운영하는 투자회사ᴱᵀᴺ이다. 다만, 시장금리가 1bp 상승하여 그 채권 가치가 10원 상승하면 이 종목의 주가도 10원만큼 상승한다. 반면에, 시장금리가 하락하면 그 만큼 주가는 하락한다.

원래, 시장금리가 상승하면 채권 가치는 하락하는데, 이와 같은 '인버스ⁱⁿᵛᵉʳˢᵉ'라는 명칭이 붙은 종목은 시장금리가 상승하면 반비례 하면서 도리어 채권 가치가 상승한다. 이 종목은 상장 이후 일자별 시장금리의 변동에 따라 주가가 등락을 반복하고 있다.

〈도표 1-25〉에서 이 종목의 주가는 '기초지수(3년 만기 국고채 시장금리)'의 변동률에 3배만큼 움직이도록 운영하는 투자회사ETN이다. 예를 들어, 시장금리가 1bp 상승하여 그 채권 가치가 10원 상승하면 이 종목의 주가는 30원만큼 상승한다. 반면에, 시장금리가 하락하면 그만큼 주가는 하락한다.

원래, '인버스inverse' 종목은 시장금리가 상승하면 반비례하면서 채권 가치가 상승하는데, 여기에 '3X'가 붙어 3배만큼 채권 가치를 변동시킨다는 뜻이다. 향후 시장금리가 상승할 것으로 전망되면 고수익을 얻을 수 있는 종목이다. 하지만, 그만큼 시장금리 하락으로

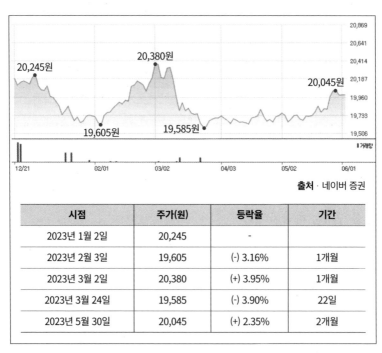

〈도표 1-25〉 메리츠 인버스 3X 국채 3년 ETN (종목코드 : 610056)

출처 · 네이버 증권

시점	주가(원)	등락율	기간
2023년 1월 2일	20,245	-	
2023년 2월 3일	19,605	(-) 3.16%	1개월
2023년 3월 2일	20,380	(+) 3.95%	1개월
2023년 3월 24일	19,585	(-) 3.90%	22일
2023년 5월 30일	20,045	(+) 2.35%	2개월

인해 큰 손실을 볼 수 있다는 것에 유념한다.

이 종목의 날짜별 시장금리의 변동에 따라 그 주가의 등락 폭이 커지는 모습이 눈에 띈다.

장기채권에 투자하는 종목

〈도표 1-26〉은 국내 주식시장에서 만기가 10년 또는 30년인 장기 국고채권에 투자하는 종목이다. 한편, 〈도표 1-27〉은 국내 주식시장에서 미국 장기 국채에 투자하는 종목이다. 이 종목들은 국채 등의 채권에 투자하는 '서류상의 회사paper company'로서, 그 정식 명칭은 '상장지수펀드ETF' 혹은 '상장지수채권ETN'라 부른다.

지금까지 살펴본 바와 같이 단기채권에 투자하면 이자수익을 핵심으로 하여 시장금리의 변동에 따라 약간의 평가차익(매매차익)이 더해진다. 반면에, 장기채권은 그 만기가 10년부터 30년까지 길어질수록 시장금리의 변동에 따라 채권 가치가 큰 폭으로 증감한다. 그만큼 미래 시장금리의 변동을 제대로만 예측하면 고수익을 얻는데 반해, 그 예측이 엇나가면 큰 손실을 볼 수 있다는 뜻이다.

장기채권에 투자하는 전체 종목 중 일부에 대해 시장금리의 변동에 따른 주가 그래프와 그 수익률을 첨부하니 투자에 참고하기 바란다.

<**도표 1-26> 장기 국내 채권 투자종목**

종목명	종목코드	비고
KBSTAR KIS 국고채 30년 Enhenced	385560	시장금리 하락시 1배 수익
TIGER 국고채 30년 스트립액티브	451530	시장금리 하락시 1배 수익
메리츠 국채 10년 ETN	610018	시장금리 하락시 1배 수익
메리츠 레버리지 국채 10년 ETN	610019	시장금리 하락시 2배 수익
메리츠 인버스 국채 10년 ETN	610020	시장금리 상승시 1배 수익
메리츠 인버스 2X 국채 10년 ETN	610021	시장금리 상승시 2배 수익
메리츠 3X 레버리지 국채 10년 ETN	610059	시장금리 하락시 3배 수익
메리츠 인버스 3X 국채 10년 ETN	610060	시장금리 상승시 3배 수익
메리츠 국채 30년 ETN	610007	시장금리 하락시 1배 수익
메리츠 레버리지 국채 30년 ETN	610008	시장금리 하락시 2배 수익
메리츠 인버스 국채 30년 ETN	610009	시장금리 상승시 1배 수익
메리츠 인버스 2X 국채 30년 ETN	610010	시장금리 상승시 2배 수익
메리츠 3X 레버리지 국채 30년 ETN	610061	시장금리 하락시 3배 수익
메리츠 인버스 3X 국채 30년 ETN	610062	시장금리 상승시 3배 수익

<도표 1-27> 장기 미국 채권 투자종목

종목명	종목코드	비고
TIGER 미국채 10년 선물	305080	시장금리 하락시 1배 수익
TIGER 미국채 30년 스트립액티브(합성H)	458250	시장금리 하락시 1배 수익
KODEX 미국채 울트라 30년 선물(H)	304660	시장금리 하락시 1배 수익
메리츠 미국채 10년 ETN (H)	610022	시장금리 하락시 1배 수익
메리츠 레버리지 미국채 10년 ETN (H)	610023	시장금리 하락시 2배 수익
메리츠 인버스 미국채 10년 ETN (H)	610024	시장금리 상승시 1배 수익
메리츠 인버스 2X 국채 10년 ETN (H)	610025	시장금리 상승시 2배 수익
메리츠 미국채 30년 ETN (H)	610037	시장금리 하락시 1배 수익
메리츠 레버리지 미국채 30년 ETN (H)	610038	시장금리 하락시 2배 수익
메리츠 인버스 미국채 30년 ETN (H)	610039	시장금리 상승시 1배 수익

메리츠 인버스 2X 국채 30년 ETN (H)	610040	시장금리 상승시 2배 수익

(주1) '선물'은 현물 채권을 매수하는 방식이 아닌 금리선물을 매수/매도하는 방식으로 운용하되, '합성'은 현물과 선물을 혼합하여 운용함

(주2) 미국채에 투자하는 종목 마지막에 표시된 (H)는 환헤지(Hedge)의 약자로, 원/달러 환율이 변동하더라도 관련 종목의 투자수익에 영향을 미치지 않는다는 것으로, 순수한 시장금리 변동에 따라 수익이 좌우됨

<도표 1-28> 메리츠 국채 30년 ETN (종목코드 : 610007)

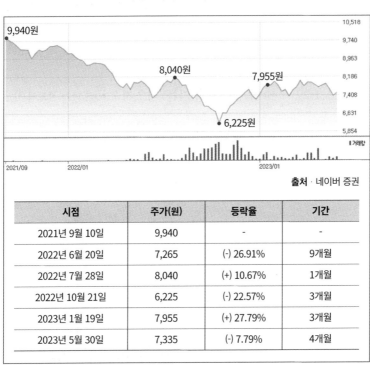

출처 · 네이버 증권

시점	주가(원)	등락율	기간
2021년 9월 10일	9,940	-	-
2022년 6월 20일	7,265	(-) 26.91%	9개월
2022년 7월 28일	8,040	(+) 10.67%	1개월
2022년 10월 21일	6,225	(-) 22.57%	3개월
2023년 1월 19일	7,955	(+) 27.79%	3개월
2023년 5월 30일	7,335	(-) 7.79%	4개월

〈도표 1-28〉에서 이 종목의 주가는 '기초지수(30년 만기 국고채 시장금리)'의 변동률과 유사하게 움직이도록 운영하는 투자회사ETN이다. 예를 들어, 시장금리가 1bp 하락하여 그 채권 가치가 100원 상승하면

이 종목의 주가도 100원만큼 상승한다. 반면에, 시장금리가 상승하면 주가는 하락한다.

현재, 30년 만기 국고채는 1년마다 신규 종목이 발행된다. 가장 최근에 발행된 30년 만기 국고채 3개로 구성되며 시간이 흘러 신규 종목이 발행되면 이를 편입하면서 가장 오래된 종목이 편출되는 방식을 따른다. 이 종목의 상장 후 최근까지의 주가 변동과 그 수익률은 〈도표 1-28〉과 같다.

〈도표 1-29〉에서 이 종목의 주가는 '기초지수(30년 만기 국고채 시장

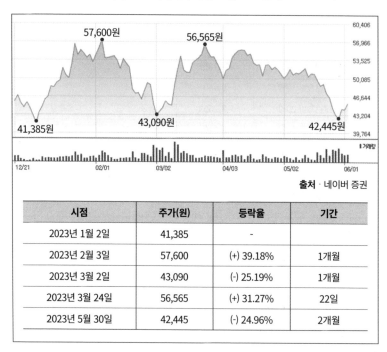

〈도표 1-29〉 메리츠 3X 레버리지 국채 30년 ETN (종목코드 : 610061)

출처 · 네이버 증권

시점	주가(원)	등락율	기간
2023년 1월 2일	41,385	-	
2023년 2월 3일	57,600	(+) 39.18%	1개월
2023년 3월 2일	43,090	(-) 25.19%	1개월
2023년 3월 24일	56,565	(+) 31.27%	22일
2023년 5월 30일	42,445	(-) 24.96%	2개월

금리)'의 변동률에 3배만큼 움직이도록 운영하는 투자회사ETN이다. 예를 들어, 시장금리가 1bp 하락하여 그 채권 가치가 100원 상승하면 이 종목의 주가는 300원만큼 상승한다. 반면에, 시장금리가 상승하면 주가는 하락한다.

이 종목은 30년 만기인 장기채로 운용하면서도 시장금리에 무려 3배만큼 레버리지로 움직이기 때문에 일자별 시장금리의 변동에 따라 그 주가가 크게 등락하는 양상이다. 이 종목의 상장 후 최근까지의 주가 변동과 그 수익률은 〈도표 1-29〉와 같다.

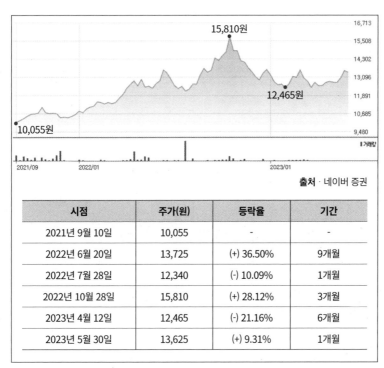

〈도표 1-30〉 메리츠 인버스 국채 30년 ETN (종목코드 : 610009)

출처 · 네이버 증권

시점	주가(원)	등락율	기간
2021년 9월 10일	10,055	-	-
2022년 6월 20일	13,725	(+) 36.50%	9개월
2022년 7월 28일	12,340	(-) 10.09%	1개월
2022년 10월 28일	15,810	(+) 28.12%	3개월
2023년 4월 12일	12,465	(-) 21.16%	6개월
2023년 5월 30일	13,625	(+) 9.31%	1개월

〈도표 1-30〉에서 이 종목의 주가는 '기초지수(30년 만기 국고채 시장금리)'의 변동률만큼 움직이도록 운영하는 투자회사ETN이다. 예를 들어, 시장금리가 1bp 상승하여 그 채권 가치가 100원 상승하면 이 종목의 주가는 같은 금액만큼 상승한다. 반면에, 시장금리가 하락하면 주가는 하락한다.

이 종목은 30년 만기인 장기채로 운용하면서 시장금리에 반비례하면서 주가가 움직인다. 때문에, 일자별 시장금리의 변동에 따라 그 주가가 크게 등락하는 모습이다. 이 종목의 상장 후 최근까지의 주가 변동과 그 수익률은 〈도표 1-30〉과 같다.

<도표 1-31> 메리츠 인버스 3X 국채 30년 ETN (종목코드 : 610062)

시점	주가(원)	등락율	기간
2023년 1월 2일	59,485	-	-
2023년 2월 3일	42,305	(-) 28.88	1개월
2023년 3월 2일	55,025	(+) 30.07	1개월
2023년 3월 27일	40,750	(-) 25.94	25일
2023년 5월 30일	54,290	(+) 33.23	2개월

〈도표 1-31〉에서 이 종목의 주가는 '기초지수(30년 만기 국고채 시장금리)'의 변동률에 3배만큼 움직이도록 운영하는 투자회사^{ETN}이다. 예를 들어, 시장금리가 1bp 상승하여 그 채권 가치가 100원 상승하면 이 종목의 주가는 300원만큼 상승한다. 반면에, 시장금리가 하락하면 주가는 하락한다.

이 종목은 30년 만기인 장기채이면서 시장금리에 3배 반비례하면서 움직인다. 이 때문에 일자별 시장금리의 변동에 따라 그 주가의 등락폭이 커지는 모습이다. 이 종목의 상장 후 최근까지의 주가 변동과 그 수익률은 〈도표 1-31〉과 같다.

〈도표 1-32〉에서 이 종목의 주가는 '기초지수(30년 만기 미국채 시장금리)'의 변동률에 2배만큼 움직이도록 운영하는 투자회사^{ETN}이다. 예를 들어, 시장금리가 1bp 하락하여 그 채권 가치가 100원 상승하면 이 종목의 주가는 200원만큼 상승한다. 반면에, 시장금리가 상승하면 주가는 하락한다.

이 종목은 30년 만기인 장기채에 투자하면서도 시장금리에 2배수로 주가가 움직이기 때문에 일자별 시장금리의 변동에 따라 그 주가가 크게 등락을 반복하는 모습을 보인다. 이 종목의 상장 후 최근까지의 주가 변동과 그 수익률은 다음과 같다.

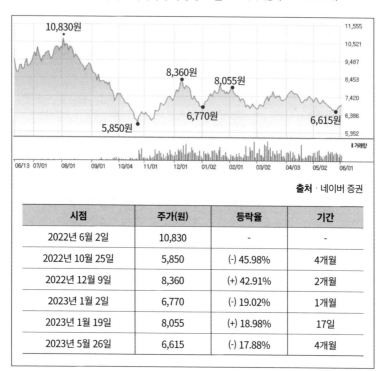

<도표 1-32> 메리츠 레버리지 미국채 30년 ETN (H) (종목코드 : 610038)

출처 · 네이버 증권

시점	주가(원)	등락율	기간
2022년 6월 2일	10,830	-	-
2022년 10월 25일	5,850	(-) 45.98%	4개월
2022년 12월 9일	8,360	(+) 42.91%	2개월
2023년 1월 2일	6,770	(-) 19.02%	1개월
2023년 1월 19일	8,055	(+) 18.98%	17일
2023년 5월 26일	6,615	(-) 17.88%	4개월

〈도표 1-33〉에서 이 종목의 주가는 '기초지수(30년 만기 미국채 시장 금리)'의 변동률에 2배만큼 움직이도록 운영하는 투자회사ETN이다. 예를 들어, 시장금리가 1bp 상승하여 그 채권 가치가 100원 상승하면 이 종목의 주가는 200원만큼 상승한다. 반면에, 시장금리가 하락하면 2배만큼 주가는 하락한다.

이 종목은 30년 만기인 장기채로 운용하면서 시장금리에 2배 반비례하기 때문에, 일자별 시장금리의 변동에 따라 그 주가의 등락폭이 상당히 커지는 모습이다. 이 종목의 상장 후 최근까지의 주가 변

<도표 1-33> 메리츠 인버스 2X 미국채 30년 ETN (H) (종목코드 : 610040)

출처 · 네이버 증권

시점	주가(원)	등락율	기간
2022년 8월 2일	8,905	-	-
2022년 10월 25일	15,885	(+) 78.38%	2개월
2022년 12월 9일	10,945	(-) 31.10%	2개월
2023년 1월 2일	13,515	(+) 23.48%	1개월
2023년 1월 19일	11,210	(-) 17.06%	17일
2023년 3월 2일	13,410	(+) 19.63%	2개월
2023년 4월 7일	11,375	(-) 15.18%	1개월
2023년 5월 26일	13,295	(+) 16.88%	1개월

동과 그 수익률은 〈도표 1-33〉과 같다.

금리가 인상되면, 주가는 하락하고, 환율은 상승한다.

제 2 장

주가를 움직이는
일반 원칙

주식시장과
상장종목

재테크는 선택의 연속

사람의 삶이란 선택의 연속이라 할 수 있다. 일례로, 신神의 섭리에 의거 어떤 가정에 태어났느냐로부터 시작하여 학교, 직장, 연애, 결혼, 심지어 죽음까지는 자신이 선택해야만 한다.

개인의 재테크에서도 이와 유사한 일을 겪게 된다. 개인이 주식 투자를 시작하면서 처음으로 부딪히는 선택은 투자할 종목을 고르는 것이다. 왜냐하면, 주식시장에 상장되어 매매되는 종목이 상당히 많기 때문이다.

우리나라 주식시장에서 거래되는 종목은 과연 어느 정도일까?

일단, 궁금증을 풀기 위해 경제신문의 증권 면을 펼쳐보면 거의 두 개 면에 걸쳐 빽빽하게 회사명과 주가가 나열되어 있다. 시간이

난다면 몇 개나 되는지 한번 헤아려보기 바란다.

위 물음에 대한 정답으로 현재(2023년 3월) 코스피시장이라면 회사명이 827개이고 종목명이 946개 나온다. 한편, 코스닥시장은 회사명이 1,629개, 종목명이 1,633개나 된다.

상장 회사명과 종목명

신문을 읽다 보면 '올해 상반기에 상장한 법인…' 또는 'OO기업이 내년에 상장된다.'라는 기사가 나온다. 여기서 상장上場이란 '윗 상上' 자에 '마당 장場' 자로, 한국거래소에서 운영하는 주식시장에 그 회사가 정식으로 이름을 올렸다는 의미다. 이 순간부터 투자자들은 주식시장에서 이 회사의 주식을 자유롭게 매매할 수 있게 된다.

반면에 비상장주식非上場株式이란 상장되지 않은 주식으로, 다시 말해 주식시장에서 거래할 수 없는 주식을 말한다. 그렇다고 비상장주식이 전혀 거래될 수 없거나 거래되지 않는다는 것은 아니다. 비상장주식은 간혹 장외시장場外市場에서 매수자와 매도자가 직접 만나 수량과 가격을 협상하여 거래되기도 한다. 이런 이유로, 상장주식과 비교하면 비상장주식은 매매하기가 매우 어렵다는 것이다.

우리나라 사람들에게 '현대자동차'가 어떤 회사인지 물으면, 당연히 자동차를 생산 판매하는 기업이라고 답할 것이다. 또한 '삼성전자'라고 하면 반도체, 스마트폰 등의 각종 전자제품을 판매하는 기업이라고 잘 알고 있다. 이처럼, 대부분 회사는 그 이름만 들어도 어떤 사업을 하는지 대략 알 수 있다.

그러나 주식시장에서는 좀 다를 수 있다. 삼성전자가 발행한 보통주는 '삼성전자 보통주(상장코드: 005930)'라는 종목으로 거래된다. 한편, 삼성전자가 발행한 우선주는 '삼성전자 우선주(상장코드: 005935)'라는 별도의 종목으로 거래된다. 같은 회사가 발행했지만 주식시장에서 두 종목은 전혀 다르게 취급된다.

한 회사가 여러 유형의 주식을 발행하면 회사명은 같아도 종목명이 달라진다. 하지만, 한 회사가 하나의 주식만을 발행하면 회사명과 종목명은 동일한 이름으로 표시된다.

특히 주식투자에 있어 고려할 사항으로, 한국의 주식시장에서는 상장코드를 번호로 표시하는 데 반해, 미국 주식시장에서는 영문 약자로 표기한다는 점이다. 예를 들어 테슬라^{TSLA}, 애플^{AAPL}, 마이크로소프트^{MSFT}와 같은 방식이다.

유가증권시장 혹은 코스피시장

국내 최초로 설립된 정규 주식시장은 '유가증권시장', '거래소 시장', '코스피 시장' 등 다양한 이름으로 불리는데, 같은 주식시장을 이름만 달리 부른다고 이해하면 된다. 원래, 유가증권시장의 종합주가지수를 가리키는 코스피$^{KOSPI,\ KOrea\ composite\ Stock\ Price\ Index}$는 '한국 주식시장의 수많은 상장종목의 주가 수준을 종합적으로 나타내는 주가지수'를 뜻한다.

주식시장에서 상장주식은 아무런 제한 없이 자유롭게 매매가 이루어진다. 그렇다면, 주식시장에 어중이떠중이의 모든 회사 주식이 상장될 수 있을까? 당연히 그렇지 않다. 만약, 상장회사가 도산하면 그 주식을 매수한 투자자들은 재산을 날리고 결과적으로 심각한 경제·사회적 문제가 발생할 것이다.

우리나라 정부는 주식시장에 상장을 신청한 회사에 대해 엄격한 심사절차를 거쳐 도산할 가능성이 적은 우량기업만을 상장시키고 있다. 코스피시장의 상장을 심사하는 곳은 한국거래소이고, 한국거래소는 일정한 '상장 요건'을 정해 그것을 갖춘 기업만을 상장시키고 있다.

코스피시장의 상장 요건에는 여러 항목이 있다. 그중에 경영성과 요건만을 집중하여 검토해보면, 매출액은 최소 1,000억 원 이상이고, 이익은 최소 30억 원 이상이어야 하며, 시가총액은 최소 2,000억 원 이상이어야 상장할 수 있다. 이런 요건을 충족하는 기업은 이른바 대기업일 수밖에 없다.

〈도표 2-1〉은 코스피시장의 상장회사와 상장종목의 증감 추이를 정리한 자료이다.

그래프에서 좌측 열의 '사'는 상장회사 수(실선)를, 우측 열의 '종목'은 상장종목 수(점선)를 가리킨다. 국내 코스피시장은 2005년 1월 회사 수(683개)와 종목 수(842개)가 계속 늘어나는 추세를 보이며, 금융위기 당시인 2008년 회사 수(767개)와 종목 수(930개)가 최고치를 기록한다.

<도표 2-1> 코스피시장의 상장회사와 상장종목 추이

출처 · 네이버 증권(2020년 7월)

그 이후 기업의 신규 상장이 줄어들면서 그 증가세가 주춤하다가, 2012년부터 한국거래소가 종목 통폐합 조치 등을 시행하면서 2015년 4월 회사 수(762개)와 종목 수(883개)가 줄어든다. 그로부터 지속해서 매년 신규 상장이 이어지면서 2023년 3월에는 회사 수(946개)와 종목 수(827개)를 달성한다.

코스닥시장

앞서 살펴본 것처럼 코스피시장에 상장된 회사는 겨우 946개에 불과하다. 우리나라 국세청에 등록된 총 회사 수인 90만 개와 비교하면 약 0.1%에 그치는 수치다. 이처럼, 유가증권시장에 상장된 회사가 적은 이유는 '상장 요건'이 너무 엄격해서이다.

우리나라 정부는 중소기업, 신기술업체, 벤처기업 등이 투자자들로부터 자금을 쉽게 조달할 수 있도록 1996년 7월 1일 코스닥KOSDAQ, KOrea Securities Dealers Automated Quotation 시장을 만들었다. 미국의 나스닥 NASDAQ 시장을 벤치마킹한 결과이다.

코스피시장에서 살펴보듯이, 코스닥시장에 상장하기 위해서도 충족해야 할 필수요건이 있다. 한국거래소가 제시하는 코스닥시장의 상장 요건은 일단 일반기업과 벤처기업으로 구분되어 있다.

첫째, 일반기업의 경영성과 요건을 살펴보면 매출액은 최소 100억 원 이상이고, 이익은 적어도 20억 이상이 나야 하며 시가총액은 최소 300억 원 이상이면 된다.

둘째, 벤처기업이라면 매출액은 최소 50억 원 이상이고, 이익은 적어도 10억 이상이 나야 하며 시가총액은 최소 300억 원 이상이면 된다. 특히, 기술성장기업은 자기자본이 10억 원 이상이라는 단 하나의 요건만 갖추면 코스닥시장에 상장할 수 있다.

위의 코스닥시장의 상장 요건을 코스피시장과 비교해보면 거의 10분의 1수준에 불과하다는 느낌이 든다. 특히, 중소기업과 벤처기업이 코스닥시장에 상장된 후 시간이 지나 규모가 커지고 투자자들의 신뢰가 쌓이면 유가증권시장으로 곧바로 직행할 수 있다. 이를 '직상장直上場'이라고 한다. 이로 미루어, 코스닥시장은 유가증권시장으로 가는 징검다리 주식시장이라고 할 수 있다.

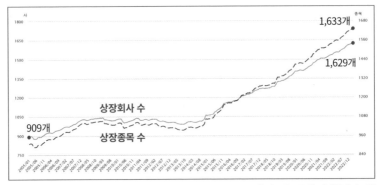

<도표 2-2> 코스닥시장의 상장회사와 상장종목 추이

출처 · 한국은행 경제통계시스템

코스닥시장에 상장된 회사 수와 종목 수의 증감 추이를 〈도표 2-2〉에서 그래프로 정리했다.

위 그래프에서 좌측 열의 '사'는 상장회사 수(실선)를, 우측 열의 '종목'은 상장종목 수(점선)를 가리킨다. 국내 코스닥시장은 2005년 1월 회사 수(895개)와 종목 수(909개)가 점진적으로 늘어나는 추세를 보이며, 금융위기 당시인 2008년 회사 수(1,041개)와 종목 수(1,051개)까지 도달한다.

그 이후 기업의 신규 상장이 정체되면서 그 증가세가 주춤하다가, 2015년부터 한국거래소가 중소기업과 벤처기업들의 코스닥시장 상장을 적극적으로 추진하면서, 신규 상장이 급증함에 따라 2023년 3월에는 회사 수(1,629개)와 종목 수(1,633개)가 최고치를 기록한다.

종목선정, 자신의 직감에 따른다

지금까지 살펴본 것처럼 국내 주식시장에 상장된 주식은 숫자만 많은 것이 아니라, 그 종류도 다양하고 각 종목의 특색도 각양각색이다. 일단, 상장종목 수만 보더라도 유가증권시장과 코스닥시장의 종목을 합해 총 2,600여 개가 있다. 개인투자자가 그 모든 종목을 분석해 합리적인 판단에 근거하여 투자할만한 한두 종목을 고르는 것은 결코 쉬운 일이 아니다. 사실상 불가능에 가깝다.

이로 인해 개인투자자들은 시작부터 잘못된 길을 걷는다. 친구나 주식전문가들이 추천하는 '저가주'나 '작전주'를 매수하면서 주식투자를 출발하는 투자자가 의외로 많다. 투자자 대부분이 이런 과정을 거쳐 이익은커녕 거액을 잃으면서 주식에 환멸을 느끼고 주식시장을 떠나간다. 개인투자자들이 흔히 겪는 오류가 바로 이런 것이다.

투자종목을 고를 때 의식적인 방법보다는 오히려 무의식적인 방법이 통한다는 이야기가 있다. 아무 생각 없이 고른 주식이 노력해서 선택한 것보다 성공 가능성이 더 크다는 것이다. 이는 허무맹랑한 농담이나 자기 체념 식의 푸념이 아니라, 엄연한 연구결과다.

주식시장이 처음 문을 연 이래 약 200년 동안에 걸쳐, 투자종목 선정과 투자수익률의 상관관계를 연구한 수많은 학자가 있었다. 그 결과는 놀랍게도 주식전문가들이 권하는 의식적인 방법보다, 개인의 직감 등 무의식적인 방법에 따르는 게 더 높은 수익을 올린다는 것이다. 일례로, 투자전문가들이 권하는 종목보다 경제신문의 주식

면을 벽에 걸어놓고 눈을 감은 상태에서 손가락을 임의로 찍어 고른 종목에 투자하는 게 더 낫다는 결론이다.

주가의 결정

경영실적

자본금, 액면가, 발행주식 수

주식시장에서 주식을 매수하기로 결정했다면 주식과 관련된 기초
적인 사항(자본금, 액면가, 발행주식 수)에 대해 이해할 필요가 있다. 이
들 항목은 다음 계산식과 같이, 1주당 액면가에 발행주식 수를 곱하
면 자본금과 그 금액이 거의 일치한다.

자본금 = 1주당 액면가 × 발행주식 수

주식회사가 설립되려면 회사의 소유주인 주주들이 사업을 영위
하는 데 필요한 자금을 그 기업에 출자해야 한다. 이런 사업 밑천을
회계나 법률 용어로 '자본금'이라 부른다. 일례로, 홍길동이 A기업을

설립하면서 자본금 1억 원을 출자한다고 하면 먼저 1주당 액면가와 발행주식 수를 어떻게 할지 정해야 한다.

비상장법인은 상법에 따라 1주당 액면가는 100원 이상으로 자유롭게 정할 수 있다. 다시 말해, 500원도 되고 10,000원도 좋고, 심지어 1억 원이라도 무방하다. 하지만, 상장법인은 자본시장법의 규정에 따라 〈도표 2-3〉처럼 1주당 액면가를 6가지 유형(100원, 200원, 500원, 1,000원, 2,500원, 5,000원) 중 하나를 선택해야 한다. 일단, 자본금과 1주당 액면가만 정해지면 발행주식 수는 자연히 확정된다.

<도표 2-3> 1주당 액면가와 발행주식 수

자본금(원)	1주당 액면가(원)	발행 주식수(주)
100,000,000	100	1,000,000
100,000,000	200	500,000
100,000,000	500	200,000
100,000,000	1,000	100,000
100,000,000	2,500	40,000
100,000,000	5,000	20,000

주가, 상장주식수, 시가총액, 외국인비율

위에서 설명한 내용을 기초로 하여 〈도표 2-4〉에 대해 알아본다.

첫째, 맨 좌측 처음에 나오는 번호는 코스피시장에서 시가총액이

<도표 2-4> 코스피시장의 시가총액 상위 10대 기업

N	종목명	현재가	전일비		등락률	액면가	거래량	상장주식수	시가총액	주당순이익	외국인비율	PER
1	삼성전자	65,500	▼	100	-0.15%	100	10,237,899	5,969,783	3,910,208	8,057	51.60	8.13
2	LG에너지솔루션	582,000	▼	10,000	-1.69%	500	298,675	234,000	1,361,880	3,305	5.41	176.10
3	SK하이닉스	88,200	▲	600	+0.68%	5,000	2,017,523	728,002	642,098	3,063	49.54	28.80
4	삼성바이오로직스	788,000	▼	5,000	-0.63%	2,500	61,572	71,174	560,851	11,411	10.68	69.06
5	LG화학	790,000	▼	35,000	-4.24%	5,000	381,058	70,592	557,680	23,574	48.45	33.51
6	삼성SDI	758,000	▼	8,000	-1.04%	5,000	218,453	68,765	521,235	27,736	49.57	27.33
7	삼성전자우	55,500	▼	200	-0.36%	100	819,067	822,887	456,702	8,057	71.79	6.89
8	현대차	193,600	▲	2,200	+1.15%	5,000	569,943	211,532	409,525	26,592	31.33	7.28
9	POSCO홀딩스	412,000	▼	2,500	-0.60%	5,000	1,889,016	84,571	348,433	36,457	41.02	11.30
10	기아	85,400	▲	2,700	+3.26%	5,000	1,730,839	405,363	346,180	13,345	37.05	6.40

출처 · 네이버증권(2023년 4월)

(주1) 시가총액은 억 원, 거래량은 주, 상장주식수는 1,000주, 외국인비율은 %
(주2) 시가총액은 현재가에 상장주식수를 곱해 계산함.
(주3) PER는 주가를 주당순이익(EPS)으로 나눈 수치

제일 큰 순서대로 그 서열을 나열한 것이다. 주식에 대해 모르는 사람이라도, 국내 최대 기업이라면 주저하지 않고 '삼성전자'를 꼽을 것이다. 그런데, 다음의 두 번째 기업은 주식투자자가 아니라면 평소에 거의 들어본 적도 없는 회사인 'LG에너지솔루션'으로 드러났다. 이어서 세 번째는 그룹 내에서 이동통신 사업이나 정유업을 제치고 SK그룹의 주력 기업으로 거듭난 'SK하이닉스'가, 네 번째는 삼성그룹이 야심차게 새로이 진출한 생명공학사업을 영위하는 '삼성바이오로직스'가 그리고 다섯번째가 LG그룹의 전통 주력 기업인 'LG화학'으로 나타나고 있다.

둘째, 회사명 다음에 나오는 '현재가'는 이 자료를 캡처한 시점에 주식시장에서 거래된 주가를 뜻한다. 현재, 삼성전자의 주가는

65,500원으로 전일의 종가인 65,600원보다 100원(0.15%) 하락한 상황이다.

셋째, '액면가'는 회사가 출자금을 납입한 주주에게 발행하여 교부한 주식의 1주당 금액을 말한다. 일례로, 삼성전자의 1주당 액면가는 100원인데, 주식시장에서 액면가보다 65배가 넘는 65,500원에 거래되고 있다. 다음으로 LG에너지솔루션은 액면가가 500원인데, 주가는 그것보다 무려 1,160배나 되는 582,000원에 거래되는 상황이다.

넷째, '거래량'은 주식시장이 개장하는 아침 9시부터 그 시장이 폐장하는 오후 3시 30분까지 매수가와 매도가가 서로 일치하여 거래된 누적 수량을 말한다. 그리고 '상장주식수'는 약간의 차이가 있지만, 회사가 일정 시점에 발행한 주식의 총 수량을 뜻한다. 일례로, 삼성전자의 경우 상장 주식수가 59억 주(정확하게 5,969,783천 주)이고 거래량이 대략 100만 주(10,237,899주)이므로 하루 동안에 총발행주식수 중에서 약 0.17%만큼 거래되고 있다.

다섯째, '자본금'이 1주당 액면가에 총발행주식수를 곱한 금액이라면, '시가총액'은 주식이 거래되면서 형성된 1주당 주가에 총발행주식수를 곱한 금액이다. 예를 들어, 삼성전자의 자본금과 시가총액을 다음처럼 계산한다. 이 시점에, 코스피시장에 상장된 전체 종목의 시가총액을 모두 합산하면 약 2,000조 원이므로, 삼성전자의 시가총액 391조 원은 총액 대비 20%의 비중을 차지하고 있다.

삼성전자의 자본금 = 액면가(100원) × 상장주식수(5,969,783천 주)

= 5,970억 원(정확하게 596,978,300천 원)

삼성전자의 시가총액 = 주가(65,500원) × 상장주식수(5,969,783천 주)

= 391조 원(정확하게 391,020,786,500천 원)

이어서, 2위인 LG에너지솔루션의 시가총액 136조 원은 삼성전자 시가총액의 3분의 1(약 35%)에 불과하다. 그리고 3위인 SK하이닉스의 시가총액 64조 원은 1위 기업의 6분의 1(약 16%) 수준이고, 그 이하 순위 기업들의 시가총액은 미미한 차이를 보인다.

여섯째, '외국인 비율'은 전체 상장주식수 중에서 외국인 투자자들이 보유한 수량이 차지하는 비중을 뜻한다. 〈도표 2-4〉에서 보듯이, 삼성전자의 경우 총발행주식수 중 절반 이상인 51.60%를 외국인 투자자들이 보유하고 있다. 특히, 코스피 시가총액 상위 10개 종목 중에서 '삼성전자우(삼성전자가 발행한 우선주)'는 그 비율이 무려 71.79%로 가장 높고, LG에너지솔루션은 대략 5.41%로 다른 업체와 비교해보더라도 매우 낮은 수준이라 할 수 있다.

일곱 번째, 〈도표 2-4〉의 맨 오른쪽 항목에는 'PER'이라 적혀있다.

그 항목을 자세히 들여다보면 가장 낮은 수치인 '기아자동차'의 6.40 배에서 삼성전자의 8.13배, 이어서 삼성바이오로직스의 69.06배를 뛰어넘어 LG에너지솔루션은 무려 176.10배로 나타난다.

그러면, 주식투자에서 PER은 어떤 의미이고, 왜 기업마다 큰 차이를 보일까? 그 자세한 내용에 관해 알아본다.

주당순이익(EPS)과 주가수익배율(PER)

한 나라의 경제 상황과 기업실적은 주가에 큰 영향을 미친다. 예를 들어, 경제가 크게 성장하면 기업실적이 좋아져 그 결과로 주가는 상승한다. 반면에, 경제가 성장이 둔화하면서 침체 현상을 보이면 기업실적이 악화하므로 주가는 당연히 하락할 수밖에 없다.

그렇다면 투자자들은 어떻게 경제성장률과 기업실적을 파악하여 투자에 활용할 것인가? 기업실적을 말해주는 두 가지 지표만 이해하면 주가를 추정하는 것이 그리 어렵지 않다. 그 두 가지는 EPS(주당순이익)와 PER(주가수익배수)로, 다음 계산식을 보면 쉽게 이해될 것이다.

주당순이익(EPS, Earning Per Share) = 당기순이익 ÷ 발행주식수

주가수익배수(PER, Price Earning Ratio) = 주가 ÷ EPS

주식의 기대투자수익률 = 100 ÷ PER

A기업의 당기순이익이 10억 원이고 발행주식수가 100만 주이며 주가가 10,000원일 때 EPS와 PER는 다음과 같다.

EPS = 1,000,000,000원 ÷ 1,000,000주 = 1,000원

PER = 10,000원 ÷ 1,000원 = 10배

주식의 기대투자수익률 = 100 ÷ 10배 = 10%

$$PER = \frac{주가}{EPS}$$

이 도식을 한마디로 정리하면 PER은 주가와는 정방향으로, EPS와는 역방향으로 움직인다. 다시 말해, 주가가 상승하거나 EPS가 줄어들면 PER은 올라가고, 주가가 하락하거나 EPS가 늘어나면 PER은 내려간다.

PER과 EPS에 대해 기본적인 내용을 이해했다면, 이 지표를 투자에서 어떻게 활용할지 생각해보자.

첫째, 주가가 상승하면 PER은 높아진다.

우선, EPS가 고정된 상태에서 주가가 상승하면 PER은 높아지고, 주가가 하락하면 PER은 낮아진다. 만일, EPS가 1,000원인데 주가가 10,000원에 형성된다면 PER은 10배로 계산된다. 여기서 주가가 20,000원으로 상승하면 PER은 20으로 높아진다. 반면에, 주가가 5,000원으로 하락하면 PER은 5로 낮아진다.

둘째, 이익이 늘어나면 PER은 낮아진다.

두 번째로 기억할 사항은 주가가 고정된 상태에서 기업실적이 좋아지면 PER은 낮아지고, 실적이 나빠지면 PER은 높아진다. 예를 들어, 주가가 10,000원인데 이익이 대폭 늘어나 EPS가 1,000원에서 2,000원으로 증가하면 PER은 5로 낮아진다. 반대로, 실적이 크게 악화하여 1,000원에서 절반 수준인 500원으로 줄어들면 PER은 20으로 높아진다.

셋째, EPS는 1년간 고정된다.

원래, PER을 계산할 때 주가는 시시각각 변동하지만, EPS는 1년간 고정된다는 점을 기억하라. 왜냐하면, EPS를 결정짓는 당기순이익은 1년에 한 번 결산한 뒤에야 확정되기 때문이다. 가령, 12월 말에 결산하는 법인은 다음 해 2~3월이 되어야 최종 순이익을 발표한다. 그전까지는 전년도 이익에 따라 PER을 계산할 수밖에 없다.

주가가 상승해 PER이 높아진다면 투자자들은 전년도보다 당년도에 실적이 좋아질 것으로 전망하고 매수하는 상황이다. 반면에, 주가가 하락해 PER이 낮아진다면 투자자들은 당년도 실적이 전년에 비해 나빠질 것으로 보고 매도하게 된다.

넷째, 실적 PER보다 추정 PER이 더 중요하다.

증권사가 발표하는 EPS와 PER은 확정이 아닌 추정일 수 있다. 증권사는 상장회사 실적이 확정되기 전에는 사업계획과 분기보고서 등의 각종 자료만으로 당년도에 벌어들일 예상 이익을 추정한다. 이를 바탕으로 EPS를 추정한 다음에 결산 이전이라도 추정 PER을 발표한다.

따라서, 상장회사가 실제의 경영실적을 발표할 때에 주가는 요동칠 수밖에 없다. 왜냐하면, 추정 EPS보다 더 많은 이익을 기록하면 주가는 상승하고, 그 반대로 이익이 줄거나 적자라고 발표하면 주가는 폭락하는 방식으로 조정을 받기 때문이다.

이처럼 12월 말 결산법인이 실적을 발표하면서 주가가 변동하는 매년 2~3월을 어닝시즌earning season이라고 한다. 특히, 증권사들이 추정한 수치에 비해 경영실적의 차이가 커서 주가가 크게 등락하는 현상을 어닝쇼크earning shock라고 한다.

다섯째, PER로 투자수익률을 점칠 수 있다.

원래, PER은 투자자들이 기대하는 투자수익률(100÷PER)과도 밀접한 관계가 있다. 만약, PER이 10배라면 그 기업이 매년 벌어들이는 주당이익EPS으로 투자원금을 회수하는 데 10년이라는 기간이 걸린다는 뜻이다. 더 정확하게 표현하면 매년 10%의 수익률을 내면서 10년이 지나야 투자원금 100%를 회수할 수 있다는 것이다.

그런데, 회사의 PER이 20배가 되면 매년 투자수익률이 5%(100÷20)이므로 투자 회수 기간은 20년으로 늘어난다. 반면에, PER이 5배라면 연간 투자수익률이 20%(100÷5)이기에 회수 기간은 5년으로 짧아진다.

위 내용을 투자 사례에 대입해보면 앞에 나온 〈도표 2-4〉에서 삼성전자의 PER이 8.13배이므로 주주들이 기대하는 연수익률은 12%이고, 투자한 원금의 회수 기간은 8년으로 계산된다. 그런데, 기아자동차의 PER은 6.40배이기에 연수익률은 15.6%이고 대략 6년만 지나면 원금의 회수가 가능하다. 하지만, LG에너지솔루션의 PER은 대략 176.10배로서, 이 주식을 소유한 투자자들은 매년 0.6%의 수익률에 만족하면서 무려 176년 동안 이 주식을 보유할 생각이라는 뜻이다. 이런 비현실적인 생각(?)에 대해, 다음 절에서 주가성장배율(PGR)을 이해하면서 그 의미를 되새겨보자.

국내 상장기업의 평균 PER

원래, PER을 보면 주식시장의 흐름을 분석할 수 있다. 〈도표 2-5〉는 코스피시장에서의 과거 PER의 추세를 보여주는 자료이다.

먼저, 2005년 1월 주가지수는 932포인트이고 PER은 16.87배를 기록한다. 그런데, 2005년 3월에 상장기업들이 경영실적을 발표하면서 이익이 전년 대비 배 이상 늘어나자 주가지수는 소폭 상승하는데도 불구하고 PER은 7.37배로 크게 낮아진다(이익이 늘어나면서 주가가 상승하고 PER은 하락하는 정상적인 현상).

다음으로, 2007년 10월 주가지수는 급상승하면서 고점인 2,064포인트를, PER도 최고치인 18.22배를 기록한다. 하지만, 2008년 미국에서 시작된 금융위기로 인한 세계적인 경기 침체에 따라 2009년 2

〈도표 2-5〉 코스피시장의 주가지수와 PER의 추세

출처 · 한국은행 경제통계시스템

위 그래프에서 좌측 열의 수치는 주가지수(실선)를, 우측 열의 '배'는 PER(점선)을 가리킨다.

월 주가지수는 최고가의 50%인 1,063포인트까지, PER도 8.47배까지 급락한다(이익이 감소하면서 주가는 하락하고 PER도 낮아지는 정상적인 현상).

그리고, 2009년 2월 저점을 찍은 주가지수는 계속 상승 추세를 보이면서 2011년 4월 주가지수는 최고가인 2,192포인트까지 상승한다. 한편, PER은 그 이전인 2010년 3월에 최고치인 24.35배에서, 이미 상승한 주가지수에 걸맞은 양호한 경영실적이 이어지면서 2011년에 10.48배까지 낮아진다. 이어서, 2011년부터 2020년까지 10년 동안 주가지수는 1,800포인트에서 2,500포인트 사이의 박스권에서 움직인다. 이와 유사하게 PER도 10배에서 17배 사이에서 횡보하는 모습을 보인다.

그런데, 2020년 3월 1,754포인트에서 힘차게 상승하기 시작해 2021년 6월 3,300포인트까지 올라 무려 90%의 수익률을 기록한다.

이 기간 PER은 14.66배에서 32.60배까지 2배나 높아진다. 하지만, 상승한 주가에 경영실적이 그 뒷받침을 못 하면서 드디어 2022년 12월 주가지수는 대략 30% 하락한 2,230포인트까지 또한 PER도 최고치의 3분의 1 수준인 10배까지 하락한다.

결론적으로, 코스피시장에서 과거 주가지수의 추세에 따라 PER이 최저치인 8~10배 내외에서 주식을 매수한 후 그 PER이 최고치인 20~30배에 달하는 시점에 매도한다면 투자수익을 극대화할 수 있다는 뜻으로 이해하자.

주가의 결정
성장률

코스닥시장의 PER

원래, 코스피시장의 PER은 최저치 8배에서 최고치 30배의 박스권에서 움직인다. 그러면, 코스닥시장의 PER은 어떤 모습을 보일까? 코스닥시장에서의 상위 10대 기업의 주요 지표를 살펴보면 〈도표 2-6〉과 같다.

우선, 코스피시장과 코스닥시장의 주요 차이점을 분석해본다.

첫째, 코스피시장의 1주당 액면가는 대부분 5,000원인데 반해, 코스닥시장에 속한 기업들은 100원과 500원으로 낮게 나타나고 있다.

둘째, 코스닥시장에서 규모가 가장 큰 종목은 '에코프로비엠'으로, 그 시가총액은 27조 원이다. 이는 코스닥시장 전체 시가총액(400조 원)의 약 6.5%를 차지한다. 이어서, 2위인 '에코프로'의 시가총액은 에코프로비엠의 대략 절반 수준인 약 15조 원이다. 그다음 '셀트리온헬스케어'가 10조 원으로 뒤를 잇는다. 코스닥시장은 코스피시장과는 달리 시가총액이 비슷한 규모의 수많은 중소기업들로 구성되어 있다.

셋째, 코스피시장의 상장기업들에 대한 외국인 투자자의 주식비율이 30~50%에 달하는 데 반해, 외국인 투자자들은 코스닥시장 주식을 대부분 20% 이하를 보유하는 것으로 나타난다.

<도표 2-6> 코스닥시장의 시가총액 상위 10대 기업

N	종목명	현재가	전일비	등락률	액면가	거래량	상장주식수	시가총액	주당순이익	외국인비율	PER
1	에코프로비엠	272,500	▼ 21,500	-7.31%	500	2,061,068	97,801	266,509	2,433	9.82	112.00
2	에코프로	574,000	▼ 35,000	-5.75%	500	1,130,232	26,628	152,843	1,418	7.16	404.80
3	셀트리온헬스케어	69,500	▼ 100	-0.14%	1,000	702,732	158,253	109,985	895	16.44	77.65
4	엘앤에프	302,500	▼ 7,500	-2.42%	500	1,407,418	36,018	108,955	7,526	22.41	40.19
5	HLB	34,900	▲ 50	+0.14%	500	589,796	117,577	41,034	-677	14.43	-51.55
6	셀트리온제약	84,800	▼ 1,100	-1.28%	500	198,716	39,588	33,571	656	8.05	129.27
7	카카오게임즈	40,250	▼ 200	-0.49%	100	238,954	82,427	33,177	-2,929	11.84	-13.74
8	JYP Ent.	85,700	▼ 600	-0.70%	500	342,129	35,497	30,421	1,901	44.26	45.08
9	오스템임플란트	186,400	▼ 100	-0.05%	500	5,363	15,576	29,035	9,602	0.93	19.41
10	펄어비스	43,850	▼ 150	-0.34%	100	182,814	64,240	28,169	-662	13.92	-66.24

출처 · 네이버 증권(2023년 4월)

(주1) 시가총액은 억 원, 거래량은 주, 상장주식수는 1,000주, 외국인비율은 %
(주2) 시가총액은 현재가에 상장주식수를 곱해 계산함.
(주3) PER는 주가를 주당순이익(EPS)으로 나눈 수치

넷째, 코스닥시장의 PER은 코스피시장에 비해 높게 나타난다. 일례로, 코스닥시장 시가총액 1위 기업인 '에코프로비엠'의 PER은 112

배로서, 매년 기대 투자수익률 0.9%에 투자원금 회수 기간은 112년이다. 이어서 2위 기업인 '에코프로'의 PER은 더욱 늘어나 404배로서, 연간 수익률 0.25%에 대략 400년이 지나야 투자원금의 회수가 가능하다. 특히, HLB(-51.55배)와 펄어비스(-66.24)는 경영손실을 기록하고 있어 PER이 마이너스(-)로 나타난다.

주가이익성장배수(PEG)

왜 코스닥 종목의 PER은 유난히 높은 것일까? 그 이유와 관련하여 PEG라는 지표를 이해할 필요가 있다. 다음 계산식을 보자.

주가이익성장배수(PEG, Price Earning to Growth Ratio) = PER ÷ 이익성장률

A기업의 발행주식수가 100만 주이고 주가가 30,000원이며, 당년의 당기순이익은 전년에 비해 30% 늘어난 10억 원이라고 가정하자. 이때 EPS, PER, PEG는 다음과 같다.

EPS = 1,000,000,000원 ÷ 1,000,000주 = 1,000원

PER = 30,000원 ÷ 1,000원 = 30배

PEG = PER ÷ 이익성장률 = 30배 ÷ 30% = 1.0배

원래, PER은 현재의 경영실적만을 반영한 지표다. PER만 보면 과

거의 실적 혹은 미래의 성장성은 전혀 알 수 없다. 반면에, 기업의 미래 성장성을 반영한 지표가 이익성장률을 반영한 PEG다.

A기업의 PER이 5이고 B기업의 PER이 100이라고 해보자. 단순히 PER만을 놓고 보면 A기업의 주가는 이익과 비교하면 저평가되었고 B기업은 고평가되었다고 할 수 있다. 그런데 A기업은 전년 대비 당년도의 이익성장률이 5%이고, B기업은 200%라면 PEG는 B기업이 낮게 나타난 것이다. 즉 B기업은 성장성에 비해 주가가 저평가되었다고 할 수 있다. 다음 수식을 참조하자.

$$A기업의 PEG = 5배 \div 5\% = 1배$$
$$B기업의 PEG = 100배 \div 200\% = 0.5배$$

앞으로, PEG를 이용하여 투자할지를 결정할 때는 다음을 기억하라.

PEG=1을 기준으로 삼아 그보다 낮은 0.5 이하면 매수하고 그보다 높은 1.5 이상이면 매도하는 식으로 나름대로 투자 기준을 정하기 바란다. 참고로, 코스닥시장에서 시가총액이 큰 일부 종목들의 PEG를 추정해 보면 〈도표 2-7〉과 같다.

이들 종목의 경우 PER만 놓고 보면 주가가 매우 고평가된 수준이지만 PEG를 근거로 성장성을 감안하면 일부 종목의 경우 그 주가 수준이 비교적 적절할 수 있다는 결론이 도출된다. 다만, 증권사가 추정한 이익이 실현되지 않으면 주가가 급락할 가능성을 항상 염두에 두기 바란다.

종목명	주가(원)	2022년 EPS	2023년 추정EPS	EPS 성장률(%)	PER(배)	PEG(배)
에코프로비엠	272,500	2,433	3,992	64.1	112.00	1.74
에코프로	574,000	1,418	22,425	1581.5	404.80	3.91
셀트리온헬스케어	69,500	895	1,173	31.1	77.65	2.50
엘앤에프	302,500	7,526	8,516	13.2	40.19	3.04
HLB	34,900	-677	N/A	N/A	-51.55	N/A
셀트리온제약	84,800	656	N/A	N/A	129.27	N/A
카카오게임즈	40,250	-2,929	2,135	N/A	-13.74	N/A
JYP Ent.	85,700	1,901	2,800	47.3	45.08	0.95

출처 · 네이버증권(2023년 4월)

㈜ 2023년 EPS는 증권회사에서 추정한 자료임.

코스닥기업의 성장주기 분석

코스닥 투자자들은 코스닥 상장기업들의 기본 특성을 이해할 필요가 있다. 코스닥 상장회사들은 코스피시장의 회사들과는 그 성격이 크게 다르기 때문이다. 이와 관련하여, 마케팅 분야에서 유명한 이론인 제품수명주기를 통해 코스닥 종목을 이해해보도록 하자.

원래, 제품수명주기PLC, Product Life Cycle란 사람의 일생처럼 제품이나 사업에 내재한 수명주기를 말한다. 시장에 처음 등장한 신제품은 소비자의 기호, 기술의 발전, 기업의 대응 등 다양한 요인에 따라 매출이 늘어나다가 최종적으로 소멸하는 운명을 맞이한다.

그런 제품수명주기는 도입기, 성장기, 성숙기, 쇠퇴기 등 4단계로

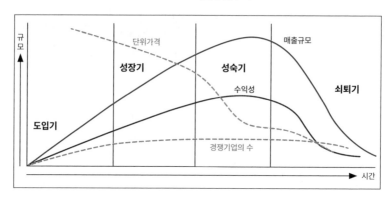

<도표 2-8> 제품수명주기

요약할 수 있으며 〈도표 2-8〉처럼 S자로 나타낸다.

1단계 대부분이 벤처기업인 도입기

도입기는 과거 경험하지 못한 신제품이 시장에 출시되는 단계다. 운전자 없이도 스스로 움직이는 '자율주행 자동차'가 최초로 출시되는 상황을 예로 생각해보자.

자율주행 자동차를 출시하기 위해 기업은 장기간에 걸쳐 거액의 연구개발비를 투자했을 것이다. 하지만, 이 제품의 생산이나 부품 등의 표준화가 미흡하여서 대량 생산을 할 수 없다. 따라서, 신제품 가격이 상당히 높을 수밖에 없다. 또한, 기업이 아무리 자율주행 자동차에 대해 다양한 테스트를 거쳤다 해도, 소비자가 사용하다 보면 곳곳에서 하자가 발생하기 마련이다.

게다가 신제품을 널리 알리려면 홍보 및 광고비를 투자해야 한다. 보통, 도입기에 있는 기업은 거액의 연구비나 광고비를 쓰면서

'브랜드'라는 무형자산을 얻는다. 그러나 신제품이 시장에서 반응을 얻지 못하고 사라지면 브랜드 가치는 그대로 소멸된다.

코스닥시장에 상장된 벤처기업들은 대체로 도입기에 속한다. 이른바 '기술성장기업'은 기술만 있지 판매실적이 거의 없는 기업이므로 이 점에 유의하고 투자해야 한다.

2단계 우량기업이 속한 성장기

코스닥시장에 상장된 우량기업들은 그다음 단계인 성장기에 속한다. 초기 소비자들이 제품의 편리성을 인정함으로써 판매가 급속도로 늘어나는 단계다. 이를테면, 자율주행 자동차가 불티나게 팔리면서 대중화되는 상황이다. 이 경우, 기업이 초기 소비자들의 불편을 받아들여 신제품을 부단히 개선해 하자가 줄어든 표준제품을 출시한다. 부품이 표준화되고 근로자들의 숙련도가 높아지면서 생산원가와 판매가격이 하락한다.

특히, 급증하는 주문에 맞춰 설비투자와 고용이 급격히 늘어나고 기업의 규모 또한 커지면서 여러 사업 부문 간 갈등이 발생하기도 한다. 성과와 배분 등을 놓고 다툼이 많아지는 이런 현상을 '부분 적정화' 현상이라고 한다.

매출액과 더불어 이익이 증가하지만 이익 대부분은 재고자산과 매출채권으로 쌓이는 상황이다. 이로 인해 부족한 운전자금은 금융기관으로부터 저금리로 조달하거나 주식시장 투자자들에게 의존하게 된다. 이때 운전자금 조달에 실패한 기업은 도산하기도 하는데 이를 일명 '흑자도산'이라고 한다.

3단계 중견기업은 대부분 성숙기

다음으로 코스닥시장에 상장된 중견기업들은 주로 성숙기에 속한다. 자율주행 자동차를 예로 들면, 이런 자동차가 모든 가정에 이미 한 대씩 보급되었고 심지어는 공상과학영화에서나 볼 수 있던 '날라다니는 자율주행 자동차'가 새롭게 출시된 상황이라 할 수 있다.

성숙기에 속한 기업들은 매출을 늘리고 비용을 줄여야 한다. 경쟁기업과 실적을 놓고 전쟁을 벌인다. 구조조정을 시행해 비싼 노동력을 줄이기 위해 로봇 설비 등 각종 설비에 투자하는 경향이 있다. 이른바 '고용 없는 성장'이 나타난다.

성숙기 기업들은 설비투자도 매출도 정체 현상을 보이며 한편으로는 여유자금이 풍부해진다. 여유자금 중 일부는 부채 상환에 쓰고 일부는 주주 배당으로 지출한다. 새로운 시장을 찾아 해외 생산기지로 이전하는 때도 종종 있다.

성숙기 기업은 안정적인 실적을 기록하며 이상적인 모습을 보인다. 그러나 언제든 경쟁 상품이 치고 들어올 가능성이 도사리고 있다. 사업 다각화, 인수합병, 해외이전 등 생존을 위한 다양한 활동을 모색해야 하는 이유다.

4단계 판매가 감소하는 쇠퇴기

끝으로 쇠퇴기는 판매가 감소하는 시기다. 제품이 쇠퇴기에 접어드는 이유는 시장의 수요가 포화 상태이거나 기존 제품을 대체하는 신제품이 출시되었거나 아니면 고객의 욕구가 변화한 때문일 수 있다.

이에 따라, 기업은 국내시장에서 벗어나 새로운 시장의 개척을 위해 해외에 진출한다. 아니면 해당 사업을 다른 기업에 매각하거나 또는 사업장을 자진하여 폐쇄하면서 파산 절차에 들어갈 수도 있다.

코스닥 투자는 고위험 고수익

앞서 제품수명주기에서의 내용과는 달리, 수많은 벤처기업이 도입기에서 성장기로 진입하지 못하고 끝내 시장에서 사라지는 것이 일반적인 현실이다. 화려한 조명을 받으며 시장에 나타났지만 소비자들에게 퍼지지도 못한 채 소멸하는 기업이 정말 많다.

과거, 수많은 통신업체가 난립하다가 SK텔레콤, KT, LGU+ 등 세 기업만 살아남은 것이나 여러 포털업체 가운데 네이버와 카카오 두 기업만 생존한 것이 그 예다. 이처럼 신제품이나 신사업이 도입기에서 성장기로 이어지지 못하고 소멸하는 현상을 캐즘chasm이라고 한다.

원래 캐즘은 지층 사이에 큰 틈이 생긴 것을 가리키는 지질학 용어이지만 1991년 미국 실리콘밸리의 컨설턴트인 무어Geoffrey A. Moore가 이 용어로 벤처업계의 성장 과정을 설명한 이후 마케팅 용어로 흔히 쓰이고 있다.

이전에 성장성이 돋보이던 벤처기업들이 점차 쇠퇴하거나 소멸하는 상황에 부닥치는 것은 이런 캐즘을 극복하지 못하기 때문이다. 일례로, 100개의 벤처기업 중 1~2개 기업만이 캐즘을 극복하고 다음 단계로 넘어간다고 하니, 벤처기업이 성공한다는 것 자체가 오히려 이상한 일인지 모르겠다.

이처럼 도입기 혹은 성장기 초기에 속한 많은 벤처기업이 상장된 곳이 바로 코스닥시장이다. 코스닥시장이 코스피시장에 비해 불안정하게 움직이는 것은 당연하다. 반면에, 코스피시장에 상장된 기업은 대체로 성숙기에 속한 대기업이다. 그들이 만든 제품은 숱한 세월 동안 시장에서 검증되었고 판매도 어느 정도 안정되면서 원가가 낮아 이익을 낸다.

투자자들은 자신의 투자 성향을 명확히 확인할 필요가 있다. 당신은 안정성을 중요시하는가? 아니면 성장성을 중요시하는가? 당신이 투자하는 회사는 성장기에 있는가? 혹은 성숙기에 있는가? 이 질문에 먼저 답한 이후에 주식투자에 나서기 바란다.

04

코스피지수

주가지수 계산법

국내 주식시장에서 측정하는 주가지수의 정확한 명칭은 코스피시장에서는 '종합주가지수'라고 하고, 코스닥시장에서는 '코스닥지수'라고 한다. 주가지수는 주식시장의 전체 주가가 상승하는지 아니면 하락하는지를 파악하고 이에 더해 주가의 장기 추세를 분석하기 위해 만든 인위적인 지표다.

앞서 설명한 바처럼, 국내 유가증권시장에는 약 900여 개 종목이 상장되어 거래된다. 이들 개별 종목들의 주가는 주식시장에서 거래되면서 시시각각으로 변동한다. 예를 들어, 매수세가 강한 종목의 주가는 상승하고 한편으로 매도세가 강한 종목의 주가는 하락하는 것이 일반적이다.

전 세계 모든 나라의 주식시장은 나름대로 주가지수를 작성해 발표한다. 나라마다 주가지수를 계산하는 방식 또한 제각각이다. 주가지수를 계산하는 방식은 여러 가지가 있지만 요약하면 다음 세 가지 유형으로 구분된다.

상장시가총액법, 평균주가계산법, 시가총액비교법이 그것이다.

첫째, 상장시가총액법이란 주식시장에 상장된 모든 개별 종목의 시가총액을 전부 더해 주가지수를 계산하는 방식이다. 개별 종목의 시가총액은 상장회사의 발행주식수에 일정 시점의 주가를 곱해 계산한다.

이 방법에 따르면 매일, 매주, 매월, 매년 시가총액을 계산하고 그 금액을 서로 비교함으로써 전체 주가의 상승이나 하락 여부를 파악한다. 일례로 기준시점의 시가총액이 900조 원이고 비교시점의 시가총액이 1,300조 원이라면 전반적으로 주가는 상승하는 추세라고 판단한다.

둘째, 평균주가계산법은 주식시장에 상장된 개별 종목들의 주가를 평균해 주가지수를 계산하는 방법이다. 이 방법은 단순평균주가법과 가중평균주가법으로 구분한다. 우선, 단순평균주가법은 주식시장에 상장된 개별 종목들의 주가를 단순 평균해 주가지수로 표시하는 방법이다. 다음으로, 가중평균주가법은 주식시장에 상장된 전체 시가총액을 발행주식수로 나누어 계산한 평균주가를 주가지수로 표시하는 방법이다.

현재, 전 세계 주식시장에서 오직 미국의 다우지수와 일본의 닛케이 225 지수만이 평균주가계산법에 따라 주가지수를 계산한다.

참고로, 다우지수는 미국 뉴욕 주식시장(NYSE)에 상장된 전체 종목 중 신용도가 높고 각 산업을 대표하는 30개 종목의 주가를 단순 평균해 주가지수를 구한다. 한편, 닛케이 225 지수는 일본의 니혼게이자이신문사日本經濟新聞社가 도쿄 주식시장에 상장된 제1부 종목 가운데 유동성이 높은 225개의 종목을 대상으로 주가를 평균해 주가지수를 계산한다.

셋째, 시가총액비교법은 기준시점의 시가총액을 기준지수인 100포인트(또는 1,000포인트) 등으로 정한 후 시시각각 변동하는 시가총액을 계산해 기준시점의 시가총액으로 나누어 주가지수를 표시하는 방법이다.

만약, 기준시점의 시가총액 50조 원을 100포인트로 정한다고 하자. 그리고 비교시점의 시가총액이 1,000조 원이라면 주가지수는 얼마나 될까? 계산식은 다음과 같다.

$$주가지수 = \frac{비교시점의\ 시가총액(1,000조\ 원)}{기준시점의\ 시가총액(50조\ 원)} \times 100 = 2,000포인트$$

현재, 국내 주식시장을 포함해 전 세계 주식시장은 대개 시가총액비교법을 적용하여 그들만의 주가지수를 계산한다.

유가증권시장의 코스피지수

국내 유가증권시장의 주가지수는 코스피^{KOSPI, KOrean composite Stock Price} ^{Index}라고 하며, 시가총액비교법에 따라 산출한다. 일단, 유가증권시장의 주가지수를 '코스피'로 통일해서 부르기로 한다.

코스피는 1980년 1월 4일을 기준시점으로 하고 이때 시가총액 79조 원을 100포인트로 정한 뒤 비교시점의 시가총액을 비교하는 식으로 산정한다. 만약, 비교시점의 시가총액이 2,000조 원이라면 코스피는 2,531포인트로 계산된다. 한편, 코스피가 2,500포인트라면 그 당시 시가총액은 1,975조 원으로 나타난다. 현재, 코스피 1포인트를 금액으로 환산하면 약 7,900억 원으로 계산된다.

코스피 = (비교시점 시가총액 2,000조 원 ÷ 기준시점 시가총액 79조 원) × 100 ≒

2,531포인트

코스피 1포인트 = 기준시점 시가총액(79조 원) ÷ 100포인트 ≒ 7,900억 원

주식시장에서 코스피가 10포인트 상승하면 대략 8조 원의 시가총액이 늘어나, 주식투자자들의 자산가치가 그만큼 증가한다는 것을 뜻한다. 반대로, 코스피가 10포인트 하락하면 약 8조 원의 시가총액이 줄어들고 그만큼 자산가치가 감소한다.

코스피를 산정할 때 전체 종목의 시가총액이 포함되는 것은 아니다. 코스피시장의 전체 종목 가운데 우선주의 시가총액은 코스피를

산정할 때 제외한다. 예를 들어, 삼성전자 보통주의 시가총액은 포함하지만 삼성전자 우선주의 시가총액은 제외하고 코스피를 계산한다는 뜻이다.

변화하는 기준시점의 시가총액

기준시점의 시가총액은 불변이라고 생각할 수 있지만 그렇지 않다. 코스피를 산정할 때 기준시점의 시가총액은 조정된다. 그래야 주가지수가 적절히 표시되기 때문이다. 기준시점의 시가총액이 조정되는 다음의 사유를 보면 그 이유를 이해할 수 있을 것이다.

첫째, 주식시장에 신규로 상장하는 기업이 있는 상황에서 주가지수를 조정하는 방법이다. 예를 들어, 시가총액 100조 원인 A기업이 신규로 상장된 상황을 가정해보자. 이때, 기준시점의 시가총액은 79조 원이고 비교시점의 시가총액은 1,975조 원으로 코스피가 2,500포인트를 기록한 상황이다. 그런데, 다른 종목들의 주가가 전혀 변동하지 않아도 A기업이 새로 상장됨으로써 시가총액이 100조 원이 늘어나기에 코스피는 2,627포인트로 상승한다.

코스피 = (1,975조 원 + 100조 원) ÷ 79조 원 × 100 = 2,627포인트

기존 종목의 주가가 전혀 변동하지 않는데도 불구하고 특정 기업

이 신규로 상장되었다는 이유만으로 코스피는 상승하게 된다. 이는 시장의 현상을 정확히 반영한 결과가 아니므로 당연히 조정해야만 한다. 신규 상장으로 코스피가 상승하는 현상을 피하기 위해서는 기준시점의 시가총액을 조정할 수밖에 없다.

〈도표 2-9〉에서와 같이 신규 상장으로 인한 코스피 상승 문제를 해결하기 위해 기준시점의 시가총액을 증액한다. 기존 상장회사가 유상증자 등에 따라 발행주식수와 시가총액이 늘어나는 상황에서도 이와 마찬가지로 기준시점의 시가총액을 늘리는 방식을 따른다.

〈도표 2-9〉 신규 상장으로 인한 코스피 조정

	기준시점	비교시점	코스피
조정 전	79조 원	1,975조 원	2,500포인트
가산	+4조 원	+100조 원	
조정 후	83조 원	2,075조 원	2,500포인트

㈜ 기준시점에 가산되는 시가총액 = (79조 원 ÷ 1,975조 원) × 100조 원 = 4조 원

둘째, 주식시장에 상장 폐지되는 기업이 있는 상황에서 주가지수를 조정하는 방법이다. 일례로 시가총액 100조 원인 A기업이 상장 폐지되었다고 생각해보자. 이 경우, 다른 종목의 주가는 전혀 변동하지 않는데도 코스피는 하락한다. 정확히 계산하면 다음과 같다.

코스피 = (1,975조 원 - 100조 원) ÷ 79조 원 × 100 = 2,373포인트

기준시점의 코스피 2,500포인트가 2,373포인트로 하락한 것이다. 이처럼, 특정 기업이 상장 폐지되면서 코스피가 하락하는 현상을 피하기 위해서는 기준시점의 시가총액을 조정해야 한다. 이 경우, 기준시점의 시가총액을 감액하는 방식을 취한다. 기존 상장회사가 감자 등을 하면서 발행주식수와 시가총액이 감소하는 때도 기준시점의 시가총액을 감액한다. 다음의 계산식을 참고하자.

\<도표 2-10\> 상장폐지로 인한 코스피 조정

	기준시점	비교시점	코스피
조정 전	79조 원	1,975조 원	2,500포인트
가산	-4조 원	-100조 원	
조정 후	75조 원	1,875조 원	2,500포인트

㈜ 기준시점에 차감되는 시가총액 = (79조 원 ÷ 1,975조 원) × 100조 원 = 4조 원

여기서 재미있는(혹은 끔찍한) 사실을 하나 알게 된다. 만약, 삼성전자가 이러저러한 사유로 인해 국내 주식시장에서 상장 폐지된다고 가정해보자. 그렇다 하더라도 위에서처럼 주가지수는 변동하지 않을까?

이론적으로 주가지수는 변하지 않는 것으로 보인다. 하지만, 실제로는 삼성전자가 상장 폐지된다는 소문이 돌면서 그 회사 주가와 코스피는 엄청나게 대폭락한 후에 주식시장에서 퇴출당하는 절차를 밟게 된다. 따라서, 이론과 실제가 서로 일치하지 않는 상황이 종종 발생한다.

엄선된 종목만으로 구성된 코스피200

코스피와 유사한 주가지수로 코스피200^{KOSPI200}이 있다. 코스피시장에 상장된 전체 900여 개 종목 가운데 특별히 엄선한 200개 종목만을 대상으로 그 시가총액을 비교해 산정하는 주가지수가 코스피200이다. 여기서, 200개 종목을 선정하는 기준으로는 시장 대표성, 업종 대표성, 유동성 등 세 가지 요인이 적용된다. 각각의 특성은 어떤 의미를 지니는지 좀 더 구체적으로 알아보자.

첫째, '시장 대표성'이란 시가총액이 커서 주식시장을 대표할 수 있어야 한다는 의미다. 시가총액이 제일 큰 순서부터 시작해 200위까지 해당하는 종목 위주로 선정하는 것은 그런 이유에서다.

둘째, '업종 대표성'이란 시가총액이 일정 비율 이상으로 산업을 대표할 수 있어야 한다는 것이다. 국내 유가증권시장은 종목을 업종별(섹터별)로 분류하고 있다. 따라서 시가총액이 적더라도 업종의 대표성을 반영하기 위해 코스피200에 포함하는 종목이 있다는 것이다.

끝으로 '유동성'이란 주식시장에서 거래량이 활발하게 이루어지는 종목 위주로 엄선했다는 의미다.

위의 내용을 종합해 보면 코스피200에 포함되는 종목들은 시가총액이 크고 업종을 대표하며 거래량이 활발한 것이므로 비교적 안

심하고 투자할 수 있는 종목이라는 것이다.

널리 알려진 사회 현상 중에 '2:8 법칙'이 있다. 가령 20%의 부자가 나라 전체 재산(또는 소득)의 80%를 소유한다는 말도 그런 법칙일 수 있다. 주가지수에도 이러한 법칙이 적용된다. 코스피200은 시가총액 기준 상위 200개 종목의 주가지수인 만큼 상위 20%에 속하는 이 종목들의 시가총액을 모두 더하면 전체 시가총액의 약 80%를 차지한다는 의미다.

특히 강조할 사항이 하나 있다. 코스피와 코스피200은 거의 비슷한 움직임을 보인다는 것이다. 다시 말해, 코스피가 상승하면 코스피200도 상승하고, 코스피가 하락하면 코스피200 역시 하락한다. 코스피와 코스피200이 반대 방향으로 움직이는 상황은 천지가 개벽하더라도 일어나지 않는다. 다만, 코스피가 10% 등락하는 경우 코스피200은 10%에서 약간의 편차를 보이면서 등락한다.

코스피200은 어떻게 다른가?

한국거래소는 매년 6월이 되면 코스피200에 속하는 종목들을 일부 조정한다. 기존 종목 중 요건에 미달하는 종목은 제외하고 신규 종목을 추가시키는 작업을 시행한다. 다만, 코스피200에 포함되는 종목은 항상 200개를 유지한다. 이처럼, 매년 6월 코스피200 종목을 변경하는 것을 '정기변경'이라고 한다.

정기변경 외에 '수시변경'도 한다. 코스피200에 영향을 미칠 정도로 시가총액이 큰 기업이 신규로 상장되면 수시로 구성 종목을 변경하는 방식이다. 또한, 기존 종목 중 상장 폐지되는 기업은 구성 종목에서 제외하고 신규 종목을 편입한다.

코스피 200은 다음 두 가지 점에서 코스피와 약간의 차이가 있다.

첫째로 계산 방식의 차이다. 코스피는 개별 종목이 발행한 총주식수에 주가를 곱한 시가총액을 기준으로 산정한다. 그러나 코스피 200은 발행주식수 중 '유동주식(비유동주식은 제외)'만을 대상으로 하여 산정한 시가총액을 기준으로 주가지수를 계산한다.

여기서 잠깐, 코스피200의 유동주식에 대해 간단히 짚고 넘어가자. 원래, 총발행주식은 유동주식과 비유동주식의 합으로 이루어진다. 그중 비유동주식이란 주식시장에서 거래되지 않는 다음의 주식을 말한다.

- 최대주주와 특수관계자(일가친척 등)가 보유하고 있는 주식
- 정부가 보유하고 있는 주식
- 회사의 종업원으로 구성된 우리사주조합이 보유하고 있는 주식
- 회사가 발행한 주식을 회사 자신이 보유하는 자사주自社株
- 기타 매각이 제한된 주식

이런 비유동주식을 제외한 주식이 바로 유동주식이다. 주식시장에서 활발하게 거래되는 주식만이 유동주식에 해당된다.

둘째로, 코스피200은 기준시점에서도 코스피와 차이가 난다. 코스피는 1980년 1월 4일을 기준시점으로, 시가총액을 100포인트로 정한 다음 비교시점의 시가총액을 비교해 산정한다. 이와는 다르게 코스피200은 1990년 1월 3일을 기준시점으로 한다. 시가총액은 코스피와 마찬가지로 100포인트로 한다. 예를 들어, 코스피200이 300포인트라면 기준시점과 비교해 200개 종목의 시가총액이 평균 3배 늘어났다는 뜻으로 해석하면 된다.

한국거래소는 2초마다 코스피200을 발표하고 있다(당연히 수작업이 아닌 초고속 컴퓨터를 이용하여 계산한다). 현재 코스피200은 주가지수선물이나 주가지수옵션 등 파생상품시장에서 거래되는 종목들의 기준지수로 이용된다. 또한, 코스피200이 변동함에 따라 주가지수에 투자하는 종목(일명 ETF, 상장지수펀드)의 주가도 오르내린다.

과거 36년간 코스피의 흐름

〈도표 2-11〉은 1990년 1월부터 2023년 3월까지 코스피의 등락 추세를 나타내고 있다. 과거 30여 년 동안 코스피의 흐름을 분석해 보면 다음과 같이 4차례의 사이클을 발견할 수 있다.

제1 사이클은 1990년 1월부터 1998년 9월까지이다.

1990년 1월 코스피는 약 500포인트에서 출발해 1994년 11월 고점인 1,138포인트를 찍는다. 단 2년 만에 2배나 상승한다. 하지만, 1997

년 말에 외환위기를 겪으면서 그다음 해인 1998년 5월에 약 280포인트까지 폭락한다. 고점 대비 3분의 1수준으로 급락한 것이다.

제2 사이클은 1998년 5월부터 2009년 1월까지이다.

1998년 5월 코스피는 최저가인 280포인트에서 출발한다. 2000년 IT버블 붕괴와 2002년 카드대란 등의 위기가 닥치면서 일시 조정을 받다가 힘차게 다시 치솟는다. 그리고 2007년 10월 드디어 이전의 고점을 넘어서 2,064포인트를 돌파한다. 저점에서 무려 7배나 폭등한 수치다.

하지만, 2007년부터 미국에서 시작된 글로벌 금융위기로 전 세계 경제가 휘청거리게 되더니, 우리 증시 역시 그 직격탄을 맞았다. 그 여파로 2009년 1월 코스피는 754포인트까지 하락한다. 고점 대비 3분의 1 수준으로 폭락한 것이다.

제3 사이클은 2009년 1월부터 2020년 3월까지이다.

코스피는 2009년 1월에 대략 754포인트라는 저점에서 출발하지만 2011년 5월 2,228포인트라는 고점을 찍는다. 2007년 10월에 이어 두 번째로 2,000포인트의 장벽을 돌파한 것이다. 그 이후 무려 10 동안에 걸쳐 박스권(저점 1,800포인트와 고점 2,100포인트)에서 지루하게 횡보한다. 그러다가, 드디어 2016년에 박스권을 깨고 상승하면서 2018년 1월에 2,566포인트를 기록한다. 저점 대비 3배나 폭등한 것이다.

<도표 2-11> 코스피의 변동 추이

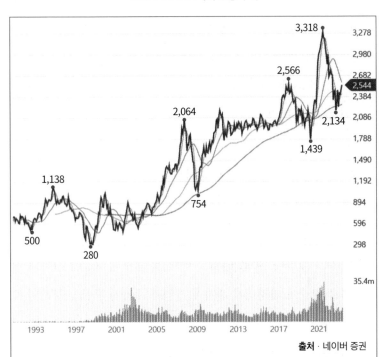

출처 · 네이버 증권

사이클	시점	코스피(포인트)	비율(%)
제1사이클	1990년 1월	500	-
	1994년 11월	1,138	+228%
	1998년 5월	280	-75%
제2사이클	2007년 10월	2,064	+737%
	2009년 1월	754	-63%
제3사이클	2018년 1월	2,566	+295%
	2020년 3월	1,439	-56%
제4사이클	2021년 6월	3,318	130%
	2022년 9월	2,134	-36%

각 나라의 중앙은행이 2015년에 접어들면서 기준금리를 인상하자, 이에 따라 조정을 거치던 주가는 2020년 초부터 중국에서 시작하여 전 세계를 강타한 코로나 팬데믹 현상에 따라 우리 증시는 직격탄을 맞게 된다. 그 여파로 2020년 3월 코스피는 재차 1,439포인트까지 하락한다. 고점 대비 40%가 폭락한 것이다.

제4 사이클은 2020년 3월부터 현재까지 이어진다.

지난 2020년 초부터 번지기 시작한 코로나로 인해 전 세계 경제가 침체할 것으로 우려한 각 나라의 중앙은행은 기준금리를 황급히 인하하기 시작한다. 이로 인해 시중에 풀린 유동자금이 원자재 시장과 주식시장에 퍼지면서 원자재 가격과 주가가 동반 급등하기 시작한다. 이에 따라 코스피는 2021년 6월 우리 증시 역사상 최고가인 3,318포인트를 기록한다. 저점 대비 130%의 수익률을 달성한 것이다.

그 뒤를 이어, 러시아와 우크라이나 전쟁까지 터지면서 유가 및 곡물가 등의 원자재 가격의 폭등으로 인한 물가 상승으로, 각 나라 중앙은행의 기준금리 인상으로 인해 주가지수는 2022년 9월 2,134포인트까지 하락하면서 조정을 받는 모습이다.

출범한 지 30여 년이 지난 코스피의 과거 추세를 간략히 정리해 보았다.

05

주가지수

코스닥지수

코스피 장외시장에서 출발

코스피시장과 함께 국내 주식시장의 양대 산맥을 이루는 것이 코스
닥시장이다. 코스닥시장의 전신은 코스피 장외시장^{OTC, Over The Counter}
^{market}으로 코스피시장의 까다로운 상장 요건을 맞추기 어려운 중소
기업을 위해 1987년 4월 증권업협회가 만들었다. 그로부터 10년 후
인 1996년 7월 1일 코스닥시장이 정식으로 개설됐다.

원래, 코스피 장외시장은 한국거래소처럼 일괄 매매가 이루어지
는 시장이 아니었다. 코스피 장외시장은 전국에 있는 수많은 증권회
사 지점에 있는 담당자끼리 서로 전화로 매수주문과 매도주문을 내
는 방식이었고, 그러다 보니 매매가 원활하지 않았다. 그런 문제를
해결하기 위해 정부가 나서서 미국의 나스닥시장을 벤치마킹해 코

스닥시장을 개설한 것이다.

코스닥시장은 대기업보다는 중소기업 위주로 상장되어 있다. 코스닥시장이 안정성보다는 성장성이 돋보이는 이유다. 그러다 보니 코스닥시장의 주가 역시 변동성이 클 수밖에 없다. 다음의 예를 생각해보면 좀 더 쉽게 이해할 수 있을 것이다.

만약 삼성전자가 혁신적인 신기술을 개발해 향후 매출이 1조 원 정도 증가할 것이라고 발표했다고 가정해보자. 이때 삼성전자의 주가에는 큰 변동이 없을 것이다. 왜냐하면, 삼성전자의 매출액이 대략 300조 원에 달하는데, 거기에 1조 원은 말 그대로 '새 발의 피'이기 때문이다.

그러나 매출액 100억 원에 불과한 코스닥 상장회사가 신기술을 개발해 향후 매출액이 1조 원 늘어난다고 발표했다면 어떻게 될까? 이 회사의 주가는 며칠 동안 고공 행진하는 것이 당연하다.

코스닥지수

코스닥지수를 산정하는 방식은 코스피와 동일하게 시가총액비교법을 따른다. 기준시점인 1997년 7월 1일의 시가총액을 1,000포인트로 정해 비교시점의 시가총액을 비교하는 방식이다. 이런 시가총액 방식에 따라, 현재(2023년 3월) 시점의 코스닥지수를 계산해본다. 기준시점의 시가총액이 471조 원, 비교시점의 시가총액이 424조 원으로 코스닥지수는 900포인트로 계산된다. 다음 계산식을 참조하라.

코스닥지수 = (비교시점 시가총액 424조 원 ÷ 기준시점 시가총액 471조 원) ×

1000 ≒ 900포인트

1포인트 금액 = 기준시점 시가총액 471조 원 ÷ 1,000포인트 = 4,710억 원

현재, 코스닥지수는 1포인트가 약 4,710억 원에 해당한다. 코스닥지수가 10포인트 상승하면 시가총액은 대략 5조 원 늘어나며, 반대로 코스닥지수가 10포인트 하락하면 시가총액은 같은 금액만큼 줄어든다.

이미 설명한 바처럼, 코스피시장의 총 시가총액 1,975조 원(2023년 4월 2,500포인트 기준)을 상장회사 숫자 946개사로 나누면 평균 시가총액은 2조 원으로 나타난다. 한편, 코스닥시장의 같은 시점의 총 시가총액 900조 원을 회사 숫자 1,629개로 나누면 평균 시가총액이 5,500억 원으로 계산된다.

코스피시장의 평균 시가총액 = 시가총액(1,975조 원) / 회사 수(946개사) =

2조 877억 원

코스닥시장의 평균 시가총액 = 시가총액(900조 원) / 회사 수(1,629개사) =

5,524억 원

국내 양대 주식시장의 상장회사별 평균 시가총액을 보면, 코스피

시장의 평균치가 코스닥시장에 비해 약 3.6배나 크게 나타난다. 이를 통해, 코스피시장은 전통 대기업 위주로 안정성이 돋보이는 데반해, 코스닥시장은 중소 벤처기업 위주로 구성되어 성장성이 두드러진다는 것을 다시 한번 실감하게 된다.

코스닥지수의 변경

사실 코스닥지수의 기준시점 시가총액은 원래 100포인트였다. 그러나 2004년 1월 1,000포인트로 수정되어 지금까지 유지되고 있다. 이에 따라 과거와 그 이후의 모든 코스닥지수가 10배 상향 조정되었다. 코스닥지수의 기준시점이 10배 상향 조정된 이유는 다음과 같다.

코스닥지수에는 큰 역경이 숨겨져 있다. 과거 2000년대 초반 IT 버블이 붕괴하면서 수많은 코스닥 상장회사가 문을 닫았고, 코스닥지수는 100포인트에서 30포인트까지 폭락했다.

일반적으로, 국내외 주가지수가 대부분 1,000포인트 이상에서 움직이는 가운데 코스닥지수가 100포인트 이하를 맴돌면 다른 주식시장의 주가지수와 비교하기가 어려워진다. 더군다나 코스닥지수가 낮은 수준으로 나타나면 소수점 4자리 수까지 표시하는 불편함도 생긴다. 따라서 한국거래소는 기준시점의 코스닥지수를 100포인트에서 1,000포인트로 10배를 올리는 강력한 결단을 내린 것이다.

코스닥150지수

유가증권시장의 주가지수로 코스피와 코스피200이 있듯이, 코스닥시장도 코스닥지수 외에 코스닥150이 있다. 이러한 두 주가지수의 산정 원리는 거의 유사하다. 코스닥시장에 상장된 전체 1,600여 종목 중 특별히 엄선된 150개 종목만을 대상으로 시가총액을 비교하는 방식으로 코스닥150이 계산된다. 다음 요건과 절차에 따라 150개 종목을 선정한다.

첫째, 주가에 유동주식수를 곱한 시가총액이 큰 순서대로 전체 코스닥 상장회사들을 나열한다. 유동주식에 대한 설명은 앞서 코스피200의 내용을 참조하기 바란다.

둘째, 코스닥시장의 상장종목을 크게 기술주섹터와 비기술주섹터로 구분한다. 섹터sector란 일종의 '산업'을 뜻하는 증권용어다. 기술주섹터에는 정보기술IT, Information Technology, 바이오기술BT, Bio Technology, 컴퓨터기술CT, Computer Technology 기업들이 속해 있다. 비기술주섹터는 소재, 산업재, 필수소비재, 자유소비재 등 4개 분야로 나눈다.

셋째, 비기술주섹터에 속하는 4개 분야별로 전체 시가총액의 60% 이내에 해당하는 종목을 선정하되, 시가총액이 큰 순서대로 선정한다. 그 외 나머지 종목은 기술주섹터에서 선정한다. 가령 비기술주섹터에서 60개 종목이 선정되었다면 나머지 90개 종목은 기술주섹터에서 선정하는 식이다. 이때 역시 시가총액이 큰 순서로 90개 종목을 선정한다.

넷째, 위에서 선정된 종목의 시가총액이 300위권 밖에 있으면 그 종목은 제외하고, 섹터 구분 없이 시가총액이 큰 종목으로 대체한다. 코스닥150은 매년 6월과 12월 두 차례에 걸쳐 정기적으로 변경한다. 이때 시가총액은 과거 6개월간의 주가와 거래량을 참작하여 계산한다.

과거 30여년간 코스닥지수의 흐름

〈도표 2-12〉는 1998년 9월부터 2023년 3월까지 코스닥지수의 추이를 나타내고 있다. 과거 30여 년 동안 코스닥지수의 흐름을 분석해 보면, 코스피와 유사하게 4차례의 사이클로 나눌 수 있다. 앞서 설명한 코스피의 추세 설명을 참조하기 바란다.

<図표 2-12> 코스닥지수의 변동 추이

출처 · 네이버 증권

사이클	시점	코스닥지수(포인트)	비율(%)
제1사이클	1998년 9월	610	-
	2000년 2월	2,925	+480%
	2004년 7월	320	-89%
제2사이클	2007년 7월	841	+163%
	2008년 10월	245	-71%
제3사이클	2018년 1월	932	+280%
	2020년 3월	420	-55%
제4사이클	2021년 8월	1,062	153%
	2022년 10월	650	-39%

06

주가의 결정
수급

주식시장의 매매세력

원래, 시장에서 물품의 가격은 수요와 공급에 따라 결정된다. 일례로, 물품에 대한 수요에 비해 공급이 많으면 가격은 하락하고, 반대로 공급이 수요보다 적으면 자연히 가격은 상승한다. 이와 마찬가지로, 주식시장에서 수요(매수)보다 공급(매도)이 더 많으면 주가는 상승하고, 반대로 공급(매도)에 비해 수요(매수)가 더 많아지면 주가는 하락한다.

국내 주식시장에서 투자자는 크게 3개의 집단으로 구분된다. 개인투자자, 기관투자자, 외국인투자자를 말한다. 보통, 기관투자자와 외국인투자자들은 치밀하게 논리적이면서 분석적인 방식으로 투자 종목을 선택하고 장기적인 안목에서 투자한다고들 말한다. 반면에,

개인투자자들은 직감적이면서 즉흥적으로 종목을 고르고, 단타(심지어 매일 수십 번씩 매매하는 초단타) 위주로 투자한다고들 말한다.

따라서, 기관투자가나 외국인투자자에 비교하여 개인투자자의 매매패턴과 매매 시점을 분석하다 보면 주식투자의 올바른 방향성을 잡을 수 있지 않나 싶다.

⁙ 보수적·안정 지향의 기관투자가

기관투자가란 본래의 금융업무를 수행하면서 부가적으로 주식이나 채권 등에 투자하는 법인사업자를 말한다. 증권사, 보험사, 연기금, 자산운용사 등이 이에 속한다.

국내 기관투자가는 주식시장의 전체 시가총액의 대략 15~20%를 보유하고 있다. 기관투자가별 개략적인 주식의 보유 내용을 살펴보면, 국민연금(약 7% 내외), 자산운용사의 주식형 펀드(약 5% 내외), 기타 금융회사(은행, 증권사, 보험사 등이 약 5% 내외)로 추정된다.

첫째, 국내 연기금에는 국민연금, 공무원연금, 사학연금, 우체국 보험예금기금 등 4개 기관이 있다.

본래, 연기금은 가입자들의 노후 대비 자금을 운용하기 때문에 장기적이면서 보수적·안정적인 자금 운용을 한다는 것이 그 특징이다. 특히, 연기금은 자체적으로 주식에 투자하기보다는 자산운용사와 계약을 맺어 연 5~10% 내외의 수익률을 목표로 정해 자금을 위탁하는 방식을 취한다. 특히, 외환위기나 금융위기 등 대형 사건이 터지면서 주가가 폭락하면, 정부의 지시에 따라 주식을 매수하는 방식으로 주가 하락을 방어하는 역할 또한 연기금이 맡는다.

둘째, 자산운용사는 가입자로부터 자금을 위탁받아 각종 금융상품에 투자하면서 운용수수료를 받는 법인사업자를 말한다. 현재 약 90개 자산운용사가 영업하고 있다.

원래, 자산운용사는 펀드매니저가 펀드 가입자를 대신해 자금을 운용하는 시스템이므로 손실에 민감하게 반응할 수밖에 없다. 다시 말해, 높은 수익률을 얻으려면 위험이 큰 주식(작전주, 테마주 등)에 투자해야 하지만, 이는 주가 변동성이 크기 때문에 큰 손실이 발생할 위험이 있다.

따라서, 펀드매니저는 주식형 펀드의 경우 안정적인 수익률에 낮은 위험이라는 투자원칙에 따라, 정기예금 이자율에 약간의 플러스알파 수준의 수익률을 목표로 보수적으로 운용한다. 펀드의 특성상 가입자로부터 많은 자금이 유입되면 주식 매수를 늘리고, 반면에 가입자의 환매로 유출되는 자금이 늘어나면 매도를 늘리는 등 수동적인 투자패턴을 띠게 된다.

우리나라 펀드의 흐름을 보면 주가지수가 바닥을 찍고 거의 허리 이상까지 상승해야 자금이 조금씩 유입되다가 주가지수가 고점 수준에 도달하면 더 많은 자금이 유입되는 특성을 보인다. 그 후 주가지수가 급락하면 손실을 기록한 가입자들의 환매 요청에 따라 주식

<図표 2-13> 기관투자자의 매매패턴

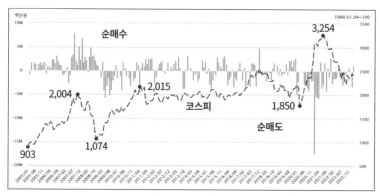

출처 · 한국은행 경제통계시스템

매도가 더욱 늘어나면서 주가지수가 하락하는 양상을 보인다.

기관투자자의 2005년부터 현재(2023년)까지의 순매매패턴을 보면 〈도표 2-13〉과 같다.

〈도표 2-13〉 그래프에서 좌측 열의 수치는 주식의 순매수 금액(막대)을, 우측 열의 수치는 코스피(점선)를 가리킨다.

코스피의 변동과 관련하여, 2005년 1월 저점인 903포인트에서 2007년 고점인 2,004포인트까지 매월 2조 원만큼을 순매수한다. 특히, 코스피는 고점을 찍고 하락 추세로 전환하여 2008년 12월 저점인 1,074포인트에 도달하는데, 매월 3~6조 원만큼씩 순매수 기조가 계속 이어진다. 저가 매수해서 평균 매수단가를 낮추는 물타기에 몰입한 것이다.

2008년 12월에 코스피는 1,074포인트의 저점을 찍고 상승해 2011년 7월에 고점인 2,015포인트에 도달하는데, 매월 2~5조 원 수준의 순매도 상황이다. 주가 하락 시에 물타기로 인해 매수가격을 낮춘 상태에서 주가가 어느 정도 회복하자 손실을 만회하고 약간의 수익률에 만족하면서 과감하게 매도한 것이다. 이어지는 2011년부터 2020년까지의 주가지수는 박스권에서 횡보하면서 순매수와 순매도가 불규칙한 모습을 보인다.

드디어, 장기간의 박스권에서 벗어나 2020년 3월 1,850포인트에서 2021년 7월 3,254포인트까지 상승하자, 과거 매수한 주식을 매월 3~6조 원만큼씩 순매도하고 있다.

안정형과 공격형으로 보이는 외국인투자자

국내 주식시장에 투자하는 외국인투자자는 크게 안정형 투자자와 공격형 투자자로 구분된다.

(1) 안정형 외국인투자자의 투자원칙

안정형 투자자는 장기적으로 연 수익률 10% 내외의 보수적·안정적인 수익을 얻기 위해 투자하는 외국계 금융회사를 말한다. 예를 들어 투자은행, 뮤추얼펀드, 국부펀드 등이 이에 해당한다. 이들은 전체 투자자금을 전 세계 금융상품에 분산투자함으로써 손실위험을 낮추는 특성이 있다.

안정형 외국인투자자들은 전체 자금을 일단 주식, 채권, 원자재 등으로 배분하고, 주식은 다시 각 나라의 시가총액 비중으로 나눠

투자자금을 결정한다. 국내 상장주식에 대한 투자 비중이 확정되면, 이를 다시 개별 종목별 시가총액에 따라 배분하여 해당 주식을 매수한다.

〈도표 2-14〉 그래프에서 좌측 열의 수치는 주식의 순매수 금액(막대)을, 우측 열의 수치는 코스피(점선)를 가리킨다.

코스피의 변동과 관련하여 2005년 1월 저점인 903포인트에서 2007년 고점인 2,004포인트까지 매월 대략 2~3조 원만큼을 순매도한다. 특히, 코스피는 고점을 찍고 하락 추세로 전환하여 2008년 12월 저점인 1,074포인트에 도달하는데, 매월 순매도액이 4~7조 원 수준으로 더 많이 늘어나고 있다. 외국인투자자의 매도 폭탄으로 인해 주가가 하락하는 추세를 보인다.

2008년 12월에 코스피는 1,074포인트의 저점을 찍고 상승해 2011년 7월에 고점인 2,015포인트에 도달하는데 매월 3~6조 원대의

〈도표 2-14〉 외국인투자자의 매매패턴

출처·한국은행 경제통계시스템

순매수를 보인다. 외국인투자자의 매수로 인해 주가가 상승세를 이어가는 상황이다. 그 이후 2011년부터 2020년까지의 주가지수는 박스권에서 횡보하면서 순매수와 순매도가 불규칙하게 움직인다.

드디어, 장기간의 박스권에서 벗어나 2020년 3월 1,850포인트에서 2021년 7월 3,254포인트까지 상승하는데도 불구하고, 매월 3~8조 원대의 순매도가 계속 이어지고 있다. 드디어 주가지수가 저점에 다가가자 매월 3조 원만큼 순매수하는 식으로 그 기조가 바뀌고 있다.

안정형 외국인투자자들은 대기업 주식 위주로 매수한다. 높은 수익보다는 안정적인 수익을 목표로 한다는 이야기다. 또한, 언제라도 매도하려면 주식수가 많아 매매가 활발해야 하므로 대기업 주식을 선호하는 편이다.

안정형 외국인투자자들은 투자할 때 국제금리와 그 나라의 환율에 민감하게 반응한다. 예를 들어, 환율이 높은 수준에서 하락하기 시작하면 주식의 매수를 늘려 환차익과 주가 차익을 얻고, 환율이 낮은 수준에서 상승하기 시작하면 주식의 매도를 늘려 차익을 실현하는 패턴을 보인다.

금융위기 등을 겪으면서 신용등급이 하락한 나라의 경우, 일단 매도한 후 금융 상황이 호전돼야 투자를 재개하는 경향이 안정형 외국인투자자에게서 보인다.

(2) 공격형 외국인투자자의 투자원칙

공격형 외국인투자자는 단기 고수익을 목표로 하는 투자자를 말하며, 헤지펀드와 일명 '검은 머리 외국인' 등이 해당한다.

본래, 헤지펀드는 한 나라의 실물경제와 금융경제 등이 취약한 양상을 보이면 거액의 자금을 무기로 무차별적인 공격을 가한다. 단기간에 고수익을 취한 후 빠져나가겠다는 이야기다.

검은 머리 외국인이란 세금을 회피할 목적으로 해외 조세피난처에 서류상의 회사를 설립하고 자금을 운용하는 한국인을 말한다. 이들 검은머리 외국인은 조세피난처에 국내 자금을 유출한 후, 외국인의 관점에서 국내로 유입된 자금을 가지고 시가총액이 적은 중소형 작전주나 테마주 등에 투자한다. 단기간에 주가를 급등시켜 고수익을 얻고 빠져나가는 방식을 쓰는 것이다. 세계적인 조세피난처는 다음 세 가지 유형이 있다.

- 택스 파라다이스tax paradise : 세금을 거의 부과하지 않는 나라로 바하마, 버뮤다, 케이맨 아일랜드 등
- 택스 셸터tax shelter : 외국에서 들여온 소득에 전혀 과세하지 않거나 매우 낮은 세율을 부과하는 나라로 홍콩, 라이베리아, 파나마 등
- 택스 리조트tax resort : 특정 기업이나 사업 활동에 대해 세금상의 특전을 인정하는 나라로 룩셈부르크, 네덜란드, 스위스 등

그렇다면, 국내 상장주식을 가장 많이 보유한 외국인투자자의 국적은 어떠할까? 금융감독원이 발표한 '외국인 증권투자 동향(2022년 12월)'에 따르면, 대략 574조 원(시가총액의 26.4%)의 상장주식을 보유하고 있다.

이들 투자자를 국적에 따라 살펴보면 미국 234.1조 원(외국인 전체의 40.8%), 유럽 170.7조 원(29.7%), 아시아 81.0조 원(14.1%), 중동 20.5조 원(3.6%) 순이다. 참고로, 상장채권 229조 원(상장 잔액의 9.7%)을 포함해 우리나라에 총 803조 원의 상장증권을 외국인이 투자한 상황이다.

개인투자자의 들쭉날쭉한 매매패턴

국내 개인투자자는 현재(2023년 3월 기준) 약 500만 명으로 추정된다. 전체 인구 5,000만 명 가운데 10%에 달하는 수치다. 그중 전업투자자는 대략 100만 명 수준으로 알려져 있다. 주식투자자의 약 20%가 전업투자자라는 뜻이다. 경제활동인구를 2,500만 명으로 보면 개인투자자는 약 20%를 차지한다. 개인에게 주식투자는 더는 낯선 이야기가 아니라는 말이다. 우리가 사는 이 시대는 바야흐로 직장 동료 5명 중 1명은 개인투자자인 주식투자의 시대다.

개인투자자의 평균 투자금액은 약 6,000만 원으로 집계된다. 개인투자자가 보유한 시가총액을 개인투자자 수치로 나누면 평균 투자금액을 알 수 있다. 다만 여기에는 상장회사 대주주가 보유한 투

자금액도 포함되기 때문에 실제 개인투자자들의 평균 투자금액은
이보다 낮은 수준으로 추정된다.

개인투자자 평균 투자금액 = 개인 보유 시가총액 ÷ 개인투자자 수치

⇒ 308조 원 ÷ 500만 명 ≒ 61,600,000원

〈도표 2-15〉는 코스피의 추세 변화와 그에 대응하는 개인투자자
들의 매매패턴을 정리한 그래프이다. 개인투자자의 매매패턴은 과
거 2008년의 방식과 최근인 2020년대의 방식이 큰 차이를 보인다.
그 패턴의 차이점을 살펴보기로 한다.

과거, 2008년 금융위기 당시의 투자패턴을 정리해본다.
주가가 저점에서 상승하는 초기 단계(인체에서의 무릎)까지는 매도
세를 보인다. 그러다가, 주가가 중간 단계(인체에서의 허리)에 도달하
면 매수세로 돌아선다. 드디어, 주가가 고점에 도달하면 추가 상승
을 기대하면서 매수세를 늘린다.
하지만, 주가가 고점을 찍고 급락하더라도 물타기를 하면서 매수
세는 더욱더 늘어난다. 주가의 급락세가 계속 이어지면서 저점에 근
접하면서, 희망(욕심)이 절망(공포)으로 바뀌면서 매도세로 돌아선다.
그때부터 주가는 다시 상승하는 모습을 보이기 시작한다.
드디어, 주가가 저점에서 상승하자 일단 매도한 후 주식투자에
환멸을 느끼면서 주식시장을 떠나간다.

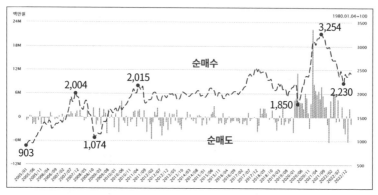

〈도표 2-15〉 개인투자자의 매매패턴

출처 · 한국은행 경제통계시스템

〈도표 2-15〉 그래프에서 좌측 열의 수치는 주식의 순매수 금액(막대)을, 우측 열의 수치는 코스피(점선)를 가리킨다.

코스피의 변동과 관련하여 2005년 1월 저점인 903포인트에서 상승하는 초기에는 월 1~2조 원만큼 순매도한다. 그러다가, 코스피가 계속 상승세를 지속하는 2007년부터 월 1조 원대의 순매수 패턴으로 돌아선다. 드디어, 2007년 고점인 2,004포인트에 접근하자 매월 2조 원 수준으로 순매수 강도가 더욱 강해진다. 특히, 코스피는 고점을 찍고 하락 추세로 전환하여 2008년 12월 저점인 1,074포인트에 도달할 때까지 순매수 기조가 계속 이어진다. 저가 매수해서 평균 매수단가를 낮추는 물타기에 몰입하고 있다.

2008년 12월에 코스피는 1,074포인트의 저점을 찍고 상승해 2011년 7월에 고점인 2,015포인트에 도달하는데, 매월 2~4조 원 수준의 순매도 상황이다. 주가가 일정 부분 회복하자 약간의 수익률에 만족하면서 매도하는 상황이다. 이어지는 2011년부터 2020년까지의 주가지수는 박스권에서 횡보하면서 순매수와 순매도가 불규칙하게 움직인다.

과거의 투자 경험에서 교훈을 얻었는지, 주가지수가 장기간의 박스권에서 벗어나 2020년 3월 1,850포인트에서 2021년 7월 3,254포인트까지 상승 추세를 보이자, 매월 4~8조 원만큼씩 계속 주식을 순매수하고 있다. 이어서 2022년 10월 2,230포인트까지 하락함에도 불구하고 순매수 기조는 계속 이어지고 있다.

합리적인 주식투자 패턴

개인투자자의 투자패턴이 과거보다 합리적인 모습을 보인다. 그렇다면, 주식투자에 있어 '합리적'이라는 것은 어떤 의미일까?

국내 주식시장에서 투자자들이 주식을 사서 팔 때까지 걸리는 평균 보유 기간은 약 260일로 나타난다. 반면에 개인투자자들은 매수한 주식을 평균 100일 만에 매도하는 것으로 나타났다.

이처럼 개인투자자들의 주식 보유 기간이 다른 투자자들에 비해 절반 수준으로 짧은 이유는 무엇일까? 그 이유는 처음부터 종목선택이 잘못되었거나 혹은 심리적으로 불안정한 상태이거나 둘 중 하나일 것이다. 즉 주식투자의 방향성을 찾지 못했다는 이야기로 해석할 수 있다.

주식투자에서 방향성은 어떤 의미가 있을까? 주식은 그 나라의 경기에 밀접한 영향을 받는다. 그런데 경기는 일정 기간에 걸쳐 사이클을 그리면서 호황과 불황을 반복한다. 예를 들어, 우리나라는 평균 4년마다 경기가 순환하는 사이클을 보였다. 다시 말해, 이번 달에는 경기가 좋다가 다음 달에 갑자기 나빠지는 식으로 경기가 시시각각 급변하는 일은 없다는 뜻이다. 주식 투자할 때 경기의 흐름에 따라 일정한 방향성을 띠어야 하는 이유가 그것이다.

주가지수도 경기 사이클처럼 저점에서 출발해 고점에 도달하는 데 일정 기간이 소요된다. 주가지수가 이번 달에 폭등하다가 다음 달에 갑자기 폭락하는 일은 좀처럼 벌어지지 않는다. 따라서 개인투자자들은 엉뚱한 기대와 불가능한 희망을 품어서는 안 된다. 그럼 어떻게 해야 할까?

경기가 회복되면서 주가가 상승 추세를 보이면 적극 매수한다. 경기가 고점에 도달해 주가가 하락 추세를 보이면 매도한다. 그것이 개인투자자가 취해야 할 합리적인 방향성이다.

하나 더 덧붙이자면 좋은 주식을 골라 장기간 투자하자. 그럼 높은 수익을 얻을 수 있다. 수익률을 높이는 투자는 이것이 전부다. 우선, 주가 및 경기 사이클을 잘 읽어내라. 그다음 최소 1~3년에 걸쳐 주식을 보유하라. 그렇다면 장담컨대 누구나 주식으로 돈을 벌 수 있다.

07

주가의
추세 분석

코스톨라니의 달걀 모형

앞에서 얘기한 바와 같이 주가는 경기 흐름에 따라 상승과 하락을 반복한다. 경기와 주가와의 관계를 보여주는 다양한 모형들이 있는데 그 중 〈도표 2-16〉은 주식투자자라면 상식으로 알아야만 하는 '앙드레 코스톨라니의 달걀 모형'이다.

코스톨라니는 헝가리 출신의 투자가로서 유럽판 워런 버핏, 다시 말해 주식의 신이라 불렸던 사람이다. 그의 저서로 '돈, 뜨겁게 사랑하고 차갑게 다루어라'가 있다. 이 책에서 투자자들에게 '각 시기에 걸맞게 투자하라'는 조언을 남기면서 단계별 투자지침을 제시하고 있다.

이 모형에서 가장 중요한 변수는 '금리'다. 다시 말해, 금리의 변동

<도표 2-16> 앙드레 코스톨라니의 달걀 모형

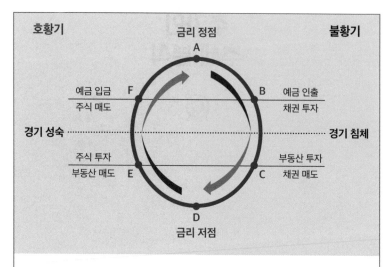

A 금리가 정점에 도달해, 고금리로 인해 경기가 침체로 전환되는 시기이다.
B 금리가 하락하면서 채권가격이 상승하기 때문에, 예금을 인출하여 채권에 투자
한다.
C 금리가 정점보다 많이 낮아지면서, 채권을 매도한 후 가격이 크게 하락한 부동산
에 투자한다.
D 금리가 저점에 도달해, 저금리에 따라 경기가 확장으로 전환되는 시기다.
E 경기 확장에 따라 금리가 상승하는 시기로, 부동산을 매도한 후 주식에 적극적으
로 투자한다.
F 금리가 크게 상승한 시기로, 주식을 매도한 후 금융기관에 예금해서 미래 불경기
에 대비한다.

상황을 기준으로 하여 시기별로 투자 대상(주식, 부동산, 예금, 채권)을
어떻게 배분해야 할지를 예시하고 있다.

그 내용을 요약 정리하면 다음과 같다.

첫째, A지점에서 D지점으로 금리가 정점을 찍고 계속 하락하면

서 저점에 도달하는데 경기는 침체하고 불황을 겪는 시기이다. 이 과정에, 과거 저금리 시기에 상승한 주가와 지가는 고점을 찍고 하락 추세를 보이거나 혹은 장기간 박스권에서 지루하게 등락하는 모양새를 보인다.

둘째, D지점에서 A지점으로 금리가 저점을 찍고 계속 상승하면서 고점에 도달하는데, 경기는 회복하고 호황을 겪는 시기이다. 이 과정에, 과거 고금리 시기에 급락한 주가와 지가는 저점을 찍고 상승 추세를 보인다.

셋째, 주식투자 측면에서 금리가 하락하는 C지점부터 D지점까지 주식의 매도세가 매수세를 압도하면서 주가가 급락하고, 이로 인해 투자자들이 공포감이나 절망감에 빠져 투매하는 양상을 보인다. 따라서, 이어지는 D지점에서 E지점으로 전환되는 시기가 주식투자에 최적기이다. 특히, E지점에서 F지점으로 넘어가는 시기에 경기가 앞으로 더 호전될 것이라는 기대감으로 인해 주가가 힘차게 상승하는데 기매수한 주식을 매도할 적절한 시기이다.

우라가미 구니오의 '사계절 이론'

경기와 주가와의 관계를 분석한 이론으로, 일본인 투자자인 우라가미 구니오의 '사계절 이론'이 있다. 금융시장에서의 유동성에 따른

경기 상승기 　 역금융장세 　 경기 하락기

실적장세

단기 반락 　 여름 　 가을 　 역실적장세

유동성장세 　 겨울

봄

구분	금융(유동성) 장세	실적(펀더멘털) 장세	역금융장세	역실적장세
국면	회복기	활황기	후퇴기	정체기
주가	↑	↗	↓	↘
특징	단기 큰폭 상승	장기간 안정 상승	큰 폭 하락	부분적 투매
금리	↓	↗	↑	↘
실적	↘	↑	↗	↓
경기	자금수요 감소 금리인하, 물가안정 민간소비지출 증가	생산판매활동 증가 설비투자, 소비 증가, 물가 상승, 통화긴축 자금수요 증가	실질이자율 상승 내구소비재수요 감소 생산활동 위축	재고누적 실업률 가속 금리인하, 경기부양책

주가의 변화에 관한 내용으로, 금리와 주식시장의 상관관계를 명쾌하게 설명하고 있다. 그는 〈도표 2-17〉과 같이 주식시장의 시세 상황을 금융장세, 실적장세, 역금융장세, 역실적장세 등 4가지 유형으로 나눠 설명한다.

금융장세, 유동성 증가로 인한 주가 상승

금융장세란 '유동성의 힘'으로 주가가 상승하는 현상을 말한다.

보통, 경기 침체 혹은 불황 등으로 인해 자발적인 경기회복을 기대할 수 없는 시기에 이르면 정부는 경기회복을 위해 특단의 조처를 한다. 일례로, '금리 인하'와 '재정확대'를 통해 민간부문에 유동성을 한껏 불어넣는 방식이다. 이로 인해, 향후 경기회복에 대한 기대감에 힘입어 주가가 상승 추세로 전환된다. 이를 금융장세라 칭한다.

일단, 금리 인하로 인해 금융회사로부터 과거에 받은 대출에 대한 이자 부담이 줄어들면서 그만큼의 처분가능소득이 늘어나면서 물품에 대한 소비지출이 증가한다.

다음으로, 금리가 낮아지면서 금융시장에 유동성이 늘어나면서 대출이 쉬워진다. 금융기관으로부터의 대출 이자 비용의 하락으로, 기업은 설비투자를 확대한다. 특히, 건설회사 역시 정부의 재정지출 확대 정책(도로나 항만 등의 건설 확대)과 아파트나 상가 등의 건설투자를 확대한다. 이런 투자 확대 결과로 새로운 일자리가 만들어지면서 소득과 소비가 증가한다. 늘어난 소비는 생산의 확대, 신규 고용의 증가로 귀결된다. 이처럼, 금리 인하로 인해 경기가 회복하는 모습이 '금융장세'의 전형적인 양상이다.

기업의 실적이 아닌 저금리로 인해 투자처를 찾지 못한 유동자금이 주식시장에 흘러 들어가면서 주가가 단기간에 급등한다는 것과 종목별 순환매를 보인다는 것이야말로 금융장세의 주요 특징이다. 다시 말해, 기업의 경영실적이 뒷받침된 것이 아니라 미래 경기회복에 대한 낙관적인 기대감에 따라 주가가 상승한다는 것이다. 이에 따라, 금융장세가 진행되는 중간중간마다 주가의 고평가에 대한 논

란 그리고 주가 차익을 실현하려는 매도세 등이 맞물려 주가가 하락
조정 상황을 맞기도 한다.

실적장세. 양호한 실적으로 주가 상승

금융장세가 경기회복에 대한 투자자들의 낙관적인 기대감에 따라
주가가 상승하는 시기라면 실적장세는 경기가 실제 회복되면서 기
업들의 경영실적이 이전보다 개선되면서 주가가 상승하는 시기이
다. 보통, 금융장세에서는 투자자들의 심리적인 요인으로 인해 단기
간에 급하게 주가가 상승한다. 반면에, 실적장세에서는 경영실적이
발표될 때마다 장기간에 걸쳐 서서히 완만하게 주가가 상승한다.

보통, 실적장세가 이어지는 기간은 경기가 좋아지는 기간, 기업
의 경영실적 성장률 그리고 경영실적의 지속 기간 등에 좌우된다.
원래, 기업의 주문과 출하의 증가, 재고 감소, 생산 확대, 고용 증대,
소득 및 소비 증가 등 경기는 선순환되면서 경제가 성장한다. 특히,
초기에는 주문에 따른 생산량이 증가하면서 설비의 가동시간이 늘
어나지만 후기에는 생산 설비 증설이나 새로운 공장의 건설 등에 따
라 신규 투자가 이루어진다.

실적장세가 무르익을 시점에 금리가 최저치를 기록한 후 상승하
기 시작한다. 왜냐하면, 기업의 신규 투자 확대와 개인의 소비 확대
등으로 인해 자금 수요가 많이 몰리면서 금융시장에서 자금 공급이
부족해지기 때문이다. 이에 더해, 과거 금융장세에서 풀린 막대한 유

동성으로 인해 물가가 상승하면서 정부는 인플레이션을 억제하기 위해 금리 인상과 금융긴축 카드를 만지작거릴 수밖에 없게 된다.

실적장세의 끝물은 경기가 과열되는 양상을 보일 때이다. 이를 풀어보면 주식투자자들이 앞으로도 경기 호황과 기업실적이 더욱 더 나아질 것이라는 희망 때문에 주가가 신고가를 계속 경신하는 현상이다. 이는 투자자들의 욕망 때문에 만들어진 착시현상에 지나지 않고 이미 주가는 대세 하락기에 접어든 상황이다.

역금융장세, 금리 인상으로 인한 주가 하락

역금융장세는 물가 상승과 그 대책으로서의 금리 인상으로 인해 유동성이 줄어들면서 주가가 하락하는 장세를 말한다. 다시 말해, 과도한 소비와 투자로 인해 물가가 상승하자, 정부가 그 대책으로서 금리 인상과 재정지출을 감축하게 된다. 이에 따라, 주식시장에 머물던 자금이 예금(채권 포함)이나 부동산 시장 등으로 빠져나가면서 주가는 하락 추세로 돌아선다.

특기할 사항으로 기업은 계속 양호한 경영실적을 발표하는데도 불구하고 주가는 반대로 하락하는 양상을 보인다. 왜냐하면, 경영실적은 그 이전의 과열된 경기의 모습을 보여주지만 주가는 투자자들이 느끼는 미래 경기 후퇴에 대한 기대감에 따라 결정되기 때문이다.

역금융장세에서는 일부 종목(특히 테마주나 작전주 등)을 제외하고는 거의 모든 종목의 주가가 하락한다. 왜냐하면, 이전의 실적장세에서 미래 기대감에 따라 그 실적 이상으로 주가가 과도하게 상승했기에 이런 큰 폭의 상승세를 주도한 신고가주을 필두로 주가 하락이 두드러지게 나타난다.

과거, 주가가 급등할 당시 매수기회를 놓친 투자자들 위주로 주가가 크게 하락한 종목 위주로 '낙폭과대주'라는 미명하에 매수세가 몰리면서 주가가 일시 반등하기도 한다. 하지만, 금리 인상으로 인해 주식시장에서 자금이 빠져나감으로써 더는 추가 매수가 이어지지 못해, 주가는 전고점의 장벽을 넘지 못하고 하락세로 내몰린다.

역금융장세에서는 주가가 장기간에 걸쳐 하락 추세로 가는 단계라 보아야 한다. 따라서 주식투자자는 두 개의 선택지 중 하나를 골라야 한다. 하나는 보유하는 주식을 매도하여 현금화한 후 저점에 도달할 때까지 휴지 기간을 갖는 것이다. 또 다른 하나는 주가가 하락해야 수익을 얻는 '인버스 종목'으로 갈아타는 방법이다.

역실적장세, 경기 침체와 실적 악화로 주가 하락

역실적장세는 경기 침체 및 불황으로 인해 기업들의 경영실적이 악화함으로써 주가가 하락하는 장세를 뜻한다. 다시 말해, 역실적장세는 경기순환의 마지막 단계로서, 금융장세와 실적장세를 거치면서 과다한 유동성과 수요 확대에 따라 나타나는 인플레이션과 버블이 소멸하는 국면이라 할 수 있다. 역실적장세는 다음과 같은 경향이 있다.

첫째, 금리가 고점을 기록한 후 하락 추세를 보이기 시작한다. 역 금융장세에서 시행된 정부의 기준금리 인상으로 인해 주식시장과 부동산시장에서 탈출한 유동성이 은행 예금으로 몰려든다. 반면에, 경기 침체로 인해 민간부문의 투자와 소비가 감소하면서 대출 수요가 줄어든 은행은 금리를 인하하는 조치를 취한다.

둘째, 기업의 경영실적이 산업 전반에 걸쳐 악화하는 모습을 보인다. 일례로 경기하강 및 침체로 인해 투자와 소비가 감소하고, 이에 따라 조업 감축, 해고 증가, 실업률 상승 등으로 이어지면서 소비 감소라는 악순환 고리에 빠져들게 된다. 이런 현상은 제조업뿐만 아니라 관련 서비스업 그리고 (거래 기업의 파산 등으로 부실대출이 급증하는) 금융업종에까지 실적 악화라는 연쇄 효과가 이어진다.

셋째, 주식시장에서 투자자들이 장기 보유한 주식을 투매하면서 주가가 급락한다. 보통, 실적장세에서 고점을 찍은 주가는 역실적장세에 접어들면서 하락 추세를 보인다. 하지만, 손절매하기보다는 일시적인 조정으로 보아 추가 매수하거나 혹은 주가 회복을 기대하면서 보유하는 경향이 짙다. 그런 투자자들의 기대감이 더는 통하지 않을 정도의 기간이 흘러가다 보면, 자금이 필요한 투자자 위주로 보유 주식의 매도가 나타나고, 이런 물량이 늘어나면서 어느 순간 공포감에 쩌든 투자자들의 비이성적인 대규모 투매가 나오면서 단기간에 주가가 급락하는 모습을 보인다. 이런 징후들이 역실적장세에서 금융장세로 넘어가는 일종의 신호탄일 수 있다.

현재, 주식시장은 어떤 장세일까?

〈도표 2-18〉은 과거 코스피과 한국은행이 발표한 기준금리의 변동 추세를 보여주는 그래프이다. 이에 따르면, 현재 국내 코스피시장은 어떤 장세에 처해 있을까? 기준금리가 급하게 인상된 상황으로 미루어 역금융장세에 진입한 것으로 추정된다.

본래, 주식시장은 크게 상승장과 하락장으로 구분된다. 예를 들어, 금융장세와 실적장세는 상승장에, 반면에 역금융장세와 역실적장세는 하락장에 속한다. 특히 〈도표 2-18〉에서 보듯이, 상승장에서는 장기간에 걸쳐 주가가 서서히 완만하게 올라가는 경향이다. 반면에, 하락장에서는 주가가 절벽에 서서 떨어지는 것처럼 단기간에 급락하는 모습이다.

우라가미 구니오는 주식시장의 사계절을 이상매수/매도 구간과 현실매수/매도 구간으로 구분하여 재차 설명한다. 이를 쉽게 풀어보면 주식을 매수/매도하는 근본 이유가 '현실'에 근거한 것인지 아니면 '이상'에 따른 것인지로 나눠보자는 것이다.

일례로, 금융장세는 '이상매수' 구간에 속하는데 그 이유는 경제 상황이나 기업실적은 여전히 악화한 상황임에도 불구하고, 주가는 상승세를 보이기 때문이다. 반면, 실적장세는 현실매수 구간에 해당한다. 왜냐하면, 경제 상황과 기업실적 모두 양호한 모습을 보이면

\<도표 2-18\> 주식시장의 장세별 분석

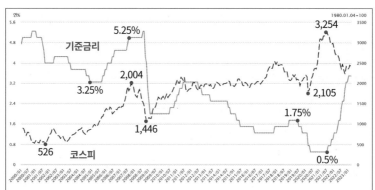

출처 · 한국은행 경제통계시스템

그래프에서 좌측 열의 수치는 기준금리(%)를, 우측 열의 수치는 코스피(점선)를 가리킨다. 연도별 기준금리와 주가의 관계는 다음과 같다.

연월	기준금리	코스피	장세분석
2000년 1월	4.75%	902	역금융장세
2000년 12월	5.25% (고점)	526	
2004년 11월	3.25% (저점)	873	금융장세
2005년 9월	3.25%	1,171	
2007년 10월	5.00%	2,004	
2008년 9월	5.25% (고점)	1,446	
2009년 2월	2.00% (저점)	1,139	역금융장세
2010년 6월	2.00%	1,691	
2011년 6월	3.25% (고점)	2,074	금융장세
2016년 6월	1.25%	1,977	
2017년 11월	1.5%	2,533	
2019년 6월	1.75%	2,105	역금융장세
2020년 5월	0.5% (저점)	1,965	금융장세
2021년 7월	0,5%	3,254	역금융장세
2023년 3월	3.5% (고점)	2.417	

서 주가가 상승하는 시기이기 때문이다.

특히, '이상매수·매도' 구간의 주가 움직임이 '현실매수·매도' 구간의 주가 움직임보다 더욱 가파르게 급등/급락하는 경향이 있다. 일례로, (진짜인지 가짜인지는 불문하고) 소문이 돌면서 주가가 상승/하락하다가 그 소문이 현실화하는 순간에 주가가 하락/상승하면서 제자리를 찾아가는 모습이 이에 해당한다.

08

주가에
투자한다

주가지수에 투자한다

'주가에 투자한다.'라는 것을 더 정확하게 말하면 '주가지수에 투자하라.'라는 의미가 된다. 다시 말해, 주식시장에 상장된 수천 개의 개별 종목 중 한두 개를 골라 투자하는 게 아닌, 상장된 모든 종목인 주가지수에 투자하라는 뜻이다.

원래 주가지수에 투자하면 국내 주식시장이 문을 닫지 않는 이상 큰 손실을 볼 우려가 없다. 게다가, 주가지수를 거래하는 경우 그 변동률은 아무리 높아도 하루 3% 미만이다. 다시 말해, 투자 리스크가 적어 손해를 보더라도 극히 작은 수준이라는 뜻이다. 특히, 주가지수에 투자하기로 한 투자자가 항시 체크할 사항은 (개별 기업 관련 뉴스보다는) 경제나 금융 전반적인 내용을 읽는 안목만 있으면 된다.

국내 주식시장에서 각각의 주가지수에 투자하는 종목에 관해 이야기하고자 한다.

코스피 투자종목

〈도표 2-19〉는 국내 주식시장에서 코스피에 투자하는 종목들이다. 그 이름에 공통으로 나타나는 것처럼 이들 종목은 주가지수에 투자하는 '서류상의 회사paper company'로서 정식 명칭은 '상장지수펀드ETF'라 칭한다.

〈도표 2-19〉 국내 주식시장의 코스피 투자종목

종목명	종목 코드	비고
KODEX 200	069500	코스피 상승률의 1배 수익
KODEX 레버리지	122630	코스피 상승률의 2배 수익
KODEX 인버스	114800	코스피 하락률의 1배 수익
KODEX 200 인버스 2X	252670	코스피 하락률의 2배 수익

위에서 KODEX는 'KOrea inDEX'의 줄임말로 삼성그룹의 금융계열사인 '삼성자산운용(주)'이 관련 종목을 만들면서 임의로 붙인 상표명칭이다. 이들은 모두 금융회사가 각각의 종목이 보유한 재산을 코스피 현물이나 선물에 투자해 수익을 내기 위해 설립한 '코스피 전용 투자회사'라고 이해하면 된다.

(1) KODEX 200(종목코드 : 069500)

국내 주식시장에서 코스피의 추세 그래프인 〈도표 2-20〉과 해당
종목의 주가 차트 〈도표 2-21〉을 비교해보면 거의 유사하게 변동하

〈도표 2-20〉 코스피의 변동 추세

출처 · 네이버 증권

연월	기간	코스피(포인트)	등락률
2017년 1월	-	2,000 (저점)	
2018년 1월	12개월	2,500 (고점)	(+) 25%
2020년 3월	26개월	1,439 (저점)	(-) 42%
2021년 7월	16개월	3,316 (고점)	(+) 130%
2022년 9월	14개월	2,200 (저점)	(-) 34%
2023년 4월	7개월	2,500 (현재)	(+) 14%

고 있다.

원래, 이 종목은 코스피200이 1% 상승하면 이 종목 주가도 1% 상승하도록, 투자자금을 코스피200에 속하는 200개 종목의 주식을 구성비에 맞춰 매수하는 회사이다.

<도표 2-21> KODEX200 (상장코드 : 069500)

출처 · 네이버 증권

연월	기간	주가(원)	등락률
2017년 1월	-	22,000(저점)	
2018년 1월	12개월	30,000(고점)	(+) 36%
2020년 3월	26개월	18,448 (저점)	(-) 39%
2021년 7월	16개월	42,822 (고점)	(+) 132%
2022년 9월	14개월	27,700 (저점)	(-) 35%
2023년 4월	7개월	32,625 (현재)	(+) 18%

이에 따라, 코스피200이 상승하면 그 상승률만큼 주가가 상승함으로써 투자이익을 얻게 된다. 반대로, 코스피200이 하락하면 같은 비율만큼 주가가 하락하기에 투자손실이 발생한다.

만약, 향후 코스피200이 상승할 것으로 전망되면 이 종목을 매수하면 된다. 그리고 코스피200이 의도한 만큼 충분히 상승하여 하락 반전할 것으로 예측되면 이 종목을 매도하여 수익을 확정시키면 된다.

(2) KODEX 인버스(상장코드 : 114800)

'KODEX 200'은 코스피200이 상승해야 이익이 나는 종목이다. 반대로, 코스피200이 하락할 때 이익이 나는 종목이 바로 'KODEX 인버스'이다. 여기서, 인버스inverse란 '반대' 또는 '역방향'이라는 뜻이다.

이 종목의 과거 주가 차트는 〈도표 2-22〉와 같다. 일례로, 코스피200이 1% 상승하면 이 종목 주가는 1% 하락하도록 코스피200 관련 종목을 공매도하거나 또는 주가지수 선물을 매도하는 방식으로 투자한다. 따라서, 코스피200이 하락해야만 수익이 난다. 반대로 코스피200이 상승하면 그 비율만큼 주가가 하락함으로써 손실이 발생한다.

따라서, 코스피200이 하락할 것으로 전망되면 이 종목을 매입하되, 그 지수가 원하는 수준만큼 하락하여 향후 상승할 것으로 보이면 매도하라.

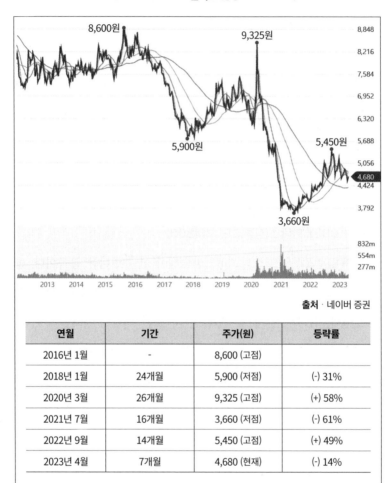

<도표 2-22> KODEX 인버스 (상장코드 : 114800)

출처 · 네이버 증권

연월	기간	주가(원)	등락률
2016년 1월	-	8,600 (고점)	
2018년 1월	24개월	5,900 (저점)	(-) 31%
2020년 3월	26개월	9,325 (고점)	(+) 58%
2021년 7월	16개월	3,660 (저점)	(-) 61%
2022년 9월	14개월	5,450 (고점)	(+) 49%
2023년 4월	7개월	4,680 (현재)	(-) 14%

(3) KODEX 레버리지 (상장코드 : 122630)

국내 투자자들은 선진국의 투자자들에 비해 주식투자를 통해 얻고자 하는 목표수익률이 높게 잡는 경향이 있다. 그만큼, 우리나라

투자자들이 단기간에 목돈을 벌기 위해 위험을 감수하는 공격적인 투자 성향을 갖고 있다는 뜻이다.

원래, 레버리지 종목은 이런 공격적인 성향의 투자자들에게 적당한 종목이다. 그리고 '레버리지'는 일명 지렛대라는 뜻으로 주식투

<도표 2-23> KODEX 레버리지 (상장코드 : 122630)

출처 · 네이버 증권

연월	기간	주가(원)	등락률
2017년 1월	-	10,500(저점)	
2018년 1월	12개월	18,800(고점)	(+) 79%
2020년 3월	26개월	6,165(저점)	(-) 67%
2021년 7월	16개월	31,030(고점)	(+) 403%
2022년 9월	14개월	11,840(저점)	(-) 62%
2023년 4월	7개월	15,685(현재)	(+) 32%

자에서는 '배율'이라는 의미로 통용된다. 예를 들어, 지렛대를 사용하여 적은 힘으로 큰 물체를 들어 올린다는 의미로 이해하면 된다.

이 종목은 이미 설명한 'KODEX 200'과 세부 내용은 거의 유사하다. 단 하나의 차이점이 있는데 코스피200이 1% 올라가면 이 종목

<도표 2-24> KODEX200 인버스 2X (상장코드 : 252670)

출처 · 네이버 증권

연월	기간	주가(원)	등락률
2016년 9월	최초 상장	10,400 (고점)	
2018년 1월	16개월	5,600 (저점)	(-) 46%
2020년 3월	26개월	12,815 (고점)	(+) 129%
2021년 7월	16개월	1,825 (저점)	(-) 86%
2022년 9월	14개월	3,630 (고점)	(+) 99%
2023년 4월	7개월	2,750 (고점)	(-) 24%

주가는 그 배율인 2% 상승한다. 반대로, 환율이 1% 내려가면 역시 2% 하락한다. 〈도표 2-23〉의 주가 그래프를 참조하면 된다.

(4) KODEX 인버스 2X (상장코드 : 252670)

이 종목은 이미 설명한 인버스 종목과 세부 내용이 거의 유사하다. 다만, 코스피200이 내려가면 그 하락률의 2배만큼 수익이 증가한다. 반대로 코스피200이 만약 1% 상승하면 이 종목 주가는 그 2배만큼인 2% 하락한다. 〈도표 2-24〉에서 이 종목 주가 추세를 참고하기 바란다.

코스닥 투자종목

〈도표 2-25〉는 국내 주식시장에서 코스닥지수에 투자하는 종목들이다. 이들 종목은 주가지수에 투자하는 '서류상의 회사paper company'로서, 정식 명칭은 '상장지수펀드ETF'라 칭한다.

<도표 2-25> 국내 주식시장의 코스닥 투자종목

종목명	상장코드	비고
KODEX 코스닥150	229200	코스닥지수 상승률의 1배 수익
KODEX 코스닥150 레버리지	233740	코스닥지수 상승률의 2배 수익
KODEX 코스닥150 선물 인버스	251340	코스닥지수 하락률의 1배 수익

이미 코스피 투자종목에 관해 설명한 모든 내용이 위의 코스닥지

수에 투자하는 종목에도 그 대상지수만 다를 뿐 같게 적용된다. 이를 풀어서 설명하면 'KODEX 코스닥150'은 코스닥지수 상승률(하락률)에 대응하여 동일한 수익률(손실률)이 나타나고, 'KODEX 코스닥 150 레버리지'는 그 수익률(손실률)이 2배로 증폭된다는 것이다.

반면에, 'KODEX 코스닥150 인버스'는 코스닥지수 상승률(하락률)에 따라 반대로 손실률(수익률)이 발생한다는 점만 명심하면 된다. 특히, 코스닥지수 투자종목의 경우 더블인버스(곱버스)는 금융당국의 규제로 인해 아직 만들어지지 않은 상황이다.

코스닥지수의 과거 변동 추세와, 같은 기간 동안 이들 종목의 주가 그래프와 수익률을 〈도표 2-26〉, 〈도표 2-27〉, 〈도표 2-28〉, 〈도표 2-29〉에 첨부하니 투자에 참고하기 바란다.

<도표 2-26> 코스닥지수 변동 추세

출처 · 네이버 증권

연월	기간	코스닥지수(포인트)	등락률
2013년 12월	-	490 (저점)	
2015년 7월	19개월	780 (고점)	(+) 59%
2016년 11월	16개월	600 (저점)	(-) 23%
2018년 1월	14개월	910 (고점)	(+) 52%
2020년 3월	26개월	419 (저점)	(-) 54%
2021년 7월	16개월	1,062 (고점)	(+) 153%
2022년 10월	14개월	700 (저점)	(-) 34%
2023년 4월	6개월	843 (현재)	(+) 20%

<도표 2-27> KODEX 코스닥150 (상장코드 : 229200)

출처 · 네이버 증권

연월	기간	주가(원)	등락률
2015년 9월	최초 상장	10,330 (고점)	
2016년 12월	15개월	8,200 (저점)	(-) 21
2018년 1월	13개월	16,501 (고점)	(+) 101%
2020년 3월	26개월	6,780 (저점)	(-) 59%
2020년 12월	9개월	15,160 (고점)	(+) 124%
2022년 9월	33개월	9,490 (저점)	(-) 37%
2023년 4월	7개월	12,975 (현재)	(+) 36%

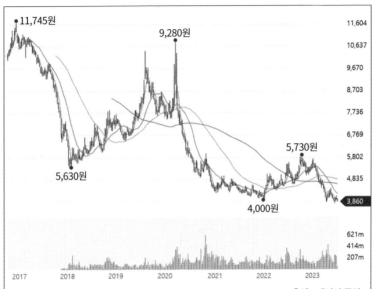

<도표 2-28> KODEX 코스닥150 선물 인버스 (상장코드 : 251340)

출처 · 네이버 증권

연월	기간	주가(원)	등락률
2016년 12월	-	11,745 (고점)	
2018년 1월	13개월	5,630 (저점)	(-) 52%
2020년 3월	26개월	9,280 (고점)	(+) 65%
2021년 12월	21개월	4,000 (저점)	(-) 57%
2022년 9월	10개월	5,730 (고점)	(+) 43%
2023년 4월	7개월	4,105 (현재)	(-) 28%

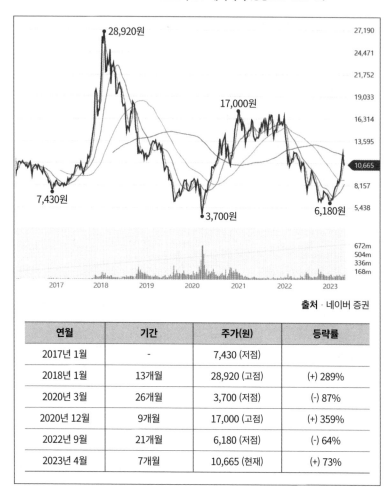

<도표 2-29> KODEX 코스닥150 레버리지 (상장코드 : 233740)

출처 · 네이버 증권

연월	기간	주가(원)	등락률
2017년 1월	-	7,430 (저점)	
2018년 1월	13개월	28,920 (고점)	(+) 289%
2020년 3월	26개월	3,700 (저점)	(-) 87%
2020년 12월	9개월	17,000 (고점)	(+) 359%
2022년 9월	21개월	6,180 (저점)	(-) 64%
2023년 4월	7개월	10,665 (현재)	(+) 73%

미국 주가지수 투자종목

〈도표 2-30〉은 국내 주식시장에 상장되어 매우 활발하게 거래되고 있는 미국 주가지수에 투자하는 '서류상의 회사paper company'이다. 그 정식 명칭은 '상장지수펀드ETF'나 '상장지수채권ETN'이라 부른다.

미국의 주가지수에 대해 간단히 알아보고자 한다.

첫째, 다우지수의 정식 명칭은 '다우존스 산업평균지수DJIA, Dow Jones Industrial Average Index'로, 미국 뉴욕증권거래소NYSE, New York Stock Exchange에 상장된 전체 종목 중에서 선정된 30개 기업의 '평균주가'로 산정한다. 이를 풀어보면 미국 NYSE에 상장된 총 3,000여 개 기업 중에서 신용도가 높고 각 산업(운송업과 유틸리티 산업 제외)을 대표하는 (약 1%에 해당하는) 30개 초우량기업의 주가를 모두 합산한 금액에, 그 개수인 30으로 나눈 평균 주식가격이 다우지수이다.

둘째, S&P500지수는 세계 3대 신용평가기관인 스탠다드앤푸어스Standard & Poor's가 뉴욕증권거래소NYSE와 나스닥시장에 상장된 전체 6,000여 개 기업 중에서 엄선된 500개 회사의 시가총액을 기준시점과 비교하는 방식으로 측정한다.

과거 1957년 3월 4일부터 발표되기 시작하였다. 그 당시에는 NYSE에 상장된 종목 중에서 시가총액을 기준으로 대형주를 대상으로 하였으며, 1971년 나스닥이 출범한 이후 나스닥 대형주도 포함하기 시작하였다.

<도표 2-30> 국내 주식시장의 미국 주가지수 투자종목

종목명	상장코드	비고
신한 다우존스지수 선물 ETN(H)	500009	다우지수 상승률의 1배 수익
신한 인버스 다우존스지수 선물 ETN(H)	500010	다우지수 하락률의 1배 수익
신한 레버리지 다우존스지수 선물 ETN(H)	500020	다우지수 상승률의 2배 수익
신한 인버스 2X 다우존스지수 선물 ETN(H)	500028	다우지수 하락률의 2배 수익
TIGER 미국 S&P500 선물(H)	143850	S&P500 상승률의 1배 수익
TIGER 미국 S&P500 레버리지 선물(합성 H)	225040	S&P500 상승률의 2배 수익
TIGER 미국 S&P500 선물 인버스(H)	225030	S&P500 하락률의 1배 수익
TRUE 인버스 2X S&P500 선물 ETN(H)	570023	S&P500 하락률의 2배 수익
KODEX 미국 나스닥100 선물(H)	304940	나스닥100 상승률의 1배 수익
KODEX 미국 나스닥100 레버리지(합성 H)	409820	나스닥100 상승률의 2배 수익
KODEX 미국 나스닥100 선물 인버스(H)	409810	나스닥100 하락률의 1배 수익
삼성 인버스 2X 나스닥100(H)	530071	나스닥100 하락률의 2배 수익

(주1) '신한'은 신한금융그룹에 속하는 신한증권을 의미
(주2) '삼성'은 삼성그룹에 속하는 삼성증권을 의미
(주3) '선물'은 현물 주식을 매수하는 방식이 아닌 주가지수 선물을 매수/매도하는 방식으로 운용하되, '합성'은 현물과 선물을 혼합하여 운용함
(주4) TIGER는 미래에셋자산운용에서 설계하여 운용하는 펀드상품의 상표명
(주5) KODEX는 삼성자산운용에서 설계하여 운용하는 펀드상품의 상표명
(주6) TRUE는 한국투자증권에서 운용하는 채권상품의 상표명
(주7) 종목 마지막에 표시된 (H)는 환헤지(Hedge)의 약자로, 원/달러 환율이 변동하더라도 관련 종목의 투자수익에 영향을 미치지 않는다는 것으로, 순수한 주가지수 변동에 따라 수익이 좌우됨

셋째, 나스닥지수는 미국 나스닥시장NASDAQ, National Association of Securities Dealers Automated Quatations(미국 전국 증권회사 협의회에서 전산으로 매매 주문이 자동 처리되는 주식시장)에 상장된 총 3,000여 기업의 시가총액을 활용하여 산정한다. 기준시점인 1971년의 시가총액을 100포인트로

정한 후 특정 시점의 시가총액과 비교하여 나스닥지수를 측정한다.

다우지수가 (1896년부터 산정하기 시작해) 세계에서 가장 오래된 주가지수라면 나스닥지수는 (1971년부터 산정하기 시작한) 새로운 주가지수이다. 그 차이점을 반영하듯이 다우지수는 전통 우량 대기업이 주로 포함되는 데 반해, 나스닥지수에는 정보기술을 바탕으로 하는 벤처기업 위주로 구성되어 있다.

이미 코스피 투자종목에 관해 설명한 모든 내용이 〈도표 2-30〉에 나오는 미국 주가지수에 투자하는 종목에도 동일하게 적용된다. 예를 들면, 'KODEX 미국 나스닥100 선물(H)'은 나스닥100지수의 일간 상승률(하락률)에 대응하여 동일한 수익률(손실률)이 발생한다. 반면에 'KODEX 미국 나스닥100 선물 인버스(H)'는 해당 주가지수가 하락해야 그 비율만큼 수익률이 발생한다.

현재, 국내 주식시장에서는 나스닥지수를 추종하는 투자종목만이 많은 거래량을 보이면서 활발하게 매매되고 있다. 따라서, 나스닥100지수를 따라 움직이는 종목들의 주가 그래프와 수익률을 〈도표 2-31〉, 〈도표 2-32〉, 〈도표 2-33〉, 〈도표 2-34〉에 첨부하니 투자에 참고하기 바란다.

<도표 2-31> KODEX 미국 나스닥100 선물(H) (상장코드 : 304940)

연월	기간	주가(원)	등락률
2018년 8월	최초 상장	9,380 (시초가)	
2018년 12월	4개월	7,620 (저점)	(-) 19
2021년 11월	35개월	21,115 (고점)	(+) 177%
2022년 12월	13개월	13,300 (저점)	(-) 37%
2023년 4월	4개월	16,165 (현재)	(+) 22%

<도표 2-32> KODEX 미국 나스닥100 레버리지(합성 H) (상장코드 : 409820)

출처 · 네이버 증권

연월	기간	주가(원)	등락률
2021년 12월	최초 상장	10,235 (고점)	
2022년 3월	3개월	6,740 (저점)	(-) 34%
2022년 4월	1개월	8,080 (고점)	(+) 20%
2022년 6월	2개월	4,400 (저점)	(-) 46%
2022년 8월	2개월	6,210 (고점)	(+) 41%
2022년 12월	4개월	3,735 (저점)	(-) 40%
2023년 4월	4개월	5,430 (현재)	(+) 45%

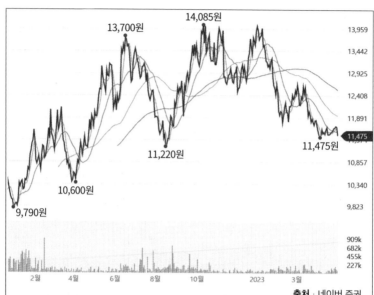

<도표 2-33> KODEX 미국 나스닥100 선물 인버스(H) (상장코드 : 409810)

출처 · 네이버 증권

연월	기간	주가(원)	등락률
2021년 11월	최초 상장	10,300 (고점)	
2022년 12월	1개월	9,790 (저점)	(-) 5%
2022년 3월	3개월	11,870 (고점)	(+) 21%
2022년 4월	1개월	10,600 (저점)	(-) 11%
2022년 6월	2개월	13,700 (고점)	(+) 29%
2022년 8월	2개월	11,220 (저점)	(-) 18%
2022년 10월	2개월	14,085 (고점)	(+) 26%
2022년 12월	2개월	12,600 (저점)	(-) 11%
2023년 1월	1개월	14,000 (고점)	(+) 11%
2023년 4월	3개월	11,475 (저점)	(-) 18%

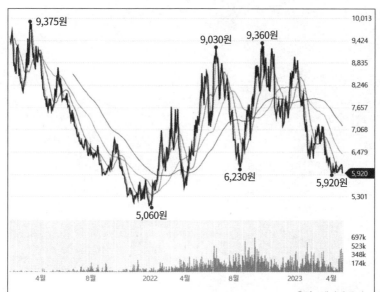

＜도표 2-34＞ 삼성 인버스 2X 나스닥100(H) (상장코드 : 530071)

출처 · 네이버 증권

연월	기간	주가(원)	등락률
2020년 12월	최초 상장	9,375 (고점)	
2021년 2월	2개월	8,100 (저점)	(-) 14%
2021년 3월	1개월	10,105 (고점)	(+) 25%
2021년 12월	10개월	5,060 (저점)	(-) 50%
2022년 2월	2개월	7,670 (고점)	(+) 52%
2022년 3월	1개월	5,540 (저점)	(-) 28%
2022년 6월	3개월	9,030 (고점)	(+) 63%
2022년 8월	2개월	6,230 (저점)	(-) 31%
2022년 10월	2개월	9,360 (고점)	(+) 50%
2022년 12월	2개월	7,200 (저점)	(-) 23%
2023년 1월	1개월	8,800 (고점)	(+) 22%
2023년 4월	3개월	5,920 (저점)	(-) 33%

금리가 인상되면, 주가는 하락하고, 환율은 상승한다.

제 3 장

환율을 움직이는
일반 원칙

외환과 환율

내국환

환율^{foreign exchange rate}이란 '국가 간에 무역이나 금융거래 등을 하면서 서로 주고받는 외환에 적용되는 환산비율'을 말한다.

만약 원화의 미국 1달러당 환율이 1,300원이라면, 미국 돈 1달러를 사기 위해 우리나라 원화 1,300원이 필요하다는 것이다. 이를 정리하면, 환율이란 우리나라 통화를 다른 나라의 통화로 맞바꾸는 교환비율이면서, 더 나아가 우리나라 돈이 다른 나라의 돈에 비해 얼마큼의 가치가 나가는지를 표시하는 기준이다.

환율은 내국환이 아닌 외국환^{foreign currency} 거래에만 적용된다. 국내에서 돈을 주고받을 때는 환율이 개입할 여지가 없다. 예를 들어, 지방에 사는 학부모가 서울에 공부하러 간 자녀에게 학비나 생활비를 보낼 때는 국내 전 지역에서 통용되는 원화를 그대로 송금하면 된다. 또한, 미국 뉴욕에 거주하는 사람이 로스앤젤레스에 돈을 보낼 때도 그 나라 화폐인 미국 달러를 송금하면 된다. 이처럼 '내국환 內國換, domestic currency'이란 한 나라의 국내에서 통용되는 돈을 말한다.

외국환(외환)

한국의 학부모가 미국에 유학 간 자녀에게 학비나 생활비를 보내려면 한국 원화를 미국 달러로 바꿔서 송금해야 한다. 왜냐하면, 한국과 미국에서 사용되는 돈이 다르기 때문이다. 이처럼, 나라와 통화가 달라지는 상황에서 주고받는 돈을 '외국환外國換' 또는 줄여서 '외환外換'이라고 한다. 외환거래를 할 때는 필수적으로 환율이 개입될 수밖에 없다.

만약 전 세계 모든 국가가 동일한 화폐를 사용한다고 가정하면, 환율을 전혀 고려할 필요가 없다. 왜냐하면, 한국과 미국 모두 같은 화폐를 사용한다면 내국환처럼 그냥 주고받으면 되기 때문이다.

유럽의 수많은 국가가 모여 유로화라는 단일 화폐를 만든 이유 역시 국가 간에 거래하면서 환율이 적용되어야만 하는 불편함을 없애기 위해서이다.

외화와 외환의 차이점

환율을 공부하다 보면 '외화'와 '외환'이라는 용어가 마구 뒤섞어 사용되기도 한다. 원래, 외화外貨, foreign currencies란 외국 정부가 발행하여 통용되는 화폐나 동전을 말한다. 예를 들어 미국 정부가 발행한 1달러, 10달러, 100달러 등의 지폐와 일본 정부가 발행한 1,000엔과 5,000엔 그리고 10,000엔 등이 외화에 해당된다.

반면에, 외환外換, F/X, Foreign Exchange이란 외화뿐만 아니라 외화로 받을 수 있는 모든 권리까지 포함되는 광범위한 개념이다. 일례로 은행에 외화로 예치한 예금, 국내 기업이 수출하고 외국 업체로부터 받은 수출채권, 외국에 돈을 빌려주고 미래에 상환받을 금전채권 그리고 외국 기업이 발행한 주식이나 채권에 투자한 금액까지 모두 총괄하여 외환이라 칭한다.

이를 정리하면 외화는 외국 정부가 발행한 실물 지폐와 동전만을 뜻한다. 반면에, 외환은 외화로 받을 수 있는 예금, 받을 돈인 채권債權 그리고 유가증권인 주식이나 채권債券 등의 모든 권리까지 포함되는 광범위한 개념을 말한다.

자국통화표시환율(직접표시환율)

국제외환시장에서 환율을 표시하는 방법과 관련하여 세계적인 통신사인 '블룸버그'의 환율시세표를 살펴보자. 〈도표 3-1〉을 살펴보면 미국 달러에 대한 원화 환율은 맨 마지막에 다음과 같이 표시하고 있다.

USD-KRW = 1,317.2100원 = 원/달러

위의 식에서 USD는 미국 달러인 United States Dollar의 약자이고, KRW는 한국 원화인 KoRean Won의 줄임말이다. 이 시점에 국제외환시장에서 미국 1달러는 한국 돈 1,317.21원으로 거래된다는 뜻이다.

이처럼, 외국 화폐 1단위를 기준으로 삼아 국내의 화폐가치를 환

<도표 3-1> 국제외환시장의 환율시세표

CURRENCY	VALUE	CHANGE	NET CHANGE
EUR-USD	1.0885	0.0026	+0.24%
USD-JPY	133.3500	-0.2600	-0.19%
GBP-USD	1.2409	0.0027	+0.22%
AUD-USD	0.6672	0.0031	+0.47%
USD-CAD	1.3492	-0.0017	-0.13%
USD-CHF	0.9080	-0.0016	-0.18%
EUR-JPY	145.1400	0.0300	+0.02%
EUR-GBP	0.8772	0.0001	+0.01%
USD-HKD	7.8498	0.0000	0.00%
EUR-CHF	0.9884	0.0006	+0.06%
USD-KRW	1,317.2100	-2,3100	-0.18%

출처 · 블룸버그 통신(2023년 4월)

율로 표시하는 방법을 '자국통화표시환율' 또는 '직접표시환율'이라 부른다. 즉, 외국 화폐 1단위를 살 때 지급하거나 또는 팔 때 받게 되는 국내 화폐 금액을 표시하는 방법이다.

아시아지역의 통화인 일본 엔화와 홍콩 달러 역시 국제외환시장에서 다음과 같이 표시하고 있다.

USD-JPY = 133.3500엔 = 엔/달러

USD-HKD = 7.8498홍콩달러 = 홍콩달러/달러

이러한 환율표시와 관련해 USD-JPY에서 일본의 엔화는 JaPanese Yen의 약자이고, USD-HKD에서 홍콩달러는 HongKong Dollar의 줄임말이다. 국제외환시장에서 아시아지역 통화인 원화(한국), 엔화(일본), 홍콩달러(중국) 등은 미국 달러 1단위를 기준으로 각 나라의 환율을 표시하고 있다.

이런 환율표시에 근거하여 일본 엔화에 대한 한국 원화 환율인 원/엔 환율은 〈도표 3-2〉와 같이 원/달러 환율을 엔/달러 환율로 나누어 계산한다. 그리고 홍콩달러에 대한 한국 원화 환율인 원/홍콩달러 환율 역시 원/달러 환율을 홍콩달러/달러 환율로 나누어 계산한다.

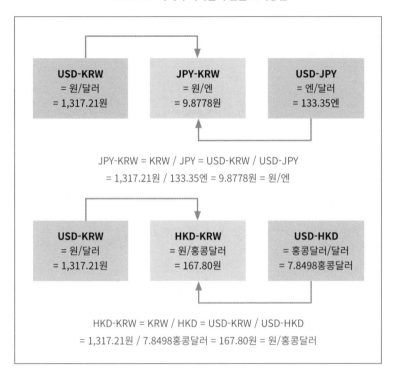

<도표 3-2> 아시아 국가들의 환율 표시방법

USD-KRW	JPY-KRW	USD-JPY
= 원/달러	= 원/엔	= 엔/달러
= 1,317.21원	= 9.8778원	= 133.35엔

JPY-KRW = KRW / JPY = USD-KRW / USD-JPY

= 1,317.21원 / 133.35엔 = 9.8778원 = 원/엔

USD-KRW	HKD-KRW	USD-HKD
= 원/달러	= 원/홍콩달러	= 홍콩달러/달러
= 1,317.21원	= 167.80원	= 7.8498홍콩달러

HKD-KRW = KRW / HKD = USD-KRW / USD-HKD

= 1,317.21원 / 7.8498홍콩달러 = 167.80원 = 원/홍콩달러

외국통화표시환율(간접표시환율)

과거 서양사를 읽다 보면 기독교가 그 역사에 미친 영향을 곳곳에서 볼 수 있다. 예를 들어, 연도를 표시할 때 사용되는 B.C.^{Before Christ}는 그리스도가 태어나기 이전의 시대라는 뜻이다. 이어서, 그리스도가 태어난 해를 의미하는 라틴어 A.D.^{Anno Domini}를 기준으로 새로운 역사가 시작한 것으로 간주한다.

이와 유사하게, 국제외환시장에서도 미국의 달러보다 근본적으로 먼저 태어난 유럽의 유로와 영국의 파운드에 대한 환율을 다음과 같이 표시한다.

EUR-USD = 1.0885달러 = 달러/유로

GBP-USD = 1.2409달러 = 달러/파운드

여기서 EUR은 유럽에서 통용되는 화폐인 EURo를, 영국의 화폐인 GBP는 대영제국의 영문 이름인 Great Britain Pound의 줄임말이다.

앞에서 본 바와 같이 아시아지역에 있는 나라들에 적용되는 환율의 표시 방식은 미국 달러를 기준으로 각 나라의 돈의 가치가 얼마큼인지 표시하는 '자국통화표시환율'에 따른다. 이러한 미국 1달러에 대한 외국통화의 교환비율을 표시하는 방법을 European Terms이라고 한다.

반면에, 유럽 국가들에 적용되는 환율의 표시 방식은 해당 국가의 통화를 기준으로 삼아 미국 달러의 가치를 표시한다. 이러한 외국통화 1단위에 대한 미국 달러의 교환비율을 표시하는 방법을 American Terms이라 부른다.

만약, 원/달러 환율인 1,317.21원을 American Terms 방식에 따라 달러/1,000원 환율로 바꾸면 해당 환율의 역수에 1,000을 곱한 0.7592달러로 계산된다. 우리나라 통화 1단위(또는 1,000단위)를 기준

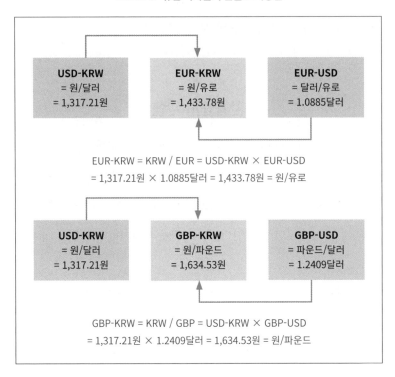

<도표 3-3> 유럽 국가들의 환율 표시방법

USD-KRW
= 원/달러
= 1,317.21원

EUR-KRW
= 원/유로
= 1,433.78원

EUR-USD
= 달러/유로
= 1.0885달러

EUR-KRW = KRW / EUR = USD-KRW × EUR-USD
= 1,317.21원 × 1.0885달러 = 1,433.78원 = 원/유로

USD-KRW
= 원/달러
= 1,317.21원

GBP-KRW
= 원/파운드
= 1,634.53원

GBP-USD
= 파운드/달러
= 1.2409달러

GBP-KRW = KRW / GBP = USD-KRW × GBP-USD
= 1,317.21원 × 1.2409달러 = 1,634.53원 = 원/파운드

으로 하여 외국통화의 가치를 환율로 표시하는 방법을 '외국통화표시환율' 또는 '간접표시환율'이라고 한다.

현재, 국제외환시장에서는 미국 1달러를 기준으로 해당 국가의 환율을 표시하는 방법이 가장 빈번하게 사용된다. 다만, 유럽의 유로와 영국 및 영연방국가(호주·뉴질랜드·남아공 등)들의 통화는 해당 국가의 통화를 기준으로 미국 달러의 환율을 표시하는 방법에 따른다.

그렇다 보니, 유로화에 대한 한국 원화 환율인 원/유로 환율은 원/달러 환율에 달러/유로 환율을 곱해 계산한다. 이와 유사하게,

영국 파운드에 대한 한국 원화 환율인 원/파운드 환율도 원/달러 환율에 달러/파운드 환율을 곱해 계산한다.

환율표시 관행

국제외환시장에는 환율을 표시하는 일반적인 관행이 있다.

우선, 한 나라의 환율을 표시할 때 10단위 미만이라면 소수점 이하 넷째 자리까지만 표시한다. 반면에 10단위 이상이면 소수점 이하 둘째 자리까지만 표시한다. 특히 환율의 소수점 이하 맨 마지막 자릿수를 point[pip]라고 한다.

이러한 관행에 따라 가령 원/달러 환율이 국제외환시장에서 1,317.2115원으로 결정되더라도 이는 10단위 이상에 해당하기 때문에 소수점 이하 둘째 자리까지인 USD-KRW = 1,317.21원으로 표시한다.

그리고 홍콩달러/달러 환율이 7.8499홍콩달러로 결정되면 이는 10단위 미만에 해당하기에 소수점 이하 넷째 자리까지인 USD-HKD = 7.8499홍콩달러라고 표시한다.

국제외환시장의 통화 약칭

과거 국제외환시장이 개설된 초기에 스위스에서 사용되는 프랑은 영문으로 SFr이라 표시했다. 스위스의 첫 글자인 S와 프랑의 줄임말

\<도표 3-4\> 세계 각국의 통화 약칭

지역	국가	통화	영문약칭
아시아지역	한국	원	KRW
	일본	엔	JPY
	중국	위안	CNY
	대만	타이완 달러	TWD
	홍콩	홍콩 달러	HKD
	태국	바트	THB
	싱가포르	싱가포르 달러	SGD
	인도네시아	루피아	IDR
	필리핀	페소	PHP
	말레이시아	링기트	MYR
미주지역	미국	미국 달러	USD
	캐나다	캐나다 달러	CAD
	멕시코	페소	MXN
	브라질	레알	BRL
유럽지역	유럽연합	유로	EUR
	영국	파운드	GBP
	스위스	프랑	CHF
	스웨덴	크로나	SEK
	노르웨이	크로네	NOK
오세아니아지역	호주	호주 달러	AUD
	뉴질랜드	뉴질랜드 달러	NZD
중동지역	사우디	리얄	SAR
	UAE	디히람	AED
	쿠웨이트	디나르	KWD
	바레인	디나르	BHD
	이집트	이집트 파운드	EGP
	이스라엘	세켈	ILS

인 Fr을 합한 글자이다. 하지만, 요즈음에는 영문으로 CHF라고 표시하는데, 스위스를 라틴어로 줄인 CH와 프랑의 대문자인 F를 합한 글자이다. 이와 같이 스위스 프랑의 영문 표기가 변경된 이유는 국제외환시장에서 사용되는 통화의 약칭을 국제표준화기구ISO에서 영문 세 자리로 통일시켜 표준화시켰기 때문이다. 다만, 아직도 일부 거래에서는 SFr과 CHF를 혼용하여 함께 사용하기도 한다.

국제외환시장에서 중국의 위안은 CNY로 표시하는데 이는 ChiNese Yuan의 줄임말이다. 다만, 중국의 일부 금융회사들이 내부적으로 인민폐(런민비)의 약자인 RMBRenMinBi를 혼용하여 사용하기도 한다.

국제외환시장에서 통화의 약칭은 영문 세 자리를 사용하는데 앞의 두 자리는 국가 명이고 뒤의 한 자리는 그 나라 통화의 약칭을 뜻한다. 주요 국가의 통화 약칭을 살펴보면 〈도표 3-4〉와 같다.

국내 외환시장에서의 표시방법

국제외환시장에서 달러에 대한 원화 환율은 USD-KRW로 표시한다. 이러한 국제적인 표시방법에 따라, 국내에서도 '달러-원'으로 표시해야 한다.

그러나 우리나라의 통화 당국인 한국은행이 발표하는 공식문서를 살펴보면, 대부분 환율을 '원/달러'로 표시하고 있다. 이는 수학 공식에서 분자에 해당하는 원화와 분모에 해당하는 달러를 나누어 표시하는 방법에 따른 것으로 추정한다.

반면에, 우리나라의 공식적인 외환시장 역할을 담당하고 있는 서울외국환중개(주)의 웹사이트를 보면 원/달러 환율을 'USD/KRW'로 표시하고 있다.

현재, 우리나라 정부와 대다수의 외환 전문가 및 언론에서는 환율을 '원/달러'로 표시한다. 과거 환율의 표시방법이 국내에 처음 도입되면서 관습적으로 '원/달러'로 표시했기 때문으로 보인다. 하지만, 최근 일부 전문가들이 책이나 언론에서 국제표시방법에 따라 환율을 '달러/원'이나 또는 '원-달러' 등으로 표시해야 한다면서 도리어 혼란만 부추기고 있다.

원래, 사회에서 어떤 표현이 장기간에 걸쳐 사용되어 관습적으로 굳어지면 개인이 이를 바꾼 기는 상당히 힘들다. 따라서, 이 책에서는 국제적인 환율의 표시방법인 'USD-KRW'를 국내에서 일반적으로 통용되는 '원/달러'라고 표현하는 방식에 따르고자 한다.

환율변동과
환리스크

환율인상(절하)

우선, 외환시장에서 환율이 변동되면 어떤 영향이 있는지 살펴보자.

환율은 외환시장에서 매일 외환이 거래되면서 시시각각으로 변동한다. 외환시장에서 원/달러 환율이 1,000원에서 1,100원으로 오르면 환율이 '인상'되었다고 한다.

원칙적으로 원/달러 환율이 1,000원이라는 의미는 미국 1달러를 갖고 은행에 가면 한국 돈 1,000원으로 바꿔준다는 것이고, 또한 미국 1달러를 사려면 한국 돈 1,000원이 필요하다는 뜻이다.

만약, 원/달러 환율이 1,000원에서 1,100원으로 인상되면 1달러를 사기 위해 한국 돈 1,100원이 있어야 하므로 인상된 금액인 100원만큼의 원화가 추가로 필요하다. 이를 달리 표현하면 한국 원화의 가치가 미국 달러의 가치에 비교해 하락했다는 뜻으로 '절하切下'라고 표현한다. 또한, 원/달러 환율이 인상되어 원화의 가치가 떨어졌다는 의미로 '원화의 약세弱勢'라고도 하고, 원화의 가치가 그만큼 하락했다는 뜻으로 '원저低'라고도 한다.

환율인하(절상)

위와는 반대로, 원/달러 환율이 1,000에서 900원으로 내리면 환율이 '인하引下'되었다고 한다. 만약, 원/달러 환율이 인하되면 1달러를 사기 위해 한국 돈 900원만 있으면 되므로 인하된 금액인 100원만큼의 원화가 줄어든다. 이를 달리 표현하면 한국 원화의 가치가 미국 달러의 가치에 비해 상승했다는 의미로 '절상切上'이라고 한다. 또한, 원/달러 환율이 인하되어 원화의 가치가 올라갔다는 의미로 '원화의 강세强勢'라고도 하고, 원화의 가치가 상승했다는 뜻으로 '원고高'라고도 한다.

절하와 평가절하의 차이점

신문을 읽다 보면 간혹 절하 또는 절상이라는 말과 평가절하 또는 평가절상이라는 용어가 뒤섞여 사용된다.

국내 외환시장에서 원/달러 환율이 1,000원에서 1,100원으로 상승하면 달러에 비교해 원화 가치가 떨어졌기 때문에 절하切下라고 표현한다. 반면에, 원/달러 환율이 1,000원에서 900원으로 하락하면 달러에 비교해 원화 가치가 높아졌기 때문에 절상切上이라고 표현한다.

한 나라가 변동환율제도를 채택하면 외환시장에서 외환거래에 따라 환율이 시시각각으로 변동되기 때문에 환율이 상승하면 '절하' 그리고 환율이 하락하면 '절상'이라고 표현한다.

반면에, 외환시장에서의 환율의 변동이 아닌 정부가 고시하는 환율만을 인정하는 고정환율제도를 채택하는 상황에서 정부가 환율을 인상하면 '평가절하平價切下' 그리고 환율을 인하하면 '평가절상平價切上'이라고 표현한다.

<도표 3-5> 환율 변동의 표현 방법

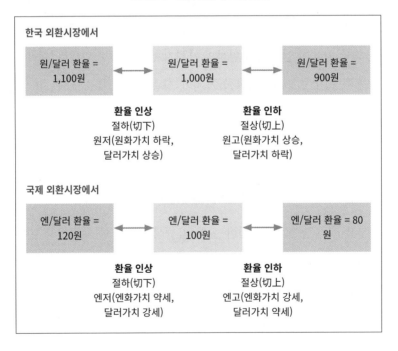

엔고와 엔저

환율과 관련하여 엔고高 또는 엔저低라는 용어 역시 자주 사용된다.

과거, 엔/달러 환율의 변동 추세를 살펴보면 가장 낮은 수준이 80엔까지 하락하였고, 가장 높은 수준이 120엔까지 상승했다.

만약, 엔/달러의 적정 환율이 100엔이라면 1달러를 환전하는데 100엔이 필요하다. 그런데 엔/달러 환율이 80엔까지 하락하면 1달러를 환전하는데 80엔이면 충분하므로 엔화의 가치가 미국 달러에 비교해 매우 높다는 의미로 엔고高라고 표현한다.

반면에, 엔/달러 환율이 120엔으로 상승하면 1달러를 환전하는데 120엔이 필요하므로, 엔화의 가치가 미국 달러에 비교해 매우 낮다는 의미로 이를 엔저低라고 표현한다.

엔화 대출로 도산한 사례

과거, 국내기업들이 은행에서 원화 대출을 받을 때보다 외화대출을 받으면 아주 낮은 수준의 이자율이 적용된 적이 있었다. 외화대출의 이자율이 낮은 이유는 미국과 일본 등의 금리가 국내 금리 수준보다 낮았기 때문이었다. 하지만, 국내기업들이 금리가 낮다는 이유만으로 외화대출을 받은 후 환율의 급격한 상승으로 인해 큰 곤욕을 치르는 경우가 많았다.

이와 관련하여 2008년 세계적인 금융위기가 발생하기 직전에 국

<도표 3-6> 원/100엔 환율의 변동 추이

출처 · 한국은행 경제통계시스템

구분	2000.1	2007.7	2009.2	2010.4	2011.10	2015.6	2020.5	2023.2
환율	1,074	755	1,546	1,195	1,508	900	1,146	956

2000년에 접어들면서 원/100엔 환율은 1,000원대 수준에서 소폭의 등락을 거듭한다. 그러다가 금융위기 직전인 2007년에 저금리의 엔화 자금이 국내에 들어오면서 원/100엔 환율은 대략 755원대 수준까지 폭락한다. 그러나 2008년 전 세계적으로 금융위기를 겪으면서 저점의 2배 수준인 1,546원까지 폭등한 상태에서, 2014년까지 재차 1,000원까지 폭락한다. 그 이후 900원과 1,100원 사이의 박스권에서 등락을 거듭하고 있다.

내 중소기업과 개인사업자들이 거액의 엔화 대출을 받아 사용하다가 상환 시점인 2011년에 원/엔 환율이 폭등하여 도산한 경우가 많았다. 이와 관련하여 다음의 사례를 살펴보자.

안산공단에 소재하는 A기업은 은행의 권유에 따라 2006년에 1%의 금리로 10억 엔의 외화대출을 받아 제2공장을 건설하는 데 사용했다. 그 당시 일본의 저리자금이 국내 금융시장에 물밀 듯이 들어와 원/100엔 환율이 지속해서 하락하여 800원대 수준까지 하락했다.

만약, 상환 시점에 원/100엔 환율이 변동하지 않고 그대로 800원 대 수준을 기록한다면, 그 당시 원화대출 이자율 10%에 비해 엔화 대출 이자율 1%는 상당히 낮은 매력적인 금리조건이었다. 도리어 상환 시점에 원/100엔 환율이 계속 하락하여 700원이 된다면, 회사 는 갚아야 할 원리금이 도리어 줄어들면서 대출이자율이 마이너스 를 기록할 수도 있었다.

하지만, 불행스럽게도 2008년 발생한 금융위기에 따라 원/100엔 환율은 1,500원대 수준까지 폭등했다. 이에 따라, A기업이 갚아야만 하는 원리금은 급격하게 늘어나 실효 이자율이 무려 89.4%나 되었 다. 그 결과, A기업은 엔화 대출에 대한 원리금 상환 부담으로 인해 법정관리를 신청하게 되었다.

<도표 3-7> 엔화 대출의 차입과 상환

항목	차입 시점	환율 하락	환율 상승
엔화대출	10억엔	10억엔	10억엔
원리금	10.1억엔	10.1억엔	10.1억엔
원/100엔 환율	800원	700원	1,500원
원화 환산액	80.8억원	70.7억원	151.5억원
실질 이자율	1%	- 11.6%	89.4%

A기업이 원/100엔 환율이 800원일 때 엔화 10억엔을 1% 금리로 조달한 후 원/100엔 환율이 700 원으로 하락하면 실효이자율은 (-)11.6%가 되지만, 원/엔 환율이 1,500원으로 상승하면 실효이자율 은 무려 (+)89.4%로 폭등한다.

은행이 원화대출에 비해 외화대출에 적용되는 금리가 낮은 이유 는 국제 금융시장에서 싼 금리로 외환을 빌려오기 때문이다. 반대로, 국제 금융시장에서 조달한 금리가 높아질수록 외화대출에 대한 금리가 올라갈 수밖에 없다. 특히 국내 은행은 자신이 부담해야 할 환차손익을 외화대출을 받는 기업에 전가하는 경향이 많다. 따라서, 기업이 부담하는 외화대출의 실효 이자율은 계약서에 적힌 표면 이자율이 아니라, 여기에 부대비용과 환차손익까지 고려하여 산정할 필요가 있다.

외환시장

외환시장

보통, 시장이라고 하면 상품이 진열되어 상인과 고객이 서로 흥정하면서 가격이 결정되는 남대문시장과 같은 구체적인 장소를 많이 떠올린다. 또한, 주식시장이라고 하면 주식이 매매되는 여의도에 있는 증권거래소와 같은 건물을 생각할 수도 있다.

외환시장은 상품이 거래되는 실물시장 또는 주식이나 채권이 거래되는 증권시장과 같이 집중된 하나의 시설에서 이루어지는 시장이 아니다. 다시 말해, 외환시장은 외환을 사려는 사람과 외환을 팔려는 사람 간에 실제 외환의 거래가 이루어지는 활동 그 자체를 말한다.

개인이나 기업이 은행이나 환전상에게 원화를 주고 외화를 환전하는 것도 외환시장에 해당된다. 특히, 개인이 암시장에서 암달러 상인에게 원화를 주고 외화를 사는 것도 비록 우리나라 외환 관련 법률을 위반하는 행위이지만 넓게 보면 외환시장에 속한다.

도매시장과 소매시장

시장은 판매방식에 따라 크게 도매시장과 소매시장으로 구분된다. 도매시장에서는 도매업자가 생산업체로부터 트럭이나 박스 등의 큰 단위로 물량을 매매하는 방식을 따른다. 반면에 소매시장에서는 도매업자로부터 받은 물량을 낱개 단위로 풀어서 소량으로 고객에게 판매하는 방식으로 거래된다.

원래, 도매시장에서는 많은 물량이 거래되기 때문에 거래 당사자의 협상으로 가격이 결정된다. 반면에, 소매시장은 소량이 빈번하게 거래되면서 도매가격보다 높은 소매가격에 따라 거래된다. 다시 말해 소매시장에서 고객은 상인이 정한 가격을 받아들이는 방식으로 거래가 이루어진다.

우리나라의 외환시장은 위에서 설명한 상품시장과 비슷하게 소매시장과 도매시장으로 구분된다. 외환시장 중 소매시장은 은행이 개인이나 기업 등 고객들에게 외환을 팔거나 사는 '대고객 외환시장'을 말한다. 반면에 도매시장은 은행과 은행끼리 외환을 매매하는 '은행간 외환시장'을 말한다.

대고객 외환시장(소매시장)

은행과 고객 간의 외환거래가 이루어지는 '대고객 외환시장'은 넓은 의미의 외환시장으로 은행이 고객에게 외환을 매매하는 활동 그 자체를 말한다.

은행과 고객 간의 외환거래는 어떤 경우에 발생할까?

개인이 외국에 여행을 가거나 또는 외국에 거주하는 자녀에게 생활비를 송금하기 위해서는 그 나라의 외환이 필요하다. 또한, 외국에서 상품을 수입하면 그 대금을 결제하기 위해 외환을 매입해야 한다. 그리고 기업이 해외에 공장을 건설하거나 자회사를 설립하기 위해 해당 국가의 외환이 필요하다. 이럴 때 고객은 은행에서 외환을 매입하게 된다.

반면에, 외국인이 한국에 들어와 여행하려면 외화를 팔고 원화를 사야만 한다. 또한, 기업이 외국에 수출하고 받은 외환을 국내에서 사용하기 위해서는 원화로 바꿔야만 한다. 그리고 외국인 투자자가 한국의 주식을 매입하기 위해서는 외환을 팔고 원화로 바꿔야만 한다.

위에서처럼, 개인과 기업뿐만 아니라 외국인들도 국내에서 은행을 통해 외환을 매매한다. 이처럼, 은행과 고객 간의 외환거래가 이루어지는 것을 '대고객 외환시장(소매시장)'이라고 한다. 이런 외환시장에서는 은행이 고시한 환율에 따라 비교적 소액의 외환이 수없이 많은 건수를 기록하면서 빈번하게 거래된다.

은행간 외환시장(도매시장)

원래, 은행과 고객 간에 이루어지는 외환거래는 대부분 본점이 아닌 수많은 지점에서 이루어진다. 일례로, 은행 지점에서 개인 고객에게 외화 현찰을 사거나 팔고, 기업 고객으로부터 수출해서 받은 외환을 사거나 수입으로 지급할 외환을 팔게 된다.

우리나라 속담에 '티끌 모아 태산'이라는 말이 있듯이, 수많은 지역에 흩어져 있는 은행 지점에서 이루어지는 소액의 외환거래를 본점에서 모두 모으면 그 금액이 거액으로 집계된다.

은행이 고객과 외환거래를 하다 보면 은행이 내부적으로 정한 적정 수준 이상의 많은 외환을 보유하거나 또는 적정 수준보다 외환이 부족한 상황이 발생한다. 이에 따라, 은행은 은행끼리 이루어지는 외환시장에서 부족한 외환을 매입하여 보충하거나 반대로 적정 수준을 초과한 외환을 매도하여 줄일 필요가 있다.

특히, 국내 외환시장에서 거래되는 외환의 수량이 부족하면 외국 금융기관으로부터 외환을 빌려서 조달할 수도 있다. 그리고 국내 은행이 외국 금융기관으로부터 빌린 외환을 매입하여 만기일에 상환하게 된다.

대고객 외환시장에서는 은행이 결정한 환율에 따라 고객과 외환거래가 이루어진다. 반면에, 은행들 간에 이루어지는 외환시장에서는 외환을 매도하려는 은행과 매입하려는 은행 간의 협상에 따라 환율이 결정된다. 다시 말해, 외환을 팔려는 은행은 비싼 가격에 팔려

〈도표 3-8〉 외환시장의 거래유형

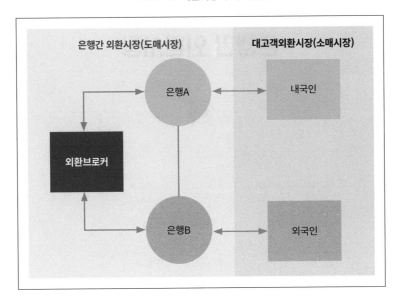

고 할 것이고 외환을 사려는 은행은 싸게 사려고 함으로써 여러 번
의 협상을 통해 서로 일치되는 가격에서 외환거래가 이루어진다.

우선, 은행간 외환시장에서 외환을 매도하려는 은행은 외국환 중
개회사인 외환브로커broker에게 매도수량과 매도가액을 제시한다.
그리고 외환을 매수하려는 은행은 브로커에게 매수수량과 매수가
액을 제시한다. 외환브로커는 수많은 주문 명세에 따라 가격이 일치
하는 수량에 맞춰 외환거래를 중개한다. 특히 은행은 브로커를 통하
지 않고, 다른 은행에 직접 전화를 걸어 매매 의사를 타진하고 협상
을 통해 외환을 거래하기도 한다.

04

은행간 외환시장

환율의 결정방식

우리나라는 1948년 정부 수립 이후부터 정부가 환율을 일방적으로 결정하여 고시하는 '고정환율제도'를 채택하고 있었다. 그러다가, 1990년 3월부터 '시장평균환율제도'를 처음 도입하되 환율의 하루 변동 폭을 상하 0.4%로 제한했다. 이어서 수차례의 개정을 거쳐 외환위기 직전인 1997년에는 환율의 하루 변동 폭을 상하 10%까지 확대했다. 하지만 1997년 외환위기를 겪은 후 국제통화기금IMF으로부터 외화자금을 지원받으면서 그들의 권고에 따라 환율의 결정방식이 '시장평균환율제도'에서 '자유변동환율제도'로 변경되고 외환시장에서 환율의 변동 폭이 완전히 삭제되었다.

원래, 자유변동환율제도에서는 사전에 정한 환율의 시세표에 따라 외환이 거래되는 것이 아니라 외환브로커가 여러 거래 은행으로부터 매수가격과 매도가격을 받아 가격이 서로 일치하는 범위에서 환율이 자유롭게 결정된다. 따라서, 은행간 외환시장에서 환율은 외환의 수요와 공급에 따라 시시각각으로 변동한다.

현재, 자유변동환율제도는 은행간 외환시장에서만 적용되고 은행과 고객 간에 이루어지는 외환거래에는 시장평균환율제도가 적용되고 있다.

은행간 외환시장

은행간 외환시장에서는 다음 두 가지 방법으로 외환거래가 이루어진다.

첫째, 은행 간 직접 전화를 걸어 외환 매매에 대한 의사를 타진한 후 협상을 통해 거래하는 직거래방식이다.

둘째, 정부가 법률에서 정한 외환 브로커를 통해 간접적으로 거래하는 위탁거래방식이다. 현재, 우리나라 정부가 인정한 공식적인 외환 브로커로는 서울외국환중개(주)와 한국자금중개(주) 등 두 곳이 있다.

서울외국환중개(주)SMBS는 자금이 부족한 금융기관과 잉여자금을 가진 금융기관의 중간에 서서 원화자금과 외화자금의 중개업무를 수행하기 위해 2000년 5월 주식회사로 설립되었다. 이 회사는 과거 외국환 중개업무를 수행한 금융결제원으로부터 관련 업무와 전문인력 그리고 제반 설비 등을 승계받아 금융기관 간에 이루어지는 외환 매매의 중개업무를 담당하고 있다.

서울외국환중개(주)는 금융기관 간에 이루어지는 원화자금의 절반 정도를 그리고 외환의 경우 전체 거래량의 약 70% 수준을 중개하고 있다. 따라서 서울외국환중개(주)는 우리나라의 공식적인 외환시장의 임무를 수행하면서 주요 통화에 대한 환율을 산출하여 고시하는 국내 유일의 외환 중개회사에 해당한다.

외환시장에서 환율이 급격하게 변동하면 경제에 심각한 부작용이 발생한다. 따라서 한국은행은 정책적으로 환율의 급격한 변동을 완화시키기 위해 정부의 대리인 자격으로 외환시장에 참여한다.

원래, 한국은행이 직접 외환시장에 개입하면 환율조작국이라는 누명을 쓰기 때문에 특정 은행에 외환의 매매주문을 간접적으로 의뢰하는 방법을 주로 활용한다. 특히, 은행이 아닌 기업도 대규모의 외환을 매수하거나 매도하는 경우 외환 브로커를 통해 외환시장에 참가할 수 있다.

외환의 매매

국내에서 공식적인 외환시장의 역할은 서울외국환중개(주)의 전산시스템Hybrid Voice / Electronic Broking System이 담당하고 있다.

국내 외환시장의 최저 거래금액은 100만 달러고, 기본 주문단위는 50만 달러로 정하고 있다. 예를 들어 은행은 100만 달러, 150만 달러, 200만 달러 하는 식으로 달러의 매도나 매수주문을 내야 한다.

은행이 외환 브로커에게 외환의 매도주문을 내면 브로커는 주문내용을 전산시스템에 입력한다. 그러면, 다른 은행이 이 매도주문내용을 보고 외환의 매입주문을 내면 전산시스템에 의해 자동으로 거래가 체결된다.

은행간 외환거래는 고객을 상대로 하는 방식과는 달리 금리를 고려하지 않는 전신환시세로 거래된다. 다시 말해, 은행과 고객과의 외환거래는 체결되는 당일에 원화와 외환을 서로 주고받는 방식이다. 하지만, 은행간 외환거래는 체결되는 당일이나 늦어도 제2영업일 이내에 전신환시세로 금융결제원을 통해 계좌이체에 따라 거래자금을 주고받는다.

은행 간 외환시장의 매매에 관해 사례를 이용해 알아보자. 일례로, 외환의 주문내용이 〈도표 3-9〉처럼 전산에 집계되었다면 은행이 확실하게 외환을 사기 위해서는 원/달러 환율 1,120원 이상으로 매수주문을 내야 한다. 한편, 은행이 외환을 확실하게 팔기 위해서는 원/달러 환율 1,115원 이하로 매도주문을 내야 한다.

만약 은행이 1억 달러를 1,125원에 매수주문을 내면 2,000만 달러는 1,120원에, 나머지 5,000만 달러는 1,125원에 매수거래가 체결된다. 나머지 3,000만 달러는 가격이 일치하지 않아 매수거래가 체

<도표 3-9> 환율의 가격대별 매수/매도 주문현황

매도주문수량(천달러)	환율호가	매수주문수량(천달러)
120,000	1,130.00	
50,000	1,125.00	
20,000	1,120.00	
	1,115.00	30,000
	1,112.00	120,000

결되지 않는다. 반면에, 은행이 1억 달러를 원/달러 환율 1,112원에 매도주문을 내면 3,000만 달러는 1,115원에, 나머지 7,000만 달러는 1,112원에 매도거래가 체결된다.

▪ᵒ▪ᵒ
매매기준율

은행간 외환거래에서는 자유변동환율제도에 따라 매도주문과 매수 주문이 일치하는 가격에서 환율이 결정된다. 그러나, 대고객 외환거 래에서는 시장평균환율제도가 적용되기 때문에 은행간 외환시장에 서 체결된 환율을 기준으로 '시장평균환율'을 계산해야 한다.

원래, 시장평균환율MAR, market average rate이란 외환 브로커를 통해 은행간 체결된 외환의 거래량과 가격을 가중평균하여 계산된 환율 을 말한다. 이처럼 계산된 시장평균환율이 다음 영업일의 매매기준 율로 고시된다. 그러면, 시장평균환율이 어떻게 계산되는지 사례를 이용하여 알아보자.

<도표 3-10> 시장평균환율의 계산사례

거래건수	거래환율(원)(A)	거래량(천달러)(B)	거래금액(천원)(A×B)
1	1,024.50	50,000	51,225,000
2	1,032.40	30,000	30,972,000
3	1,035.25	100,000	103,525,000
4	1,045.50	50,000	52,275,000
합계		230,000	237,997,000

$$시장평균환율 = \frac{총거래금액\ 237,997,000천\ 원}{총거래량\ 230,000천\ 달러} = 1,034.77원$$

만약 5월 10일 외환시장에서 <도표 3-10>과 같이 외환거래가 이루어지면, 다음 영업일인 5월 11일 원/달러의 매매기준율은 1,034.77원으로 계산된다. 이때, 매매기준율을 계산하면서 발생하는 10전 미만은 사사오입 방식으로 처리한다.

국내 외환시장은 오전 9시에 개장하여 오후 3시 30분까지 매매거래가 이루어진다. 다음날에 적용되는 매매기준율은 전날에 거래된 시장평균환율을 계산하여 당일 오전 8시 30분 서울외국환중개 전산망과 국내외 정보통신 채널 등에 고시된다.

서울외국환중개는 당일 아침에 한 번만 매매기준율을 고시한다. 은행은 고시된 매매기준율을 기준으로 자체적으로 보유하는 외환 수량과 조달비용 등을 참작하여 고객과의 외환거래에서 적용되는 매매기준율을 고시한다. 이에 따라, 은행별 매매기준율은 모든 은행이 통일되어 일치되는 방식이 아닌 은행이 처한 각자의 실정에 따라 달리 나타난다. 특히 외환시장에서 환율이 크게 변동하면 은행은 자율적으로 하루에도 수차례에 걸쳐 매매기준율을 변경하기도 한다.

원래, 휴일인 토요일과 일요일에는 외환시장이 휴장으로 영업을 하지 않는다. 이 때문에 다음 주 월요일의 매매기준율은 전주(前週) 금요일에 계산된 시장평균환율이 적용된다. 특히, 외환시장에서 거래된 금액이 전년도 일평균거래량의 50% 미만이면 전일자와 당일자의 거래실적을 합산하여 계산한 시장평균환율이 다음 영업일의 매매기준율로 고시된다.

기타 외국통화의 매매기준율

국내 외환시장에서는 미국의 달러 위주로 거래가 이루어지고 있다. 참고로, 우리나라 외환시장에서는 〈도표 3-11〉에 표시된 8가지 유형의 이종통화도 거래되지만, 그 거래량은 미미한 수준에 불과하다. 다만, 2014년 12월 1일 원/위안^{KRW/CHN} 거래시장이 개설되면서 매년 거래금액이 늘어나는 추세를 보인다.

그러면, 미국 달러 외의 다른 나라 통화의 매매기준율은 어떻게 결정되는지 알아보자. 이미 설명한 바처럼 미국 달러의 매매기준율

<도표 3-11> 국내 외환시장의 거래통화

미국 달러/일본 엔(USD/JPY)	유로/미국 달러(EUR/USD)
파운드/미국 달러(GBP/USD)	미국 달러/캐나다 달러(USD/CAD)
미국 달러/스위스 프랑(USD/CHF)	호주 달러/미국 달러(AUD/USD)
뉴질랜드 달러/미국 달러(NZD/USD)	유로/엔(EUR/JPY)

은 국내 외환시장에서 전날 결정된 시장평균환율, 일명 '시장환율'이 적용된다.

미국 달러 외의 환율은 고시일 아침 국제외환시장에서 결정된 미국 달러 대비 기타 통화 간의 거래된 환율을 기재하는데, 이를 '환산율cross rate'이라 칭한다. 예를 들어, 일본 100엔의 미국 달러 환산율이 0.9680이라는 것은 도쿄 외환시장에서 엔/달러 환율이 96.80엔에 거래된다는 의미이다.

<도표 3-12> 이종통화의 매매기준율 계산방법

통화명	매매기준율	미화 환산율(Cross rate)
USD(미국 달러)	1,116.10	1.0000
JPY(일본 100엔)	?	0.9680
EUR(유럽 유로)	?	1.1200
GBP(영국 파운드)	?	1.3280
CNY(중국 위안)	?	0.1500

재정환율 계산내역
외국통화의 재정환율 = 달러의 매매기준율 × 미화 환산율
JPY 100엔의 매매기준율 = 1,116.10 × 0.9680 = 1,080.38원
EUR의 매매기준율 = 1,116.10 × 1.1200 = 1,250.03원
GBP의 매매기준율 = 1,116.10 × 1.3280 = 1,482.18원
CNY의 매매기준율 = 1,116.10 × 0.1500 = 167.42원

통화명	매매기준율	미화 환산율(Cross rate)
USD(미국 달러)	1,116.10	1.0000
JPY(일본 100엔)	1,080.38	0.9680
EUR(유럽 유로)	1,250.03	1.1200
GBP(영국 파운드)	1,482.18	1.3280
CNY(중국 위안)	167.42	0.1500

미국 달러 외의 매매기준율은 국내 외환시장에서 형성된 원/달러 환율에 국제외환시장에서 거래된 환산율을 곱해 계산하는데 이를 '재정환율^{arbitrated rate of exchange}'이라고 부른다.

만약, 국내 외환시장에서 전 세계 모든 나라의 통화가 활발하게 거래되면 굳이 재정환율을 적용할 필요가 없겠지만 국내 외환시장의 규모가 작고 다른 나라의 통화가 거의 거래되지 않기 때문에 재정환율이라는 개념을 사용하게 된 것이다.

참고로 미국 달러화를 포함하여 이종통화 44개의 매매기준율 역시 당일 오전 8시 30분 서울외국환중개 전산망과 국내의 정보통신 채널 등에 고시된다.

국내 외환시장의 거래규모

한국은행이 발표한 '2022년 외환시장 동향자료'를 살펴보면 국내 외환시장에서는 〈도표 3-13〉에서 보듯이 하루에 약 296억 달러의 외환이 거래되고 있다.

외환시장에서 거래되는 외환상품의 유형은 현물환이 전체 거래금액의 36%인 약 100억 달러를 점한다. 이어서, 국내 은행과 외국 은행 간에 현물환과 선물환이 동시에 맞교환되는 거래방식인 '외환스왑'이 전체 외환거래 금액의 절반 수준인 152억 달러를 보인다. 반면에, 선물환과 파생상품은 전체 거래금액의 약 10% 수준을 차지한다.

참고로, 우리나라의 연간 수출금액은 대략 5,000억 달러 내외 수준인데, 이를 영업일수인 300일로 나누면 매일 17억 달러로 산정된다. 따라서 전체 외환거래 금액 296억 달러 중 약 6%만 무역 거래와 관련되고, 나머지 약 94%는 금융 거래로 인해 발생하는 것으로 추정된다. 여기서, 금융 거래란 은행이 외국 금융기관으로부터 외화대출을 받거나 이를 상환하는 거래 또는 국내외 투자자가 국내외 주식이나 채권을 매매하기 위한 외환거래 등을 말한다.

<도표 3-13> 은행간 외환거래 규모 추이

(일평균, 억달러)

외환상품	2015년	2021년	2022년
현물환	109.0	104.6	108.1
(원/달러)	85.1	85.4	90.4
(원/위안)	23.9	19.2	17.6
선물환	1.4	5.2	6.0
외환스왑	108.3	133.0	152.0
기타파생상품	17.2	25.9	30.0
합계	235.8	268.7	296.1

출처 · 한국은행

(주1) 위의 금액은 외국환 중개회사를 거치는 거래만 포함되기 때문에 은행 간 직거래 금액은 제외
(주2) 2014년 12월 1일부터 원/위안 직거래시장 개설

05

대고객 외환시장

대고객 외환시장은 은행과 고객 간의 외환거래가 이루어지는 시장으로 그 거래 유형에 따라 크게 현찰거래·수표거래·전신환거래 등으로 구분된다.

외화 현찰 매매환율

우리나라 사람이 외국으로 여행을 갈 때 원화를 해당 지역의 외화로 환전해야만 한다. 개인이 환전하기 위해 은행에 가면 전광판에 〈도표 3-14〉와 같이 주요 국가의 환율이 고시되어 있다.

환율표시 전광판에서 맨 왼쪽에 각 나라의 통화명이 그 옆에는 매매기준율이 표시되어 있다. 이어서, 현찰란은 '사실 때'와 '파실 때'로 구분되고 송금란은 '보내실 때'와 '받으실 때'로 각기 구분되어 해당되는 금액이 별도로 표시된다.

이 자료에서 원/달러의 매매기준율이 1,327.00원으로 나타난다. 이는 은행과 고객 간에 이루어지는 외환 거래의 근간이 되는 환율을 말한다. 이러한 매매기준율은 은행 간 외환시장에서 전날에 거래된 평균가격으로 은행이 외환을 사면서 부담한 평균 매입가액이 된다.

고객이 은행으로부터 외화를 현찰로 살 때 적용되는 환율을 '고객이 현찰을 사실 때의 환율'이라고 표시한다. 그리고 은행 내부적으로 고객에게 외화 현찰을 매도할 때 적용되는 환율이라는 의미로 '현찰매도율'이라고도 칭한다. 〈도표 3-14〉에서 원/달러의 현찰매도율은 1,350.22원으로 나타난다.

한편, 고객이 은행에 외화를 현찰로 팔 때 적용되는 환율을 '고객이 현찰을 팔 때의 환율'이라고 표시한다. 그리고 은행 내부적으로 고객에게 외화 현찰을 매입할 때 적용되는 환율이라는 의미로 '현

〈도표 3-14〉 주요 통화별 환율 고시

통화명	매매 기준율	현찰		송금		미화 환산율
		사실 때	파실 때	보내실 때	받으실 때	
미국 USD	1,327.00	1,350.22	1,303.78	1,340,00	1,314.00	1.000
유럽연합 EUR	1,449.22	1,478.05	1,420.39	1,463.71	1,434.73	1.092
일본 JPY (100엔)	990.78	1,008.11	973.45	1,000.48	981.08	0.747
중국 CNY	192.65	202.28	183.02	194.57	190.73	0.145
홍콩 HKD	169.05	172.38	165.72	170.74	167.36	0.127
대만 TWD	43.49	49.18	39.15	N/A	N/A	0.033
영국 GBP	1,646.94	1,679.38	1,614.50	1,663.40	1,630.48	1.241

출처 · 네이버증권(2023년 4월)

유형	매매기준율	백분율	1달러당 환전 수수료(원)
현찰매도율(현찰 살 때)	1,350.22	101.75%	23.22
여행자수표 살 때	1,342.92	101.20%	15.92
전신환매도율(송금 보낼 때)	1,340.00	100.98%	13.00
매매기준율	1,327.00	100.00%	-
전신환매입율(송금 받을 때)	1,314.00	99.02%	13.00
여행자수표 팔 때	1,311.08	98.80%	15.92
현찰매입율(현찰 팔 때)	1,303.78	98.25%	23.22

찰매입율'이라고도 한다. 〈도표 3-14〉에서 원/달러의 현찰매입율은 1,303.78원으로 표시되어 있다.

이 환율표에서 매매기준율을 기준으로 현찰매도율은 1.75%가 높은데 반해, 현찰매입율은 1.75%가 낮은 수준이다. 그 이유는 은행이 고객에게 외화를 매매할 때 별도의 수수료를 받는 것이 아니라 외화를 싸게 사서 비싸게 팔아 이익을 얻기 때문이다.

원래, 고객이 은행의 현금인출기(ATM)에서 원화를 찾으면 금액 대별로 일정한 수수료를 내야만 한다. 하지만, 은행이 고객에게 외화 현찰을 사고팔 때는 별도의 수수료를 받지 않는다. 왜냐하면, 위에서 설명한 것처럼 매매기준율에서 일정 비율(약 1.75%)을 더하거나 빼면서 적용한 차액인 환전수수료가 은행이 벌어들이는 수익에 해당하기 때문이다.

은행의 환전수수료 수익

은행이 인천국제공항에 있는 외환 점포에서 외국인 여행객으로부터 달러 현찰을 1달러당 1,303.78원에 사서, 그 즉시 한국인 여행객에게 1달러당 1,350.22에 팔면 1달러당 46.44원의 이익을 챙긴다. 매매기준율을 기준으로 대략 3.5%가 환전수수료라는 뜻이다. 만약, 이 점포에서 하루에 100만 달러의 외화 현찰이 거래된다면 1달러당 46.44원이 남아 대략 4,644만 원의 수수료수익이 발생한다.

국내 은행이 고시하는 매매기준율과 현찰매매율은 은행마다 약간씩 차이가 난다. 그 이유는 은행별로 외환을 사들이는데 들어간 원가가 각기 다르기 때문이다. 다시 말해, 외환을 싸게 산 은행은 수수료가 낮은 데 반해, 상대적으로 외환을 비싸게 사들인 은행은 수수료를 높게 정할 수밖에 없기 때문이다. 다만, 그 차이는 환율 금액과 비교하면 약간 차이가 나는 수준에 불과하다.

은행에서 환전할 때 주로 지폐 위주로 바꿔주면서 동전은 거의 취급하지 않는다. 왜냐하면, 외국 동전은 지폐와 비교하면 부피나 무게는 많이 나가면서 돈 가치는 낮아 이를 수입하는데 들어가는 비용 등을 고려하면 채산성이 떨어져 거의 수입하지 않기 때문이다.

은행은 휴가 시즌이 되면 대대적으로 환전수수료 인하 광고를 펼친다. 이때 은행이 고객에게 외화 현찰을 팔 때 환전수수료를 40% 할인한다면 이는 매매기준율 1.75%가 아닌 여기서 40%를 할인한 1.05%만 적용하겠다는 것이다. 예를 들어, 고객이 은행으로부터 여행경비 1,000달러(약 130만 원)를 외화 현찰로 매입하면 대략 23,220원의 수수료가 발생한다. 그리고 환전수수료가 40% 할인되면 대략 1만 원(정확하게 9,288원)이 절약된 13,932원으로 줄어든다.

보통 재테크 관련 책자를 읽다 보면 여러 은행의 환전수수료율을 비교하여 가장 저렴한 은행을 이용하라고 권한다. 그런데, 여행경비 1,000달러를 환전하는데 절감되는 수수료가 채 1만 원도 되지 않는다면 굳이 시간을 들여가면서 노력할 필요가 있을까 싶다.

여행자수표 매매환율

해외에서 한국인을 포함하여 아시아 여행객들이 강도나 절도의 주된 표적이 되고 있다. 아시아지역에 사는 사람들이 해외여행을 하면서 지갑에 현찰을 많이 갖고 다닌다는 소문이 퍼져있기 때문이다. 해외에서 강도나 절도로 현찰을 분실하면 이를 되찾는 것은 거의 불가능하다. 왜냐하면, 돈에는 꼬리표가 없어 그 식별이 불가능하기 때문이다.

여행자수표Traveler's Check란 여행자들이 현찰을 갖고 다니면서 발생하는 분실이나 도난의 위험을 방지하기 위해 만든 수표의 일종을 말한다. 여행자수표를 소지한 사람은 호텔에서 숙박비를 지급하거나, 매장에서 물건을 구매하면서 그 대가로 지급하면 된다. 특히 은행이나 환전소에서 여행자수표를 주고 그 나라의 현찰로 환전도 가능하다.

소지자가 여행자수표를 분실하거나 도난당하면 이를 발행한 은행에 신고하여 다시 발행받을 수 있다. 다만, 여행자수표를 재발급받기 위해서는 여행자수표의 일련번호를 알고 있어야 한다. 따라서 여행자수표를 살 때 받은 일련번호가 적힌 영수증을 보관하거나 또는 여행자수표의 일련번호를 수첩에 기록할 필요가 있다.

여행자수표에는 서명란이 두 군데 있다. 우선, 고객이 은행으로부터 여행자수표를 살 때 정해진 난에 서명해야 한다. 이어서, 여행자는 호텔이나 매장 등에서 수표를 지급하면서 나머지 서명란에 똑같은 서명을 하면 된다. 여행자가 은행에서 수표를 현금으로 교환하거나 또는 매장에서 수표를 주고 물건을 구매하면 은행이나 매장에서 사용자의 얼굴과 서명이 있는 여권의 제시를 요구한다. 왜냐하면, 수표의 서명과 여권의 서명을 대조하여 본인임을 확인하기 위해서이다. 현재, 전 세계적으로 아메리칸 익스프레스American Express나 비자VISA 등이 발행한 여행자수표가 가장 많이 사용된다.

최근 들어, 전 세계적으로 신용카드와 직불카드 등의 사용이 늘어나고 특히 해외에서 현금인출기를 활용해 해당 국가의 현찰을 손쉽게 인출할 수 있어 여행자수표의 사용은 큰 폭으로 줄어들고 있다. 특히 미국과 유럽 등에서도 수표를 현금으로 교환하지 않는 은행이 늘어나고 있고 매장에서도 수표보다는 신용카드의 사용을 요구하는 경우가 많다.

〈도표 3-15〉에서 보듯이, 고객이 은행으로부터 여행자수표를 살 때는 매매기준율에 약 1.2%의 수수료가 더해져 대략 1,342.92원으

로 나타난다. 따라서, 고객이 여행자수표를 사면 현찰보다 1달러당 7.30원의 환전수수료가 줄어든다. 만약, 고객이 1,000달러를 환전한다면 약 7,300원의 수수료를 절약할 수 있다.

고객이 해외여행을 다녀와서 사용하지 않는 여행자수표를 원화로 환전하면 매매기준율에서 1.2%의 환전수수료를 뺀 1,311.08원의 환율이 적용된다. 특히, 고객이 외국으로부터 외화수표를 받아 은행에서 원화로 환전할 때에도 동일하게 여행자수표의 환율이 적용된다.

개인이 여행자수표를 매입하면 외화 현찰을 매입할 때에 비해 환전수수료가 적게 들지만 외국에서 여행자수표를 해당 국가의 현찰로 환전할 때 별도의 수수료가 부과되기 때문에 여행자수표가 수수료 측면에서 이익을 보지 못할 가능성도 있다.

전신환 매매환율

원래, 전신환T/T, Telegraph Transfer이란 전신電信이나 텔렉스를 이용하여 은행이 외환을 주고받는 방식을 말한다. 전신환거래는 국내에서 은행을 통해 원화를 다른 사람의 계좌에 송금하거나, 또는 자신의 계좌로 송금 받는 유형인 타행환 거래와 유사한 방법으로 결제된다.

우선, 전신환매입율TTB rate, telegraphic transfer buying rate이란 은행이 고객으로부터 외환을 매입할 때 적용되는 환율로 고객이 은행에 전신환을 매도할 때의 환율을 말한다. 이를 '고객이 받으실 때 환율'이라고도 한다. 전신환매입율은 다음의 경우에 적용되고, 매매기준율에 약 0.98%의 환전수수료를 더해 계산된다.

첫째, 한국의 수출업자가 외국 업체로부터 받은 외화 수출대금을 원화로 환전하는 경우

둘째, 해외 일가친척으로부터 생활비로 송금된 외화를 원화로 환전하는 경우

셋째, 해외에서 보내온 외화 표시 송금수표나 우편환 등을 원화로 환전하는 경우

넷째, 개인이 해외 주식을 매도하고 받은 외화를 원화로 환전하는 경우

다섯째, 외국 기업이 한국 내에 자회사를 설립하기 위해 송금된 외화를 원화로 환전하는 경우

다음으로, 전신환매도율^{TTS rate, telegraphic transfer selling rate}이란 은행이 고객에게 외환을 매도할 때 적용되는 환율로 고객이 은행으로부터 전신환을 매입할 때의 환율을 말한다. 이를 '고객이 보내실 때 환율'이라고도 한다. 전신환매도율은 다음의 경우에 적용되고 매매기준율에 약 0.98%의 환전수수료를 빼서 계산된다.

첫째, 한국의 수입업자가 외국 업체에 수입대금을 지급하기 위해 원화를 외화로 환전하는 경우

둘째, 해외에 거주하는 가족에게 생활비를 송금하기 위해 원화를 외화로 환전하는 경우

셋째, 해외에서 사용한 신용카드 외화 사용금액을 원화로 결제하는 경우

넷째, 개인이 해외 주식을 매수하기 위해 원화를 외화로 환전하는 경우

다섯째, 한국 기업이 해외 자회사를 설립하면서 원화를 외화로 바꿔 송금하는 경우

코레스 계약과 코레스 뱅크

원래, 국내 은행끼리 거래되는 내국환거래는 한국은행이나 금융결제원의 전산망 등 전국적으로 통일된 결제제도를 이용한다. 그리고 은행은 거래 건별로 대금을 결제하는 것이 아니라, 일정 기간을 정해 다른 은행과 발생한 모든 거래를 집계한 후 서로 상계하여 잔액을 주고받는 대차거래를 통해 일괄 정산하는 방식을 취한다.

반면에, 외환거래에서는 국내와는 달리 전 세계적으로 통일된 결제제도가 존재하지 않는다. 따라서 대금을 주고받는 방법도 다양하며 은행 간의 자금결제도 거래 건별로 처리하는 방식에 따른다. 따라서 외환거래를 할 때 대금이 도착하지 않거나 늦게 도착하여 상호 간의 분쟁이 발생하면 이를 해결하는데 내국환에 비해 많은 시간과 노력이 요구된다.

국내 은행이 외국 은행과 외환거래가 이루어지기 위해서는 사전에 은행 간에 외환거래 계약을 체결해야만 한다. 이런 은행 간에 외환업무에 대한 거래계약을 '코레스 계약correspondent arrangement'이라고 하고, 계약이 체결된 은행을 '외국환은행' 또는 '코레스 뱅크correspondent bank'라고 한다. 다시 말해, 은행 간에 외환거래 계약이 체결됨으로써 국제적인 자금거래가 원활하게 이루어질 수 있다.

보통, 은행 간에 코레스 계약을 체결하기 위해서는 상호 간의 신뢰가 있어야만 한다. 예를 들어 은행이 대금 지급을 약속하고 이를 이행하지 못하거나 심지어 도산하면 심각한 문제가 발생하기 때문이다. 따라서 은행들은 사전에 엄격한 조사와 실사를 통해 은행의 신뢰도에 대해 확신이 서는 경우에만 코레스 계약을 체결한다.

특히, 코레스 계약에는 대상 점포, 취급업무의 종류, 거래통화의 종류, 대금의 결제방법 등이 모두 포함된다. 그리고 계약을 체결한 후 서명부, 거래조건, 수수료, 표준암호 등 거래를 위한 각종 문서를 서로 교환한다.

현재, 국내 시중은행과 지방은행은 세계 각국의 주요 은행과 코레스 계약을 체결하고 있다. 다만, 규모가 작아 외환거래를 거의 하지 않는 금융기관들은 외국 은행과 별도의 코레스 계약을 체결하지 않고, 국내 외국환은행을 통해 외환거래를 할 수밖에 없다.

06

환율 결정
국제수지

외환시장에서 환율은 어떤 요인에 의해 결정될까? 모든 시장에서의 물품 가격은 수요와 공급에 따라 결정된다. 예를 들어, 배추 농사가 흉작이면 보통 배추 가격은 올라가고, 반면에 배추 농사가 풍작으로 인해 공급이 늘어나면 당연히 배추 가격은 내려간다.

이런 실물시장과 유사하게, 금융시장에서의 주가·금리·환율 등의 가격은 단기적으로 각 시장의 수요와 공급에 따라 결정된다. 그러면, 외환시장에서는 외환의 공급과 수요가 어떻게 나타나는지 알아본다.

국제수지표

우리나라 사람이 해외로 나가려면 출입국관리소에 출국 신고를 해야 하고 해외에서 들어오면 입국 신고를 해야 한다. 이와 마찬가지로, 외국인이 우리나라에 입출국하려면 출입국관리소에 입국과 출국을 신고해야 한다. 이런 신고 자료를 이용해 우리나라 정부는 일정 시점에 해외로 출국한 후 국내에 입국하지 않은 한국인이 몇 명

<도표 3-16> 한국의 2022년 국제수지표 (단위, 백만 달러)

● 경상수지 내용

항목	수입	지출	수지차
상품수지	690,462	675,401	15,061
서비스수지	130,181	135,729	-5,548
본원소득수지	56,598	33,714	22,884
이전소득수지	10,647	13,214	-2,567
경상수지			29,830

● 자본수지 내용

항목	자산	부채	수지차
자본이전	105	29	76
비생산비금융자산	111	185	-74
자본수지			2

● 금융계정 내용

항목	자산	부채	수지차
직접투자	66,408	17,996	48,412
증권투자	45,636	20,251	25,385
파생상품투자	-	-	7,568
기타투자	3,817	18,471	-14,654
준비자산			-27,877
금융계정			38,834

출처 · 한국은행 경제통계시스템

인지 또한 한국에 입국한 후 아직 출국하지 않은 외국인이 얼마나 되는지를 파악할 수 있다.

우리나라는 외환거래와 관련하여 '외국환거래법'을 시행하고 있다. 이 법에 따라, 정부가 허가한 '외국환은행'만이 외환거래를 할 수 있다. 다시 말해, 외국환은행에서만 외화 현찰을 사고팔 수 있고 이들을 통해서만 해외에 외환을 송금하거나 송금 받을 수 있다.

국제수지표BOP, Balance of Payment란 한 나라가 외국과 거래하면서 주고받은 외환을 일정한 분류기준에 따라 집계한 보고서를 말한다. 현재, 우리나라의 외환 당국인 한국은행은 외국환은행이 일정 기간 거래한 외환거래 내용을 수시로 보고받아 그 자료를 집계하여 매월 국제수지표를 작성하여 발표하고 있다.

한국은행이 발표한 '2022년 국제수지표'를 구성하는 항목과 각각의 거래금액은 〈도표 3-16〉과 같다.

국제수지의 분류

개인이 매월 받는 월급(수입)에서 여러 지출 항목(카드 대금, 생활비, 공과금 등)을 공제한 잔액을 '경상수지經常收支'라고 한다. 이와 비슷하게, 국제수지에서 경상수지란 매월 규칙적으로 벌어들인 수입에서 지출을 차감한 잔액을 의미한다.

개인이 재산을 늘리기 위해 주식이나 부동산 등에 투자하거나 또는 은행에서 대출을 받아 집을 산 후 장기간에 걸쳐 원리금을 상환하는 항목을 '비경상수지'라고 한다. 이와 비슷하게 국제수지에서 비경상수지는 외국과의 자본거래에 따라 외환이 유출입 되면서 나타나는 '자본수지'와 외국과의 금융거래에 따른 '금융계정'으로 각각 구분된다.

결국, 국제수지표에서 외환거래는 그 유형에 따라 '경상수지'와 '자본수지' 그리고 '금융계정'으로 대분류한다. 이어서, '경상수지'는 상품수지, 서비스수지, 본원소득수지, 이전소득수지 등으로 세분류된다.

경상수지 상품수지

상품수지는 외국에 물품을 수출하여 벌어들인 외환에서 외국으로부터 원자대 등의 물품을 수입하면서 지출한 외환을 빼서 계산한다. 따라서, 상품수지는 수출이 수입보다 많으면 플러스(+)로, 수출이 수입보다 적으면 마이너스(-)로 나타난다.

수출입과 관련하여 한국은행은 상품수지를, 관세청은 무역수지를 각기 따로 작성하여 발표하고 있다. 그런데, 한국은행과 관세청에서 발표하는 수출입 금액에는 약간씩 차이가 난다. 그 이유는 각 기관이 수출입으로 인식하는 시점과 거래금액을 측정하는 방법에서 차이가 나기 때문이다.

첫째, 수출입시점과 관련하여 차이가 있다.

원래, 관세청은 세관을 통과하여 화물이 해외에 출고되는 시점에 수출로 계상하고, 세관을 통과하여 화물이 국내로 입고되는 시점에 수입으로 처리한다. 반면에, 한국은행은 세관의 통관 여부와 관계없이 수출입 화물의 소유권이 이전되는 시점에 수출입으로 계상한다.

둘째, 수출입 거래금액과 관련하여 차이가 있다.

원래, 관세청은 수출금액을 외항선에 화물을 선적하는 시점의 가액인 '본선인도가액(FOB가액)'으로, 수입금액은 화물 가액에 운임과 보험료 등의 수입 관련 비용을 모두 포함한 '수입부대비용 포함가액(CIF가액)'으로 처리하여 무역수지를 계상한다. 반면에, 한국은행은 수출입 금액을 모두 '본선인도가액(FOB가액)'을 기준으로 하여 상품수지를 계상한다.

국제적으로 거래되는 물품의 소유권이 이전되는 시점과 세관을 통과하는 시점은 대부분 일치한다. 하지만, 선박·해양구조물·항공기 등 장기간에 걸쳐 제작되어 완성된 후에야 거래처에 인도하는 물품의 경우에는 수출입금액의 차이가 발생한다.

원래, 조선회사에서의 완제품인 선박은 주문을 받고 나서 약 2년 이상에 걸쳐 건조되고, 그 대금은 수차례에 걸쳐 나눠 받는다. 예를 들어 한국의 조선회사가 외국 업체로부터 10억 달러의 선박을 주문받았는데, 그 대금은 1차연도에 계약금 1억 달러, 2차연도에 중도금 5억 달러, 3차연도에 완성되어 인도하면서 잔금 4억 달러를 받는다고 가정하자.

관세청은 조선회사가 선박을 최종 완성하여 거래업체에 인도하는 3차연도에 수주금액 10억 달러 전액을 수출로 계상한다. 반면에, 한국은행은 조선회사가 외국 거래처로부터 대금 일부를 받을 때마다 소유권이 부분적으로 이전된 것으로 보고 수출로 계상한다. 즉, 1차연도에 계약금 1억 달러, 2차연도에 중도금 5억 달러, 3차연도에 잔금 4억 달러가 수출로 처리된다.

경상수지 서비스수지

서비스수지는 운수업·여행업·보험업 등의 용역을 제공하는 국내 사업자가 외국인에게 서비스를 제공하고 대가로 받는 수입에서, 외국 사업자가 내국인에게 서비스를 제공하고 대가로 지급하는 지출을 빼서 계산한다.

서비스수지는 서비스 수입과 서비스 지출로 구분한다. 즉, 임가공서비스, 여객 및 화물 운송, 여행수지(유학연수와 일반여행 포함), 건설수지, 각종 금융 및 정보서비스, 지적재산권 사용료, 연구개발 컨설팅, 개인 문화 여가 서비스 등을 외국에 제공하면서 받은 외환은 '서비스 수입'으로, 외국으로부터 해당 서비스를 제공받아 지급한 외환은 '서비스 지출'로 처리한다.

국내 항공사인 대한항공 등이 여객이나 화물 등을 나르고 외국으로부터 외환으로 받은 운임과 국내 선박업체가 해외에 화물을 운송하면서 벌어들인 외환 등이 서비스 수입에 해당된다. 반면에, 내국인이 외국항공사나 외국 선박을 이용하는 대가로 지급하는 외환은 서비스지출로 처리한다.

내국인이 해외에 여행을 나가 사용한 외화는 서비스지출로, 외국인이 국내에서 사용한 외화는 서비스 수입으로 처리된다. 국내 학생들이 해외에 어학연수나 유학을 가면서 사용하는 외환 역시 서비스지출로 처리한다. 이에 더해, 국내 건설업체가 외국에서 건설공사를 통해 벌어들인 외환은 서비스수지 중 건설수지에 해당한다.

경상수지 본원소득수지

우리나라 국민이 해외에 근무하면서 벌어들인 급여 그리고 내국인들이 해외 주식이나 채권에 투자하여 벌어들인 이자 및 배당소득 등이 외환으로 국내에 유입되면 '본원소득수입'으로 처리한다.

반면에, 외국인이 국내에서 일하고 벌어들인 급여를 본국에 송금하면 '본원소득지출'로 계상된다. 또한, 외국인 투자자가 국내 주식에 투자하여 벌어들인 배당을 본국으로 송금하는 외환도 본원소득지출에 속한다. 이러한 본원소득수입과 본원소득지출을 본원소득수지라고 한다.

국내 상장기업이 12월 31일을 기준으로 결산을 한 후 주주총회의 의결을 통해 주주들에게 실제 배당금을 지급하는 4~5월이 되면 외국인 투자자들이 본국으로 배당금을 송금하면서 거액의 본원소득수지 적자를 기록하게 된다.

본원소득수지 중 급여 수지는 1년 이내 단기간 근무하면서 내국인이 외국에서 벌어들인 소득을 국내에 송금하는 금액에서, 외국인이 국내에서 벌어들인 소득을 해외에 송금하는 금액을 차감한 수지 차이를 말한다. 다만, 국내에 1년 이상 체류하는 외국인은 거주자(내국인)에 해당하기 때문에 그들이 본국의 친인척에게 송금하는 외환은 본원소득지출이 아닌 '이전소득지출'로 분류한다.

경상수지 이전소득수지

이전소득이란 아무런 대가 없이 유출 또는 유입되는 외환을 말한다.

해외에 장기간 근무하는 가장이 번 소득을 국내 가족에게 송금하거나 해외자선단체로부터 받는 기부금, 외국 정부로부터 무상으로 원조를 받는 외환 등이 '이전소득수입'에 해당된다.

반면에, 내국인이 해외에 거주하는 친인척 등에게 송금하는 생활비와 국내 종교단체나 자선단체 등이 해외에 보내는 기부금이나 구호물자, 우리나라 정부가 후진국의 사회개발 등을 위해 무상으로 지원하는 금액 등은 '이전소득지출'로 분류한다.

보통, 선진국들은 큰 폭의 이전소득수지 적자가 발생한다. 왜냐하면, 해외자선단체에 대한 기부금과 후진국의 사회발전을 위한 무상원조 등을 위해 많은 금액의 외환을 지출하기 때문이다.

우리나라는 과거 1960년대 광부와 간호사가 독일에 파견되어 받은 급여, 1970년대 베트남 전쟁에 참전한 군인들과 파견된 민간인들

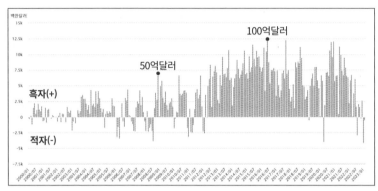

<도표 3-17> 월별 경상수지 추세

백만달러

흑자(+)

적자(-)

출처 · 한국은행 경제통계시스템

이 받은 급여, 1980년대 중동 건설 붐에 힘입어 국내 건설근로자들이 현장에서 일하면서 받은 급여를 국내에 송금하면서 이전소득수지가 큰 폭의 흑자를 기록해 그 당시 부족한 외환을 충당한 적이 있었다.

현재는 그 상황이 크게 역전되어서 국내에 체류하는 약 150만여 명의 외국인 근로자들이 받은 급여를 본국의 친인척들에게 송금하는 외환이 늘어나면서 이전소득지출은 계속 적자를 기록하고 있다.

〈도표 3-17〉에서 보듯이 우리나라는 2000년부터 2010년까지 매월 20억 달러(연간 240억 달러)에 달하는 경상수지 흑자를 기록했다. 이어서 2011년부터 2021년까지는 이전보다 4배가량 늘어난 매월 80억 달러(연간 1,000억 달러)의 경상수지 흑자를 기록했다. 하지만, 2022년 이후부터 현재(2023년 2월)까지 경상수지는 매월 20억 달러 수준의 흑자와 적자를 번갈아 기록하는 형상이다.

자본수지

국제수지 중 자본수지는 자본이전과 비금융자산거래로 구분된다.

우선, 자본이전이란 자본의 소유권이 무상으로 이전되거나 또는 채권자가 채무자에 대해 채무를 면제한 금액을 말한다. 일례로, 한국 정부가 과거 러시아나 북한에 빌려준 거액의 부채를 탕감하는 경우 해당 금액을 말한다. 다음으로, 비금융자산거래는 특허권이나 상표권 등의 무형자산을 취득하거나 처분하는 과정에서 주고받는 외환 수입과 지출을 말한다.

한국은행의 국제수지표에서 자본수지 금액은 비교적 소액이기 때문에 이 항목이 환율에 미치는 영향은 미미한 수준이다.

금융계정 직접투자수지

국제수지에서 금융계정은 외환의 유출입과 관련하여 경상수지 못지않게 환율에 큰 영향을 미치는 항목들로 구성된다.

우선, 금융계정은 직접투자, 증권투자, 파생상품투자, 기타투자 등 4가지 유형으로 분류된다.

첫째 항목인 '직접투자'는 국내 기업이 해외에 경영권을 획득하기 위해 자회사에 투자하면서 발생하는 외환거래 또는 외국 기업이 국내에 자회사를 설립하면서 주고받는 외환거래를 말한다. 예를 들어,

삼성전자가 미국에 자회사를 설립하면서 초기에 투자하는 자본금 그리고 설립 후 자회사에게 빌려주는 대출금 등은 모두 '직접투자지출'로 처리한다. 한편, 나중에 해외 자회사에 빌려준 대출금을 상환 받거나 또는 자회사를 매각하여 과거 투자한 자금을 회수하면 '직접투자수입'으로 처리한다.

반면에, 미국의 애플이 한국에 애플코리아를 설립하면서 최초에 투자한 자본금과 대출금 등은 '직접투자수입'으로 처리한다. 차후에, 애플이 국내 자회사에 빌려준 대출금을 회수하거나 또는 자회사를 매각하여 철수하면서 투자자금을 회수하면 '직접투자지출'로 처리한다.

원래, 기업의 경영권을 인수하여 지속적인 이익을 추구할 목적으로 주식을 취득하면 '직접투자수지'로 분류한다. 반면에, 매매차익을 얻기 위해 주식이나 채권에 투자하면 '증권투자수지'로 처리한다.

금융계정 증권투자수지와 파생상품투자수지

증권투자수지는 내국인 투자자가 해외 유가증권에 투자하면서 유출입 되는 항목 또는 외국인 투자자가 국내 유가증권에 투자하면서 유출입 되는 외환을 처리하는 항목이다. 반면에, 파생상품투자수지는 주가·금리·환율 등에 대한 선물이나 옵션 등 파생상품에 대한 투자와 관련하여 유출입되는 외환을 처리하는 항목이다.

내국인이 해외 유가증권에 투자를 늘리면 외환이 유출되면서 자산이 증가한다. 반면에, 내국인이 투자한 해외 유가증권을 매각하여 국내로 투자자금을 회수하면 외환이 유입되면서 자산이 감소한다.

외국인이 국내 유가증권에 투자를 늘리면 외환이 유입되면서 부채가 증가한다. 이때 외환의 공급이 늘어나면서 환율이 하락하고, 채권 투자가 늘어나면 금리가 하락하면서 채권가격이 상승하고, 주식의 수요가 늘어나면서 주가가 상승한다. 반면에, 외국인이 국내에 투자한 유가증권을 매각하여 자금을 회수하면 외환이 유출되면서 부채가 감소한다. 이때 외환의 수요가 늘어나면서 환율이 상승하고, 채권에 대한 매각이 늘어나 금리가 상승하면서 채권가격이 하락하고, 주식의 매각이 늘어나면서 주가가 하락한다.

결국, 국제수지항목 중 증권투자와 파생상품투자는 국내 금융시장의 주요 지표인 주가·금리·환율 등을 크게 요동치게 만드는 매우 중요한 항목이라 하겠다.

금융계정 기타투자수지

금융계정의 기타투자는 위에서 설명한 직접투자·간접투자·파생상품투자를 제외한 나머지의 금융거래와 관련하여 유출입 되는 외환을 처리하는 항목이다.

국내 은행이나 기업이 외국에 외환을 빌려주면 외화대출(자산)이 늘어나면서 '기타투자지출'이 증가한다. 나중에 빌려준 외화대출을 회수하면 '기타투자수입'이 늘어난다. 반면에, 국내 은행이 외국 은

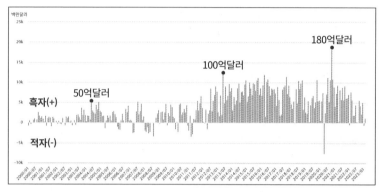

출처· 한국은행 경제통계시스템

행으로부터 빌려오는 외화차입이 늘어나면 '기타투자수입'이 증가
한다. 차후에 빌려온 외화차입을 상환하면 '기타투자지출'이 늘어난
다. 특히, 국내 기업이 외국 기업에 외상으로 수출하거나 외상으로
수입하면서 발생하는 무역 신용에 따른 외환의 유출입도 기타투자
수지에 해당된다.

국내 은행이나 기업이 외국 기업에 빌려준 외화자산이 감소하거
나, 외국으로부터 빌려온 외환이 늘어나 외화부채가 증가하면 기타
투자수지는 플러스(+)로 나타난다. 반면에, 외화자산이 증가하거나
외환부채가 감소하면 기타투자수지는 마이너스(-)로 나타난다.

〈도표 3-18〉을 참고하면 우리나라는 2000년부터 2011년까지 매
월 15억 달러(연간 180억 달러)에 달하는 금융계정 흑자를 기록했다.
이어서 2012년부터 2021년까지는 이전보다 4배가량 늘어난 매월
65억 달러(연간 800억 달러)의 흑자를 기록했다. 하지만, 2022년 이후

부터 현재(2023년 2월)까지 흑자 폭이 반으로 줄어든 매월 30억 달러를 기록하고 있다.

외환 수급과 환율에 관한 검토

지금까지 설명한 국제수지표에 표시되는 외환의 수급이 환율에 미치는 영향에 대해 요약 정리하면 〈도표 3-19〉의 4가지 상황으로 구분할 수 있다.

〈도표 3-19〉 국제수지가 환율에 미치는 영향

경상수지	금융계정	환율의 방향성
흑자(+)	흑자(+)	원/달러 환율 인하, 원화 강세
흑자(+)	적자(-)	원/달러 환율 현상 유지
적자(-)	흑자(+)	향후 외환위기 발생 가능성 있음
적자(-)	적자(-)	원/달러 환율 폭등, 원화 약세

첫째, 경상수지와 금융계정이 모두 흑자(+)를 보이면, 외환이 국내에 유입되면서 원/달러 환율은 하락한다. 즉, 외환시장에 외환이 많이 공급되면서 원화가 강세를 보이고 달러는 약세를 나타낸다.

둘째, 경상수지가 흑자(+)인데 금융계정이 적자(-)를 나타내는 상황이다. 그 이유는 수출입거래에서 벌어들인 외환이 외국인의 투자 자금이나 외국은행의 대출금 회수에 따라 외국으로 빠져나가는 상황이기 때문이다.

이런 상황에서 경상수지가 외환 유출보다 크면 원/달러 환율은 어느 정도 안정된 모습을 보이지만 경상수지보다 더 많은 외환이 유출되면 환율은 상승할 가능성이 있다.

셋째, 경상수지가 적자(-)인데 금융계정이 흑자(+)를 나타내는 상황이다. 이는 수출입거래에서 유출되는 외환을 외국인 투자나 외화 대출이 늘어나면서 유입되는 외환으로 충당하는 경우이다.

이런 상황은 마치 개인이 월급보다 많은 생활비를 지출함에 따라 은행 대출이나 카드빚이 늘어나는 것처럼 외국으로부터 돈을 빌려서 물건을 수입해 사용하는 상황이다. 이런 상황이 계속 지속한다면 향후 큰 폭의 환율 상승 가능성이 있다. 특히, 외국은행이 과거에 빌려 간 돈을 일시에 전액 갚으라고 요구하면 국가가 파산할 수밖에 없다. 우리나라는 1997년 외환위기와 2008년 금융위기가 발생하기 직전에 이런 모습을 보이면서 큰 위기를 겪은 적이 있었다.

넷째, 경상수지와 금융계정이 모두 적자(-)를 보이면서 정부의 보유 외환이 외국으로 빠져나가는 상황이다.

결국, 정부의 보유 외환이 바닥이 나면 정부는 외채의 지급을 거부하면서 나자빠질 수밖에 없고 이어서 환율은 두세 배 수준 이상 폭등할 수밖에 없다. 이는 극심한 경제 위기에 시달리고 있는 중남미 국가들이 일상적으로 겪고 있는 현상이다.

외환보유고

외환보유고Foreign Exchange Reserves란 정부가 중앙은행 등에 예치한 각종 외국환 자산을 말한다. 원래, 정부가 보유한 외환은 국제무역이나 외채의 상환 등의 용도로 지급 가능한 비축용 외환이면서 동시에 외환시장에서 거래되는 환율의 변동을 안정시키는 것이 주된 목적이다.

한국은행은 외환의 대부분을 미국 국채 등의 유가증권을 매입하고 있으면서 각종 예치금과 특별인출권, IMF 포지션, 금으로 일부 보유하고 있다. 특히 달러, 유로, 엔, 파운드, 위안 등 다양한 통화가 보유자산을 구성하는데 그중 미국 달러의 비중이 압도적으로 높은 이유는 가장 환금성이 좋은 기축통화이기 때문이다.

〈도표 3-20〉은 한국은행의 외환보유고의 과거 추세를 보여주는

〈도표 3-20〉 한국은행의 외환보유고 추세

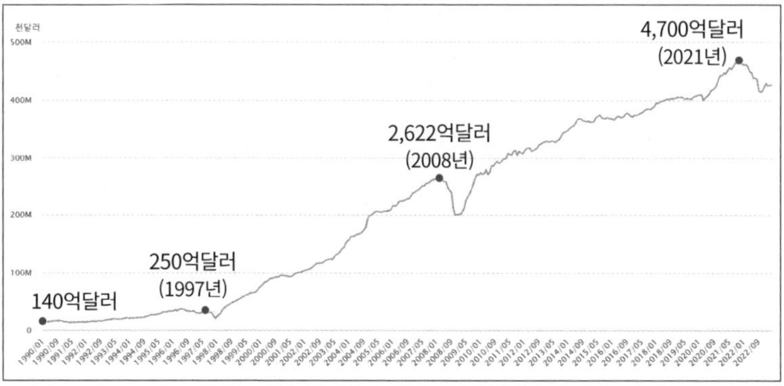

출처 · 한국은행 경제통계시스템

그래프이다. 〈도표 3-20〉에서 보듯이 1990년 1월의 우리나라가 보유한 외환은 약 140억 달러 수준이었다.

1997년 외환위기 당시 김영삼 정부(1993년~1997년)는 250억 달러의 외환을 보유한 것으로 발표한다. 하지만, 그 수치도 시중은행이 보유하는 외환을 집어넣어 맞춘 금액이고 그 후에 밝혀진 자료에 따르면 대략 10억 달러 내외거나 많이 잡아도 36억 달러인 것으로 드러났다.

김대중 정부(1998년~2002년)를 거치면서 약 1,200억 달러까지 늘어났고, 노무현 정부(2003년~2007년) 때에는 약 2,622억 달러까지 외환 보유고가 늘었다. 그 후 이명박 정부(2008년~2012년) 초기 전 세계 금융위기로 인해 국내에서 거액의 외환이 유출되면서 환율의 급락을 방어하면서 약 2,000억 달러 수준까지 감소한다. 하지만, 그 위기를 극복하면서 큰 폭의 상품수지 흑자로 인해 2012년 말에는 3,270억 달러 수준까지 도달했다.

2021년 10월 약 4,700억 달러를 정점으로 한 후 미국 FRB의 금리 인상으로 인해 외환이 유출되면서 환율이 상승하자 외환시장의 안정을 위해 일부 외환이 소진되면서 현재(2023년 4월)는 대략 4,260억 달러 수준을 보인다. 이 중 94%는 미국 국채 등 다양한 자산(미국 국채 30%, 모기지 채권 26%, 기타 채권 38%)으로 구성된다.

07

환율 결정
무역수지

'미국이 기침하면 일본과 중국은 감기에 걸리고, 한국은 독감에 걸린다'는 표현이 있다. 이는 '소규모 개방경제'인 우리나라의 상황을 잘 표현해 주는 말이다. 왜 한국 경제는 이토록 해외 경기에 민감하게 반응할까?

그 이유는 우리나라의 무역거래와 금융거래 모두 대외적으로 완전히 개방된 상태이기 때문이다. 여기서 우리나라 무역거래의 세부 내용을 분석한 후 재화의 수출입이 환율에 미치는 영향을 알아본다.

소규모 경제

우리나라의 경제 규모는 세계 경제에서 차지하는 비중이 어느 정도 될까? 〈도표 3-21〉에서 보듯이 한국의 국내총생산^{GDP}은 전 세계

GDP에서 대략 2.3%의 비중을 점하고 있다.

보통, 시장점유율이 20% 이상이 되어야 그 산업을 선도적으로 이끌어 나갈 수 있고 최소 10% 이상은 되어야 그 산업에 적게나마 영향을 미칠 수 있는 형상이다. 반면에, 시장점유율이 2% 수준이라면 그 산업에 영향을 미치기는커녕 바람에 휘날리는 가랑잎처럼 외풍에 쉽게 흔들릴 수밖에 없는 실정이다.

〈도표 3-21〉에서 보듯이 미국, 중국, 유럽, 일본 등 4개 지역의 GDP를 합친 비중이 전 세계 경제 규모의 약 75%를 차지한다. 이들

〈도표 3-21〉 전 세계 GDP의 국가별 비중 (2021년 기준)

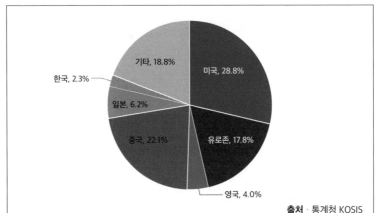

출처 · 통계청 KOSIS

국가	GDP	비중	국가	GDP	비중
미국	23.0	28.8%	유로존	14.2	17.8%
영국	3.2	4.0%	중국	17.7	22.1%
일본	4.9	6.2%	한국	1.8	2.3%
기타	15.2	18.8%	합계	80.0	100.0

(단위 : 조 달러)

4개 지역의 경기가 좋으면 전 세계 경제가 호황을 만끽하고, 반대로 이들 지역의 경기가 나빠지면 전 세계적으로 경기침체와 불황을 겪는다는 것이다.

개방된 실물경제

우리나라의 GDP에서 차지하는 수출의존도와 수입의존도는 절반 수준인 50% 내외를 기록하고 있다. 이 두 수치를 합한 무역의존도는 국내총소득GNI과 거의 유사한 수치인 100%에 육박하는 상당히 높은 수준이다.

왜 우리나라의 무역의존도가 그리 높은 수준인지 자세히 알아보자.

〈도표 3-22〉를 보면 우리나라의 국내 총소득GNI에서 차지하는

〈도표 3-22〉 한국의 수출의존도

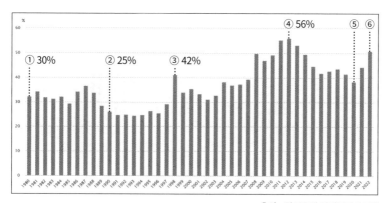

출처 · 한국은행 경제통계시스템

수출금액의 비중인 수출의존도는 ①1980년대 30% 수준에서 출발하여 ②1990년대 초반에는 25% 수준까지 낮아진다. 하지만, 외환위기 직후인 ③1998년에 42%까지 상승한 후 해가 갈수록 더욱 높아져 ④2012년에 가장 높은 수준인 무려 56%까지 육박한다. 그 이후 수출의존도는 하락 추세를 보이면서 ⑤2020년 38%에 도달한다. 그 후 다시 높아져 ⑥2022년에는 국내 총소득의 절반 수준인 50%를 기록한다.

우리나라의 수출의존도는 다른 나라에 비해 상당히 높은 수준으로 수출이 국내 경제에 지대한 영향을 미친다는 의미가 된다.

〈도표 3-23〉에서 보면 우리나라의 국내총소득^{GNI}에서 차지하는 수입금액의 비중인 수입의존도는 ①1980년대 40% 수준에서 출발하여 ②1990년대 초반에는 24% 수준까지 낮아진다. 하지만, 외환위기 직후인 ③1998년에 32%까지 상승한 후 해가 갈수록 더욱 높아져

〈도표 3-23〉 한국의 수입의존도

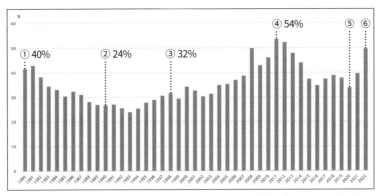

출처 · 한국은행 경제통계시스템

④2012년에 절반 이상인 약 54%에 육박한다. 그 이후 수입의존도는 하락 추세를 보이면서 ⑤2020년 34%에 도달한다. 그 후 재차 높아져 ⑥2022년에는 국내 총소득의 절반인 약 50%를 기록한다.

우리나라의 무역의존도는 전 세계적으로 가장 높은 수준으로 원자재를 수입하여 생산한 완제품을 수출하는 임가공 산업구조를 띠고 있다.

수입품목

우리나라는 GDP에서 차지하는 수입의존도가 약 50%를 점하고 있다. 이와 관련하여 해외에서 들어오는 수입 물품을 용도별로 살펴보면 〈도표 3-24〉와 같다.

〈도표 3-24〉에서 보면 우리나라의 수입총액이 2015년 약 4,365억 달러에서 2022년에는 67%가 증가한 7,312억 달러를 기록한다. 특

<도표 3-24> 한국의 품목별 수입실적

품목	2015년		2022년		증가율
	금액	비중	금액	비중	
소비재	66,676	15.3%	108,690	14.9%	63.0%
원자재	219,070	50.2%	393,645	53.8%	79.7%
(원유)	55,132	12.6%	105,845	14.5%	92.0%
자본재	150,802	34.5%	228,882	31.3%	51.8%
합계	436,548	100.0%	731,217	100.0%	67.5%

출처 · 관세청 통계자료, 단위 : 백만 달러

히, 원유를 포함한 국제원자재 가격이 폭등하면서 수입총액이 대폭 늘어난 상황이다.

전체 수입총액을 용도별로 살펴보면 국내에서 생산되는 부존자원이 빈약한 관계로 인해 원자재가 50% 수준을, 이어서 공장 등에서 사용되는 공장설비와 부품 등의 자본재가 35% 정도를, 끝으로 명품 의류 등의 소비재가 15%를 점하는 상황이다.

우리나라는 부존자원이 거의 없어서 원유·가스·화공품·펄프·광물·철강재 등 원자재 대부분을 수입하여 조달하고 있다. 또한, 국내 기업들이 제조공장에서 주로 사용하는 기계류·메모리반도체·반도체제조용 장비·회로보호접속기·자동차부품·유무선통신기기 그리고 항공기 등 주요 생산설비(자본재)를 일본과 미국에서 주로 수입하고 있다.

우리나라의 '품목별 수입항목'과 관련하여 소비재와 자본재의 수입금액은 큰 변동이 없는 데 반해, 원자재의 수입금액 변동 폭이 크게 나타나고 있다. 그 이유는 2015년에는 전 세계적인 경기침체로 인해 원유를 포함한 국제원자재 가격이 폭락했지만 2022년에는 우크라이나 전쟁 등으로 인해 그 가격이 폭등하는 양상을 보였기 때문이다.

수출품목

원래, 국제물품분류코드(HS코드)에 따르면 우리나라는 근해에서 잡

품목	2015년		2022년		증가율
	금액	비중	금액	비중	
반도체	63,351	15.2%	132,144	19.3%	108.6%
기계류	57,349	13.8%	70,915	10.4%	23.7%
화공품	55,877	13.4%	97,984	14.3%	75.4%
승용차	41,752	10.1%	51,709	7.6%	23.8%
철강제품	41,411	10.0%	55,334	8.1%	33.6%
석유제품	39,522	9.5%	63,377	9.3%	60.4%
선박	38,816	9.3%	17,590	2.6%	-54.7%
자동차부품	25,553	6.1%	22,618	3.3%	-11.5%
기타	52,248	12.6%	172,079	25.2%	229.4%
합계	415,879	100.0%	683,750	100.0%	64.4%

출처 · 관세청 통계자료, 단위 : 백만 달러

히는 생선류와 농가에서 기르는 각종 농작물 그리고 주력 수출품목인 전자제품과 자동차 등 약 2,800여 개에 달하는 품목들을 해외에 수출하고 있다. 특히, 관세청은 수출품이 세관을 통과할 때마다 수출서류에 적혀 있는 국제물품분류코드에 따라 수출금액을 요약·정리하고 있다.

〈도표 3-25〉에서 2022년을 기준으로 보면 우리나라의 주력 수출품목으로는 반도체(19.3%), 석유화학 가공제품인 화공품(14.3%), 원유를 가공하여 생산한 경유와 중유 등의 석유제품(9.3%), 공장에서 사용되는 설비 및 기계류 제품(10.4%), 그리고 승용차(7.6%)와 그 부품(3.3%) 등이 있다. 이들 품목이 수출총액에서 차지하는 비중은 대략

60%를 차지하고 있다.

수출경기와 내수경기의 관계

과거, 한국은 수출이 늘어나면 내수경기도 좋아지고 수출이 줄어들면 내수경기도 침체되는 현상을 보였다. 그 이유는 대기업이 중소기업에서 생산한 부품을 납품받아, 이를 단순조립하여 생산한 완제품을 수출하기 때문이었다. 따라서, 수출이 늘어나면 대기업과 중소기업의 생산이 같이 늘어나 소득이 증가하는 모습을 보였다. 이런 현상을 경제용어로 '낙수효과^{滴水效果}'라고 한다.

과거와 달리 현재에는 대기업의 수출이 늘어나도 내수경기가 좋아지지 않는 현상이 나타나고 있다. 우리나라의 주력 수출품목을 대상으로 그 원인에 대해 살펴보자.

첫째, 한국의 주력 수출품목인 자동차·선박·기계류 등은 수출이 내수경기에 큰 영향을 미치는 항목들이다. 예를 들어, 자동차는 수많은 중소기업으로부터 약 2만여 개의 부품을 매입하여 조립 생산하는 업종이다. 그리고 선박이나 기계 역시 수많은 부품을 국내 중소기업으로부터 납품받아 조립 생산하는 산업에 해당된다. 따라서 자동차·선박·기계 등의 수출이 늘어나면 수출을 통해 벌어들인 소득이 중소 협력업체로 흘러들어가 내수를 진작시키는 현상이 발생한다.

현재, 한국의 자동차업체는 국내보다는 해외에 새로운 공장을 건설함으로써 국내 생산 비중이 현저히 줄어들고 있다. 또한, 조선업체의 주력 생산품목인 유조선·LNG선·해양구조물 등은 치열한 경쟁으로 인해 수주가 지속해서 하락하는 추세를 보이면서 고전을 면치 못하고 있는 실정이다.

둘째, 한국의 주력 수출품목인 가전제품, 스마트폰 등의 유무선 통신기기, 컴퓨터 등은 내수경기에 중간 정도의 영향을 미치는 산업이다. 예를 들어 핸드폰 등의 전자제품을 생산하기 위해 들어가는 부품의 절반 정도는 국내 중소기업이 생산한 부품을 사용하지만 나머지 절반 정도의 부품은 일본 등에서 수입하고 있다. 따라서, 이 제품의 생산과 수출이 늘면 늘어날수록 대일 무역적자만 늘어나는 현상이 나타난다.

특히, 국내 전기전자업체도 중국이나 동남아 지역으로 생산공장을 이전하면서 국내에서는 신제품 개발 등을 위해 연구소와 본사만을 운영함에 따라 내수경기에 미치는 영향이 지속적으로 줄어드는 추세를 보인다.

셋째, 한국의 수출 주력 품목인 정유·화학제품·철강제품 등은 내수경기에 미치는 영향이 적은 산업이다. 해당 제품들은 대부분 원료를 투입하여 일괄생산공정을 거쳐 제품이 생산되는 설비집약산업에 해당된다. 예를 들어, 정유공장의 경우 원유가 투입되면 생산설비 내부에서 일관 흐름을 통해 여러 유형의 석유제품이 생산된다. 해당 제품을 생산하는데 국내 중소기업의 부품이 추가로 투입되거나 또는 신규 고용이 추가로 필요하지 않다는 것을 의미한다.

이런 제품의 생산과 수출이 늘어나더라도 대부분 소득이 기업 이익으로 유보됨으로써 내수경기에 미치는 낙수효과가 과거와는 달리 줄어드는 실정이다.

한국의 무역거래

앞서 살펴본 내용을 통해 우리나라 실물경제의 주요 특징을 정리해보자.

첫째, 아주 상투적인 표현이지만 우리나라는 부존자원이 거의 없어 외국으로부터 원자재 대부분을 수입해야만 경제가 돌아간다. 그리고 우리나라가 수입하는 대부분의 원자재인 원유·원당·원면·철광석·비철금속 등은 대부분 외국의 메이저업체들이 독점적인 위치에서 국제시세를 결정한다.

결국, 우리나라는 국제 원자재시장에서 결정된 가격에 따라 수입할 수밖에 없는 상황이다. 따라서 원자재의 국제가격이 폭등하면 수입물가가 상승하면서 내수 측면에서 물가가 급등하고, 수출 측면에서는 가격경쟁력이 떨어지면서 수출이 줄어들어 경상수지가 악화하는 현상으로 나타난다.

둘째, 우리나라의 주력 수출품목을 살펴보면 대부분 해외시장에서 일본·중국·동남아 등의 제품과 치열한 경쟁을 벌이고 있다. 다시 말해 우리나라 수출품은 국제시장에서 거의 완전 경쟁수준에서 팔리기 때문에 우리 기업이 제품가격을 결정할 수 있는 위치에 있지 않다. 다만, 원/달러 환율이 높은 수준으로 상승하면 가격경쟁력이 살아나 그나마 수출이 늘어나는 모습을 보인다. 특히 원/달러 환율 못지않게 엔/달러 환율과 위안/달러 환율 등도 우리 기업의 수출에 큰 영향을 미친다.

셋째, 우리나라의 수출의존도가 50%라는 것은 GDP 대비 내수비중이 50%라는 뜻이 된다. 다시 말해, 우리나라 기업이 보유한 생산설비의 절반만 가동해도 내수시장에서 필요한 물품을 충분히 공급할 수 있다는 의미이다. 따라서 설비의 나머지 절반은 수출용 완제품을 생산하기 위해 가동하는데, 만약 수출이 줄어든다면 설비가동률은 크게 하락할 수밖에 없다. 결국, 우리 기업들이 보유한 생산 설비는 내수와 비교하면 과잉상태라는 뜻이다.

넷째, 우리나라 대기업들은 국내의 설비투자를 줄이면서 중국·동남아·미국 등 해외에 계속 새로운 공장을 건설하고 있다. 이는 국내의 생산설비가 내수와 비교하면 과잉이고 수출이 점차 줄어들기 때문이다. 특히 대기업이 해외에 공장을 건설하면 부품을 납품하는 중소기업 역시 대기업을 따라 동반 진출할 수밖에 없다.

결국, 국내기업들의 국내 설비투자는 더는 늘어날 가능성이 적으므로 현재 우리나라가 겪는 저성장에 따른 고실업이라는 현상은 개선될 가능성이 적다는 뜻이 된다.

무역 거래와 환율의 관계

원래, 무역 거래와 환율은 〈도표 3-26〉과 같이 긴밀한 관계가 있다.

<도표 3-26> 환율 변동이 무역 거래에 미치는 영향

구분	환율인하	환율인상
수출	수출가격 상승, 수출감소	수출가격 하락, 수출증가
수입	수입가격 하락, 수입증가	수입가격 상승, 수입감소
물가	물가안정 또는 물가 하락	물가상승
외채부담	원화환산 외채 감소	원화환산 외채 증가

첫째, 원/달러 환율이 인하될 때 나타나는 상황이다.

만약 원/달러 환율이 1,000원에서 900원으로 인하되면 원화 가치가 미국 달러에 비해 상승함으로써 달러로 표시한 수출상품의 가격이 1달러에서 1.1달러로 올라간다.

이에 따라, 우리나라와 경쟁 관계에 있는 일본이나 중국이 만든 상품에 비해 국제가격이 비싸지기 때문에 외국으로부터의 수출 주문량이 줄어든다. 이처럼 수출이 줄어들면 기업은 생산과 고용을 줄이고, 이에 따라 실업자가 늘어나면서 소득이 감소해 경제가 침체되는 결과로 이어진다.

환율의 하락이 부정적 효과만 있는 것은 아니다. 즉, 환율이 하락하면 외국으로부터 수입하는 원재료나 상품의 가격이 내려감으로써 국내물가를 안정시키는 현상이 나타난다. 이 경우, 과거 1,000원에 구매한 수입상품을 900원에 살 수 있다는 것이다.

특히, 환율이 하락하면 국내기업이 외국은행으로 빌린 외화대출의 원리금 부담이 줄어든다. 예를 들어, 국내기업이 1달러의 원리금을 상환하는데 과거 1,000원이 필요하지만 환율 하락으로 인해 100원이 줄어든 900원만 갚으면 된다는 것이다.

둘째, 위와는 반대로 원/달러 환율이 인상될 때 나타나는 상황이다.

만약, 원/달러 환율이 1,000원에서 1,100원으로 인상되면 원화 가치가 미국 달러와 비교하면 하락함으로써 달러로 표시한 수출상품의 가격이 1달러에서 90센트로 내려간다.

이에 따라 우리나라와 경쟁 관계에 있는 일본이나 중국이 만든 상품에 비해 국제가격이 싸지기 때문에 외국으로부터의 수출 주문량이 늘어난다. 이처럼 수출이 늘어나면 기업은 생산과 고용을 늘리고 이에 따라 일자리가 늘어나면서 소득이 증가해 경제가 호황을 보이는 현상으로 이어진다.

환율 인상이 긍정적 효과만 있는 것은 아니다. 즉 환율이 인상되면 외국으로부터 수입하는 원재료나 상품의 가격이 올라감으로써 국내물가를 상승시키는 현상으로 이어진다. 다시 말해, 과거 1,000원에 구매한 수입상품을 1,100원에 살 수밖에 없다. 특히, 우리나라는 원자재 대부분과 핵심 부품을 외국에서 높은 가격을 주더라도 수입할 수밖에 없으므로 환율이 인상되더라도 수입이 크게 줄어들 가능성은 적다.

그리고 환율이 상승하면 국내기업이 외국은행으로 빌린 외화대출의 원리금 부담이 늘어난다. 예를 들어, 국내기업이 1달러의 원리금을 상환하는데 과거 1,000원이 필요하지만 환율 인상으로 인해 100원이 늘어난 1,100원을 갚아야만 한다는 것이다.

금리

현물환율에 금리를 참작하여 선물환율이 결정된다. 그리고 현물환율과 선물환율의 차이가 얼마나 나는지에 따라 향후 환율이 상승할지 아니면 하락할지를 판단할 수 있다. 따라서, 금리가 환율에 미치는 영향과 관련하여 선물환율이 어떻게 결정되는지를 살펴보자.

현물환과 선물환

선물환을 이해하기 위해 외환시장에서 빈번하게 사용되는 몇 가지 영문 용어를 정리해보자.

우선, 외환거래에서 계약에 따라 실제 외환이 결제되는 날을 'Value date'라고 한다. 다음으로, 외환이 결제되는 시점에 따라 〈도표 3-27〉과 같이 표기한다.

보통 '당일거래value today'는 외환거래 계약을 체결하고 당일에 계약된 대금의 결제가 이루어지는 것을, '익일거래Value tomorrow'는 외환거래 계약을 체결하고 다음 영업일에 대금의 결제가 이루어지는 것을, 'Value spot'이란 외환거래 계약을 체결하고 제2영업일에 대금의 결제가 이루어지는 것을 말한다.

그리고 제2영업일 이후 계약당사자끼리 약정한 일자를 외환의 만기결제일로 정하는 외환 계약을 '선물환forward date'이라고 한다. 선물환을 쉽게 이해하기 위해 외환의 매매사례를 통해 살펴본다.

국내 은행과 기업이 8월 17일(목요일)에 외환거래 계약을 체결하고 당일에 전신환으로 외환의 결제가 이루어지면 value today, 다음 영업일인 8월 18일(금요일)에 외환의 결제가 이루어지면 value tomorrow 그리고 2영업일에 해당되는 8월 21일(월요일)에 결제가 이루어지면 value spot에 해당된다.

원래, 국내 외환시장에서는 당일거래인 value today가 현물환거래 대부분을 차지한다. 그러나, 국제외환시장에서는 지역별로 시차

<도표 3-27> 현물환과 선물환의 구분

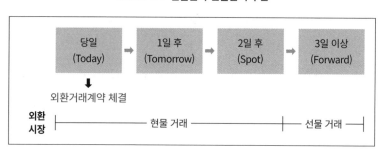

가 존재하고 또한 외환거래 계약을 체결한 후 상대방과 거래 사실을 확인하기 위한 시간적 여유가 필요하기 때문에 value spot이 현물환 거래의 기준이 된다.

국내의 선물환 유형

국내 은행이 기업과 체결하는 선물환계약은 만기결제일을 기준으로 단기물, 중기물, 분기고정물 등이 있다.

은행과 기업은 만기결제일을 계약일로부터 1주 후 또는 1개월 후 또는 1년 후 등과 같이 일정 기간으로 결정하거나^{even date forward} 또는 2024년 3월 20일과 같이 특정일로 결정^{odd date forward}할 수 있다.

특히, 국내 선물환 유형 중 매년 3월 말, 6월 말, 9월 말, 12월 말 등의 매 분기 말을 만기결제일로 하는 분기 고정물을 포함한 이유는 우리나라 수출입업체들의 수출입이 분기 말에 많이 집중되기 때문이다. 현재, 우리나라의 선물환거래는 대부분 1주일 이내에 만기가 도래하는 단기물 위주로 거래되고 있다.

<도표 3-28> 국내 은행의 선물환 유형

단기물	중기물	분기고정물
1일물 2일물 3일물 4일물 5일물 1주일물 2주일물	1개월물 2개월물 3개월물 6개월물	3월 말 6월 말 9월 말 12월 말

국내기업이 은행과 선물환거래를 체결하기 위해서는 미리 회사의 재무제표 등을 은행에 제출하여 신용평가를 받은 후 은행 내부의 심사를 거쳐 라인^{line}이라는 연간 선물환거래 한도를 배정받아야 한다.

은행별로 선물환 유형에 따라 적용되는 선물환율이 각각 다를 수 있으므로 사전에 여러 은행으로부터 라인을 받아 놓고 회사에 가장 유리한 선물환율을 적용하여 거래하면 된다.

이론적 선물환율

이론적으로 선물환율은 현물환율에 이자를 더해 결정된다. 이와 관련된 사례를 들어 알아본다. 외환시장에서 원/달러 현물환율이 1,100원이고 한국의 금리가 3%, 미국의 금리가 1%라고 가정하자. 이 경우, 한국에서 원화 1,100원을 빌려 1년 동안 굴리면 3%의 이자율에 따라 원리금이 1,133원이 된다. 반면에, 미국에서 1달러를 빌려 1년 동안 운용하면 1%의 이자율에 따라 원리금이 1.01달러가 된다. 결국, 1년 후의 원화 원리금과 달러 원리금이 일치하는 1,122원에서 원/달러의 선물환율이 결정된다. 즉, 한국의 금리 3%가 미국의 금리 1%보다 높은 경우, 현물환율(1,100원)보다 선물환율(1,123원)이 높게 나타난다.

그런데, 두 나라 사이에 이자율의 차이가 존재하면 투자자들은 이자율이 낮은 달러를 빌려 이자율이 높은 원화에 투자한다. 하지

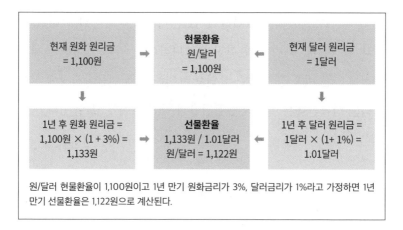

<표 3-29> 선물환율의 결정

현재 원화 원리금 = 1,100원	➡	**현물환율** 원/달러 = 1,100원	⬅	현재 달러 원리금 = 1달러

1년 후 원화 원리금 = 1,100원 × (1 + 3%) = 1,133원	➡	**선물환율** 1,133원 / 1.01달러 원/달러 = 1,122원	⬅	1년 후 달러 원리금 = 1달러 × (1+ 1%) = 1.01달러

원/달러 현물환율이 1,100원이고 1년 만기 원화금리가 3%, 달러금리가 1%라고 가정하면 1년 만기 선물환율은 1,122원으로 계산된다.

만, 원화를 투자하여 3%의 이자를 확정시키려면 원/달러 환율이 1년 후에도 1,100원으로 고정되어야만 한다.

한국과 미국의 이자율 차이에 따라 달러를 빌려서 원화를 사는 투자자들이 많아지면 많아질수록, 달러의 공급이 늘어나고 원화의 수요가 늘어나 환율이 변동한다. 다시 말해, 수요가 늘어난 원화는 비싸지고 공급이 늘어난 달러는 싸져 원/달러 환율이 하락한다.

특히, 투자자들은 1년 후에 발생하는 투자수익에 대해 환율 변동에 따른 손실을 줄이기 위해 달러의 선물환 매입을 늘린다. 이에 따라, 선물환시장에서는 달러의 가치가 올라가고 원화의 가치는 하락하는 방향으로 환율이 변동한다.

현물환율과 선물환율이 변동하면서 두 나라의 이자율 차이가 환율 변동에 따른 투자수익률과 일치하는 수준에서 선물환율이 균형을 이룬다. 이 사례에서 1년 후 선물환율은 달러당 1,122원에서 균형을 이룬다.

원래, 이론적으로 선물환율은 현물환율과 두 나라의 금리 차에 따라 결정된다. 하지만, 현실적으로 나라마다 외환에 대한 통제와 환전에 따른 비용 등 다양한 요인으로 인해 실제 선물환시장에서 형성되는 선물환율은 이론적 선물환율과 약간 차이가 날 수 있다.

선물환율의 추이

앞 사례에서 원화와 달러의 금리 차이를 감안하여 원/달러 현물환율이 1,100원이라면 이론적인 선물환율은 하루에 0.06원, 즉 하루에 6전이 플러스가 되어야만 한다. 〈도표 3-30〉에서 보듯이 현물환율이 1,100원이라면 다음날 선물환율은 1,100.06원으로, 그다음 날의 선물환율은 1,100.12원으로 나타난다.

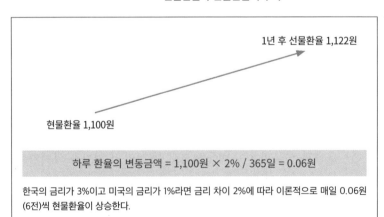

〈도표 3-30〉 현물환율과 선물환율의 추이

1년 후 선물환율 1,122원

현물환율 1,100원

하루 환율의 변동금액 = 1,100원 × 2% / 365일 = 0.06원

한국의 금리가 3%이고 미국의 금리가 1%라면 금리 차이 2%에 따라 이론적으로 매일 0.06원
(6전)씩 현물환율이 상승한다.

실제, 선물환시장에서 형성되는 선물환율은 위에서 계산한 이론적 선물환율을 기준으로 향후 환율이 상승할 것이라는 기대심리가 강하면 더 높게 나타나고, 반대로 환율이 앞으로 하락할 것이라는 기대심리가 강하면 더 낮게 형성된다.

금리와 환율의 변동

외환시장에서 원/달러 현물환율이 1,100원이고 한국의 금리가 3%, 미국의 금리가 1%에서 5%로 대폭 인상되어 그 차이가 역전되었다고 하자. 이 경우, 한국에서 원화 1,100원을 빌려 1년 동안 굴리면 3%의 이자율에 따라 원리금이 1,133원이 된다. 반면에 미국에서 1달러를 빌려 1년 동안 운용하면 5%의 이자율에 따라 원리금이 1.05달러가 된다.

결국, 미국의 금리 인상에도 불구하고 현물환율의 변동이 없다고 가정하면 1년 후의 원화 원리금과 달러 원리금이 일치하는 1,079원에서 원/달러의 선물환율이 결정된다. 다시 말해, 한국과 미국의 이자율의 차이가 역전되면서 현물환율 1,100원에 비해 선물환율이 1,079원으로 21원 낮게 형성된다.

하지만, 미국의 금리 인상에 따라 과거에 국내에 투자된 외환이 빠져나가면서 외환시장에서 현물환율이 폭등할 가능성이 크다. 일례로, 2008년 금융위기 이후 미국 정부의 저금리 정책에 따라 외국인 투자자들은 미국에서 저금리 자금을 빌려 해외에 고금리 위험자

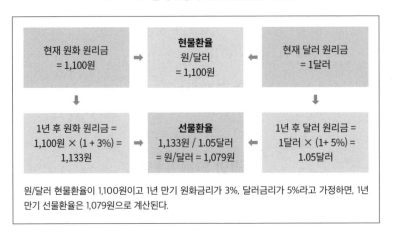

<도표 3-31> 금리 변동에 따른 선물환율의 결정

현재 원화 원리금 = 1,100원	⇒	**현물환율** 원/달러 = 1,100원	⇐	현재 달러 원리금 = 1달러
↓		↓		↓
1년 후 원화 원리금 = 1,100원 × (1 + 3%) = 1,133원	⇒	**선물환율** 1,133원 / 1.05달러 = 원/달러 = 1,079원		1년 후 달러 원리금 = 1달러 × (1+ 5%) = 1.05달러

원/달러 현물환율이 1,100원이고 1년 만기 원화금리가 3%, 달러금리가 5%라고 가정하면, 1년 만기 선물환율은 1,079원으로 계산된다.

산(신흥국 채권과 주식)에 투자한 바가 있다.

그런데, 미국 정부가 금리를 대폭 인상하면 과거 투자한 고금리 위험자산을 청산하고 투자자금을 회수해 대출을 상환하든지 금리가 높아진 미국의 안전자산(국채나 예금 등)에 투자할 가능성이 커진다. 따라서 수요가 늘어난 달러는 비싸지고 공급이 늘어난 원화는 싸져 환율이 대폭 상승하게 된다.

그러면, 미국의 금리 인상에 따라 원/달러 환율은 어느 정도 변동할까?

외국인 투자자가 국내에 투자한 자금 중 얼마큼을 회수하느냐 여부에 달려있다. 만약, 외국인 투자자들이 미국의 금리 인상에 둔감하게 반응하여 소액의 투자자금만 회수하면 환율은 소폭 변동하지만, 민감하게 반응함으로써 거액을 회수하면 환율은 크게 폭등할 가능성이 있다.

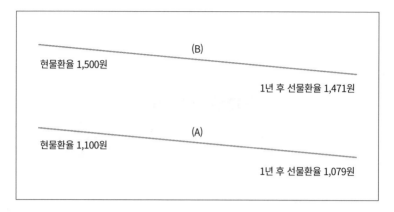

<도표 3-32> 미국의 금리 인상에 따른 환율의 변동

(B)
현물환율 1,500원
1년 후 선물환율 1,471원

(A)
현물환율 1,100원
1년 후 선물환율 1,079원

원/달러 현물환율이 1,100원이고 1년 만기 원화금리가 3%, 달러 금리가 1%에서 5%로 인상한다고 가정하면 다음 2가지 상황이 발생 가능하다.

첫째, 미국의 금리 인상에도 불구하고 외국인 투자자들이 투자자 금을 거의 회수하지 않아 (A상황) 현물환율은 1,100원에서 그대로 고정되고, 한국과 미국의 금리 차이로 인해 도리어 선물환율이 1,079원으로 하락한다.

둘째, 외국인 투자자들이 국내 금융시장에서 거액의 투자자금을 회수하면서 달러 수요가 급등해 현물환율이 1,100원에서 1,500원대로 크게 폭등(B상황)한다. 이런 현물환율의 폭등으로 인해 선물환율도 1,500원 수준으로 대폭 상승한다. 이처럼 현물환율이 1,500원으로 폭등한 후에 한미간의 금리 차이로 인해 선물환율은 1,471원으로 약간 낮아지는 상황이다.

선물환율의 표시방법

선물환거래에서 선물환율은 다음 두 가지 방식으로 표시할 수 있다.

첫째, 거래 당사자 간에 약정한 선물환율을 실제 숫자로 표시하는 방법이다. 예를 들어 8월 21일에 선물환계약을 체결하면서 9월 25일에 10만달러를 원/달러 환율인 1,150원에 결제하기로 약정하는 방법이다. 이를 아웃라이트 환율outright rate이라고 하는데, 주로 은행과 기업 간의 선물환거래에서 사용된다.

참고로 국내 은행은 자체적으로 보유하는 외환 포지션과 수수료 등을 반영하여 결정한 고시환율에서 개별 기업의 신용도와 거래금액 등을 참작하여 계약 건별로 선물환율을 결정하고 있다. 특히, 은행과 기업 간의 선물환계약에서는 별도의 수수료를 징수하지 않고 선물환율에 수수료를 반영하여 거래한다.

둘째, 현물환율과 선물환율의 차이forward spread로 표시하는 방법으로, 선물환율이 현물환율보다 비싸면 Ppremium, 싸면 Ddiscount로 표시한다. 만약 선물환율과 선물환율이 동일한 경우에는 even, par, flat 등과 같이 표시한다.

이처럼 현물환율과 선물환율의 차이를 보통 스왑레이트^{swap rate} 또는 스왑포인트^{swap point}라고 하는데 주로 은행 간의 선물환거래에서 사용된다.

역외선물환(NDF)

일반적으로 역외선물환^{NDF, Non Deliverable Forward}은 차액선물환이라고도 하는데, 말 그대로 우리나라 지역이 아닌 외국에서 이루어지는 선물환거래를 말한다. 예를 들어 뉴욕이나 싱가포르·홍콩 등 국제 외환시장에서 원화와 달러 간의 선물거래가 이루어지는 것을 '역외선물환'이라고 한다.

보통, 역외선물환은 국내에서 선물거래를 할 때 발생하는 법률적인 규제나 세금을 회피하기 위해 행정이나 금융 등에서 특혜를 주는 다른 지역에서 형성된 선물환시장을 말한다.

기본적으로 역외선물환에서 이루어지는 거래는 우리나라 선물시장에서 이루어지는 거래와 유사하다. 다만, 국내에서 거래되는 선물환은 만기결제일에 원화와 달러 실물을 계약당사자끼리 서로 교환하는 방식인데 반해, 역외선물환은 만기결제일에 형성된 시장환율과 계약환율과의 차액만을 주고받는 방식이라는 점에서 차이가 있다. 따라서 역외선물환은 외환을 서로 인도하지 않는다는 의미인 'Non-Deliverable'이라는 명칭을 쓴다.

특히, 역외선물환과 관련하여 홍콩과 싱가포르의 외환시장에서는 우리나라의 원화, 대만의 달러, 중국의 위안화, 필리핀의 페소, 인도의 루피 등 아시아지역의 통화가 주로 거래되고 있다.

원칙적으로 최소 500만 달러 단위로 거래되며 1개월물에서 5년물까지 10개의 상품을 대상으로 한다. 외환 브로커들이 고객을 상대로 중개하여 거래하는 방식과 미국계 은행과 투자회사들이 브로커를 끼지 않고 직접 접촉하여 거래하는 방식으로 나눠진다.

일반적으로 역외선물환은 외국인 투자자들이 원화 환율의 변동에 따른 외환리스크를 회피하기 위해 주로 이용한다. 예를 들어 외국인 투자자가 원/달러 환율이 1,100원일 때 우리나라에 1억 달러를 1,100억원으로 환전하여 한국 주식을 매입한다고 하자.

이때 주가의 변동이 없이 원/달러 환율이 1,200원으로 상승하면 외국인투자자는 환차손이 발생한다. 따라서 외국인 투자자는 외환리스크를 회피하기 위해 원/달러 1,100원의 선물환거래를 할 필요가 있다. 그런데, 국내 외환시장은 선물환의 규모가 너무 작으므로 거래상대방을 찾기가 곤란하다. 그래서 해외에서 외환 리스크를 헤지hedge하려는 은행과 또는 적극적으로 원화 환율 변동에 따른 이익을 얻으려는 투기적인 헤지펀드 등이 모여 선물환거래가 이루어지는 것이다. 여기서 외환 리스크를 헤지한다는 것은 현재 원/달러 환율 1,100원으로 계약을 체결한 후, 미래 약정한 시점에 시장환율의 변동에도 불문하고 당초 계약한 환율 1,100원으로 달러를 매수함에 따라 시장환율의 변동을 회피하는 방식을 의미한다.

환율 결정
구매력

환율은 단기적으로 외환시장의 수급에 따라 결정되고, 장기적으로는 그 나라 경제의 기초체력^{fundamental}에 좌우된다. 경제의 펀더멘탈과 관련하여 각 나라의 물가변동에 따른 구매력과 경쟁력 등이 환율에 미치는 영향에 관해 알아본다.

구매력

국내에서 1,000원에 구매 가능한 물건이 미국에서 1달러에 팔린다면 외환시장에서의 적정한 원/달러 환율은 1,000원이 되어야 한다.

만약, 구매력에 의해 평가된 원/달러 환율이 1,000원인데 실제 외환시장에서 환율이 1,100원에 거래된다고 하자. 이 경우, 한국인이 외환시장에서 1,100원에 1달러를 환전한 후 미국에 여행 가서 그 물건을 1달러에 구입할 수 있다. 한편, 한국인이 미국 여행에서 돌아와서 남은 1달러를 1,100원에 환전하여 그것을 구매하는 경우, 국내에서는 그 물품값이 1,000원이기에 사고도 100원이 남아돈다.

따라서, 구매력 평가 환율(1,000원)이 시장환율(1,100원)보다 낮으면 한국인(내국인)은 국내에서 싸게 물품을 살 수 있는 데 반해 미국인(외국인)은 비싸게 구매하게 된다. 반대로, 구매력 평가 환율(1,000원)이 시장환율(900원)보다 높으면 한국인(내국인)은 상대적으로 국내에서 비싸게 물품을 사는 데 반해, 미국인(외국인)은 싸게 구매한다는 뜻이 된다.

원래 장기적으로 보면 구매력 평가 환율과 시장환율은 서로 일치하는 방향으로 움직여야 한다. 예를 들어, 시장환율(900원)보다 구매력 평가 환율(1,000원)이 높다면 외환시장에서 고평가된 원화를 팔고 저평가된 달러를 사는 거래가 활발하게 이루어지면서 장기적인 환율 조정을 거쳐 균형점(900원과 1,000원 중간치)을 향해 움직인다.

그 반대의 상황이라면 외환시장에서 저평가된 원화를 사고 고평가된 달러를 파는 거래에 따라 장기적으로 균형 상태에 도달한다. 특히, 환율이 균형을 이루더라도 어떤 요인으로 인해 두 나라의 물가가 변동되면 새로운 조정을 통해 적정 환율을 찾아간다.

빅맥지수

환율과 관련하여 전 세계 여러 나라의 통화가치를 측정하는 방법으로 영국의 경제주간지인 '이코노미스트'에서 1986년부터 매년 1월과 7월 두 차례에 걸쳐 발표하는 빅맥지수^{Big Mac Index}가 있다. 전 세계적으로 팔리는 맥도날드의 가장 대표적인 햄버거인 '빅맥 가격'을 비교하여 각 나라의 시장환율이 그 나라의 물가와 구매력을 기준으로 적절한지를 측정하는 지표이다.

그러면, 빅맥지수가 각 나라의 적정 환율을 측정하는데 과연 도움이 되는 수치일까? 이 질문에 대한 해답은, 맥도날드가 특정 나라에 진출하면서 빅맥의 가격을 어떻게 결정하느냐에 따라 달라진다.

첫째, 맥도날드가 특정 나라에 진출하면서 미국에서 팔리는 빅맥의 가격을 기준으로 외환시장에서 거래되는 환율에 따라 그 지역의 빅맥 가격을 결정하고 또한 환율이 변동할 때마다 그 나라의 빅맥 가격을 조정한다면 빅맥지수는 완벽하게 시장환율을 반영한 지표가 된다.

예를 들어, 미국의 빅맥 가격이 4달러이고 외환시장에서 형성된 원/달러 환율이 1,000원이라면 한국의 빅맥 가격을 4,000원으로 결정하는 식이다. 또한, 외환시장에서 원/달러 환율이 1,100원으로 인상되면 한국에서 팔리는 빅맥 가격을 환율 변동에 맞춰 당연히 4,400원으로 인상해야 한다.

둘째, 맥도날드가 특정 나라에 진출하면서 그 지역에서 점포를 운영하면서 발생하는 총비용에 마진을 더해 빅맥 가격을 결정하는 방법이다. 예를 들어, 한국의 특정 점포에서 발생하는 총비용과 마진을 더한 금액이 1년에 10억 원이고 약 25만 개가 팔린다고 가정하면 그 점포의 빅맥 가격을 4,000원으로 정하는 방식이다.

맥도날드는 위의 두 가지 중 어떤 방법에 따라 각 나라별 빅맥 가격을 결정할까? 보통, 기업은 첫 번째 방법처럼 외환시장에서 결정되는 환율에 따라 자사 제품의 가격을 결정하지는 않는다. 왜냐하면, 환율이 그 나라의 물가를 적절하게 반영하는 때도 간혹 있지만 그 나라 정부의 외환 정책 등 다양한 요인에 따라 물가와 괴리될 가능성이 크기 때문이다. 또한, 환율이 변동할 때마다 가격을 조정하여 메뉴판을 바꾼다면 고객의 불같은 항의에 시달릴 가능성이 크다.

결국, 맥도날드는 두 번째 방법에 따라 각 나라별로 점포를 운영하면서 발생하는 총비용에 마진을 더해 빅맥 가격을 결정할 가능성이 크다. 이 경우 나라별 빅맥 가격은 다음 비용을 감안하여 결정한다.

①빅맥에 들어가는 쇠고기 등 축산물의 구입비용
②빅맥에 들어가는 채소 등 농산물의 구입비용
③매장을 운영하면서 고용한 종업원의 인건비
④매장을 빌리면서 지급하는 임대료
⑤빅맥을 조리하기 위한 여러 가지 주방설비의 감가상각비
⑥빅맥을 조리하는데 필요한 전기와 가스 등의 비용

⑦ 매장을 운영하는데 소용되는 기타비용

⑧ 회사가 요구하는 투자수익률에 따른 적정마진과 세금 등

이처럼 빅맥을 만드는데 드는 비용 항목을 살펴보면 그 나라의 전반적인 물가 수준을 측정하는 항목 위주로 구성되어 있다. 따라서, 나라마다 빅맥 가격을 비교해 보면 그 지역의 물가 수준이 미국과 비교해 높은지, 낮은지 여부를 간접적으로 측정할 수 있다.

빅맥지수와 환율

이코노미스트가 발표한 '2022년 하반기(9월 기준) 빅맥지수'를 살펴보면 〈도표 3-33〉과 같다. 이 자료에 따르면 미국에서는 빅맥이 5.15달러이고, 한국에서는 판매가격인 4,600원을 그 당시 시장환율 1,313.45원을 적용하여 3.50달러로 조사되었다. 다시 말해, 한국인은 미국인에 비해 빅맥을 개당 1.65달러나 싼 가격에 사 먹는다는 뜻이다.

만약, 빅맥지수로 따진 구매력 평가 환율을 계산하면 893.20원(4,600원/5.15달러)으로 산출된다. 따라서, 빅맥지수를 기준으로 한국의 원화는 미국의 달러보다 32% 저평가되었다는 의미다.

보통, 빅맥지수가 높을수록 그 나라의 통화가 달러보다 고평가된 것으로, 낮을수록 저평가된 것으로 판단한다. 이 자료에서 보듯이 물가가 비교적 높은 스위스·노르웨이·스웨덴 등 북유럽 국가들

<표 3-33> 빅맥지수(2022년 하반기 기준)

순위	국가명	빅맥가격($)	증감율
1	스위스	6.71	(+) 30.33%
2	노르웨이	6.26	(+) 21.63%
3	우루과이	6.08	(+) 18.15%
4	스웨덴	5.59	(+) 8.53%
5	캐나다	5.25	(+) 1.97%
6	미국	5.15	(+) 0.00%
	(중간 생략)		
53	페루	3.57	(-) 30.67%
54	카타르	3.57	(-) 30.69%
55	중국	3.56	(-) 30.93%
56	대한민국	3.50	(-) 32.00%
57	태국	3.50	(-) 32.12%
58	멕시코	3.43	(-) 33.41%

의 빅맥지수는 미국보다 높은 수준을 보인다. 반면에, 아시아나 남미 지역처럼 물가가 낮은 지역들의 빅맥지수는 미국보다 낮게 나타난다.

그렇다면 과연 빅맥지수는 그 나라의 물가 수준을 고려한 적절한 환율이라고 할 수 있을까? 과거 2015년에 한국맥도날드가 수익성 악화로 인해 한국에서 철수한다고 발표한 적이 있었다. 그 이유는 한국맥도날드가 국내시장에서 토종 패스트푸드 업체와의 치열한 경쟁으로 인해 가격을 올리지 못해 수년간에 걸쳐 거액의 적자를 기록했기 때문이었다.

만약, 미국에서의 빅맥 가격인 5.15달러에 현재 외환시장에서의 원/달러 환율인 1,300원을 적용하여 산정한 약 6,700원에 판매할 수 있었더라면 한국맥도날드는 굳이 한국에서의 철수를 검토하지는 않았을 것이다. 시장환율을 적용해 나온 가격 6,700원은 현재 시판가격인 4,600원보다 대략 45% 높은 수준이다. 어쩌면, 1,300원의 원/달러 환율이야말로 국내의 물가 수준을 반영한 적절한 환율이라 할 수 있겠다.

구매력평가환율(PPP)

앞서 설명한 빅맥지수는 전 세계적으로 팔리는 표준화된 단 하나의 물품 가격만을 이용하여 환율의 적정성을 평가하는 방식이다. 이와 유사하게 스타벅스 지수, 삼성 갤럭시 핸드폰 지수, 빈폴 지수 등 수많은 환율 관련 지표를 만들 수 있다. 이런 수많은 품목별 가격을 비교 조사하여 각 나라의 환율을 측정한 지표가 '구매력평가환율'이다.

원래, '구매력평가PPP: Purchasing Power Parities환율'이란 한 나라의 화폐가 전 세계 어느 나라에서나 똑같은 구매력을 지닌다는 가정 하에 각 나라 통화의 구매력을 비교하여 측정된 환율을 말한다. 예를 들어, 한국에서의 원화 가치는 한국에서나 미국에서나 똑같은 양의 물건 또는 서비스를 살 수 있어야 한다. 다시 말해, 일상생활을 살아나가는데 필요한 물품 한 보따리의 가격이 국내에서 10,000원인데 반해 미국에서는 그 보따리가 10달러에 거래되면 구매력에 따른 원/달러의 적정 환율은 1달러에 1,000원이 되어야 한다.

원래, PPP 환율은 이론적인 지표로서 외환시장에서 수요와 공급에 따라 시시각각으로 결정되는 시장환율과 반드시 일치하지는 않는다. 또한, 모든 재화가 수출입 되는 물품이 아니며 각 나라에서 생산되는 동일한 재화가 완전한 대체재가 될 수 없기에 시장환율과 PPP 환율 간에는 차이가 날 수밖에 없다. 다만, 장기적으로 시장환율과 PPP 환율은 서로 일치하는 방향으로 나아가는 경향이 있다.

국가별 PPP 환율은 OECD에서 3년마다 OECD 회원국 등을 대상으로 국내총생산GDP과 그 구성요소들의 가격과 물량 측정치를 기초로 하여 1980년 초부터 작성하고 있다. 또한, UN과 세계은행에서도 PPP 환율을 주기적으로 작성하고 있다.

국가별 PPP는 개별국가들의 상품별 가격을 구한 후 이들 가격을 토대로 지출액을 가중치로 하여 산출한다. 개별국가들의 상품별 가격을 구하기 위해 소비재 및 서비스가격, 자본재가격, 정부 서비스가격 등 3,000여 개의 대표 상품 및 서비스에 대한 가격을 조사한다.

〈도표 3-34〉에서 보듯이, OECD에서 최근(2021년 말 기준)에 발표한 원화의 PPP환율은 815.56원으로 나타난다. 현재 시점의 시장환율 1,300원과 비교하면 약 37% 저평가된 수준이다. 이를 풀어서 설명

〈도표 3-34〉 원화의 구매력평가환율 추이

구분	2015년	2016년	2017년	2018년	2019년	2020년	2021년
PPP(원)	858.81	872.63	854.87	856.43	837.67	854.10	815.56
증감률(%)	0.16	1,61	(-)2.04	0.18	(-)2.19	1.96	(-)4.51

출처 · OECD

하면 한국인이 은행에서 1,300원을 주고 1달러를 환전한 후 미국 여행을 가서 1달러를 주고 구매한 물품을, 만약 한국에서 다시 산다면 815원에 살 수 있어 그 차액인 485원이 남는다. 다시 말해, 미국인이 그 나라에서 100%만큼의 생활비가 들어간다면 한국인은 대략 63%만 써도 되는 저물가 나라에서 살고 있다는 의미다.

실질실효환율

만약, 원/달러 시장환율이 1,000원에서 1,100원으로 상승했다고 하자. 이에 따라, 한국 기업이 1달러를 수출하면 1,000원에서 1,100원으로 원화 환산액이 늘어난다. 이를 단순히 생각하면 환율 상승으로 벌어들이는 수익이 늘어나기에 수출이 증가할 것으로 보인다.

하지만, 해외시장에서 한국 제품과 경쟁 관계에 있는 일본의 엔화와 중국의 위안화 등의 환율이 더 크게 상승하면 애초 기대한 만큼의 수출증가가 이루어지지 않을 가능성이 크다. 결국, 원/달러 환율뿐만 아니라 무역상대국의 환율 등의 변화 여부를 고려해야 진정한 가격경쟁력을 측정해야만 한다. 이러한 논리에 따라 나온 환율이 바로 '실질실효환율'이다.

실질실효환율은 자국이 발행한 화폐가치가 어느 정도 되는지 확인하는 지표로 활용된다. 단순히 원/달러 환율 하나만으로 원화 가치를 측정하기보다는 유로화 대비 원화 가치, 엔화 대비 원화 가치, 위안화 대비 원화 가치 등을 종합적으로 분석하여 진정한 원화 가치를 산정하는 방식이다.

각 나라 통화와 비교가치를 어느 정도로 할 것인지는 교역량에 따라 좌우된다. 예를 들어, 각 나라의 교역이 차지하는 비중이 중국 (25%), 미국(20%), 일본(15%), 유럽(20%), 기타(20%)라면 그 수치에 가중 평균하는 방식으로 계산한다.

원래, 실질실효환율은 100을 기준으로 그 수준을 평가한다. 즉, 그 수치가 100보다 크면 원화 가치가 높은 수준이라는 것이고 그 수치가 100보다 낮으면 원화 가치가 낮은 상태라는 의미로 이해할 수 있다.

특히, 실질실효환율은 앞으로 환율이 어떤 방향으로 움직일지를 예측하는 데 도움이 된다. 예를 들어, 실질실효환율이 높다는 것은 시장환율이 낮고 이로 인해 원화가 고평가 상태이기에 수출감소 수입 증가로 인해 경상수지가 악화하면서 시장환율이 올라갈 것으로 추정된다. 반대로, 실질실효환율이 낮으면 원화가 저평가된 상태로서 향후 시장환율이 내려갈 것으로 판단하면 된다.

실질실효환율Real Effective Exchange Rate은 〈도표 3-35〉와 같이 명목환율·명목실효환율·실효환율 등을 고려하여 계산된다.

첫째, 명목환율은 외환시장에서 외환의 수요와 공급에 따라 결정되는 환율을 말한다. 일례로, 원/달러 환율 1,300원은 한국과 미국 두 나라의 통화가치만 단순히 비교할 뿐, 한국의 주요 무역상대국 전체의 환율 변동에 따른 원화 가치의 변동을 파악하지는 못하고 있다.

둘째, 명목실효환율은 명목환율의 문제점을 해결하기 위해 한국과 주요 무역대상국 통화 각각에 대해 원화 가치의 변동을 일정한 가중치(예를 들어 무역 비중 등)를 적용하여 가중 평균하여 산출한다.

셋째, 실질환율은 한 나라의 통화가치를 명목환율의 변동뿐만 아니라 각 나라의 물가상승률의 차이 등을 종합적으로 고려하여 산출한 환율이다.

만약, 실질실효환율이 100 이상이면 기준시점과 비교해 주요 교역상대국 통화에 대한 자국 통화의 가치가 고평가된 상태를, 100 이하이면 저평가된 상태로 풀이한다. 만약, 한국의 실질 실효환율이 100에서 110으로 상승하면 그만큼 한국의 원화 가치가 다른 나라에 비해 높아졌다고 판단한다. 즉, 다른 나라에 비해 한국의 물가가 더 상승했거나 아니면 원/달러 환율이 하락했다는 의미가 된다. 반면에, 실질실효환율이 100에서 90으로 하락하면 한국의 물가가 다른

<도표 3-35> 실질실효환율의 계산방법

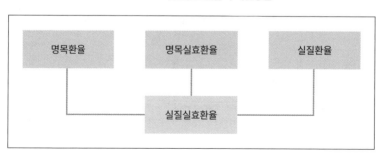

나라에 비해 하락하거나 아니면 원/달러 환율이 상승했다는 의미가 된다.

참고로, 실질실효환율은 OECD(경제협력개발기구)와 BIS(국제결제은행)에서 발표하고 있다. 2023년 1월 현재, 한국의 실질실효환율은 98포인트를 기록해 2022년에 10월 최저점인 90포인트에 비해 원화의 구매력이 약 10% 상승한 것으로 나타난다.

〈도표 3-36〉에서 원화의 실질실효환율은 2020년을 기준으로(100포인트) 삼아 계산한다. 한국 원화의 실질실효환율은 1996년까지는 115포인트 내외(최저 113포인트 최고 121포인트)에서 움직이다가 외환위기를 겪으면서 원/달러 환율이 1,900원까지 폭등하면서 1998년 1월 최저 수준인 68포인트를 기록한다.

이어서 1998년부터 고환율에 따른 수출 호조와 외국인의 투자자금이 국내에 유입되면서 환율이 하락 추세를 보이면서 원화의 실질

<도표 3-36> 한국 원화의 실질실효환율 변동 추세

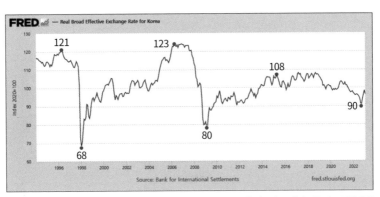

출처 · 미국 세인트루이스 연방은행

실효환율은 완만한 상승 추세를 보이다가 드디어 2006년 10월 최고점인 123포인트에 도달한 후 그 수준(120포인트 내외)이 약 1년 동안 유지된다.

그러다가 2008년 1월부터 시작된 미국이 부동산 지가 하락과 뒤를 이은 금융회사들의 도산에 따라 원/달러 환율이 재차 1,500원대까지 상승하면서 원화의 실질실효환율은 최저치인 80포인트까지 재차 폭락한다.

하지만, 전 세계적인 금융위기에도 불구하고 한국 경제가 안정화되면서 2010년부터 2021년까지 10년 동안 박스권(최저 90포인트 최고 110포인트)에서 움직인다. 특히, 2022년 10월 저점인 90포인트에서 2023년 1월 98포인트까지 대략 10% 상승한 것이 눈에 띄는 모습이다.

외화예금

은행의 외화예금

원화 예금이 우리나라 돈인 원화를 은행에 예치하는 것이라면 외화예금은 미국 달러, 유럽의 유로, 일본의 엔화 등 외화를 은행에 예치하는 것을 말한다. 보통, 외화예금에 대해 낯설어하는 사람들이 의외로 많다. 하지만, 외화예금을 거래하는 절차는 의외로 간단하다.

개인이 은행에 원화 예금 통장을 만들 때와 마찬가지로 신분증을 갖고 은행에 가서 신청만 하면 간단하게 외화예금 통장을 만들 수 있다. 그리고 외화예금은 수시로 입출금이 자유로운 보통예금, 일정 금액을 일정 기간에 걸쳐 예치하는 정기예금 그리고 매월 일정 금액의 외화를 정기적으로 예치하는 외화적금 등이 있다.

외화예금의 이자율

국내 은행은 한국은행이 매월 결정하는 기준금리와 다른 은행의 이자율 등을 고려하여 원화 예금에 대한 이자율을 결정한다. 이와 유사하게 은행은 외화예금에 대해 외국통화의 종류, 예금의 유형, 예치금액, 예치기간 등을 고려하여 이자율을 결정하고 있다. 보통, 보통예금처럼 자유롭게 입출금이 가능한 외화예금은 원화 예금과 비슷하게 약 0.1% 수준의 낮은 금리가 적용된다. 반면에, 만기가 있는 외화정기예금은 국제금융시장에서 형성되는 금리에 수수료율 등을 차감하여 이자율을 결정하는데 현재는 대략 3~5% 수준의 이자율이 적용된다.

외화예금에 가입하면 이자에 더해 환율의 변동에 따라 손익이 크게 엇갈린다. 또한, 외국 주식이나 채권에 투자하는 외화예금에 가입하면 주가 차익이나 금리에 따라 수익이 발생하고, 동시에 환율의 변동에 따라 환차익이나 환차손이 발생한다.

현재, 외화예금에서 발생하는 환차익에 대해서는 예금이자와 달리 소득세가 부과되지 않는다. 또한, 외화예금은 '예금자보호법'의 적용을 받아 은행이 도산하더라도 원금과 이자에 환차익을 합해 5,000만 원까지는 보호를 받는다.

외화예금의 실질 수익률

은행에서 원화를 외화로 바꿔 외화예금에 가입한 후 만기시점에 외화를 다시 원화로 환전하여 인출하면 환율의 변동에 따라 환차익이나 환차손이 발생한다. 다시 말해, 개인이 외화예금에 가입한 시점에 원/달러 환율이 1,000원인데, 만기시점에 원/달러 환율이 1,200원으로 상승하면 환차익을 얻는다. 하지만 만기시점에 원/달러 환율이 800원으로 하락하면 이자수익은커녕 환차손으로 인해 원금까지도 손해를 볼 수 있다.

원칙적으로 외화예금에 가입하여 받는 이자와 환차손익을 합산한 비율을 외화예금의 실질 수익률이라고 한다. 그러면, 외화예금에 가입하는 시점과 인출하는 시점의 환율 변동에 따라 실질 수익률이 어떻게 변하는지 사례를 들어 살펴보자.

(1) 환율이 상승한 경우

외화예금에 가입한 시점보다 인출 시점의 환율이 상승하여 달러 강세 또는 원화 약세가 되면 원화로 인출하는 원금이 늘어난다.

일례로, 외화예금의 이자율이 5%이고 가입하는 시점에서는 원/달러 환율이 1,000원이고 인출하는 시점에서는 원/달러 환율이 1,100원으로 10% 상승하면 〈도표 3-37〉과 같이 이자와 환차익이 발생한다. 결국, 원화 인출액이 1,155원으로 늘어나 실질 수익률은 15.5%로 나타난다.

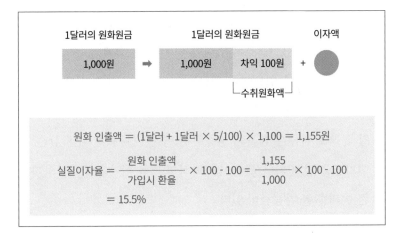

<도표 3-37> 환율 상승 시의 외화예금 수익률

(2) 환율이 하락한 경우

외화예금에 가입한 시점보다 인출 시점의 환율이 하락하여 달러 약세 또는 원화 강세가 되면 원화로 인출하는 원금이 줄어든다.

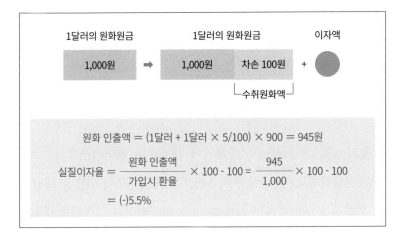

<도표 3-38> 환율 하락 시의 외화예금 수익률

일례로, 외화예금의 이자율이 5%이고 가입하는 시점의 원/달러 환율이 1,000원에서 인출하는 시점에서는 원/달러 환율이 900원으로 하락하면, 〈도표 3-38〉처럼 이자보다 더 큰 금액의 환차손이 발생한다. 결국, 원화 인출액이 원금보다 적은 945원이 되어 실질 수익률은 마이너스 5.5%로 나타난다.

결국, 외화예금은 환율이 상승하면 명목 이자율에 비해 높은 실질 이자율을 얻게 되나, 환율이 하락하면 명목 이자율에 미달하거나 더 큰 손해를 볼 가능성이 있다.

외화예금 고려사항

외화예금에 가입하는 경우에는 다음 사항을 고려해야 한다.

첫째, 외화예금은 환율이 상승해야 수익이 발생하고 반대로 환율이 하락하면 손실을 볼 수 있다. 따라서 환율이 저점에서 상승하는 추세를 보일 때 외화예금에 가입한다. 반면에 환율이 고점에서 하락하는 추세를 보이면 외화예금을 해약하고 상장지수펀드ETF 중 환율 인버스 종목에 투자한다.

둘째, 개인 투자자가 외화예금에 가입하면 매매기준율보다 1% 높은 전신환매도율(고객이 살 때 환율)로 은행으로부터 외환을 매입하고, 외화예금을 인출하면 매매기준율보다 1% 낮은 전신환매입률(고객이 팔 때 환율)로 은행에 외환을 매도한다. 따라서 환율이 최소 2% 이상 상승해야만 외화예금에서 이익을 얻을 수 있다.

외화예금의 추세

한국은행이 발표하는 외화예금의 추세를 살펴보면 〈도표 3-39〉와 같다. 외화예금은 그 가입자가 거주자인지 아니면 비거주자인지로 각기 구분된다. 그중 거주자 외화예금은 내국인(내국 기업 포함)과 국내에 6개월 이상 거주한 외국인(외국 기업 포함)이 국내 은행이나 외국은행 국내지점에 예치한 금액이 모두 포함된다. 따라서, 비거주자 외화예금은 국내에 6개월 이내 체류하는 외국인이 은행에 예치한 자금을 말한다.

국내 외화예금의 예치액이 해가 갈수록 증가 추세를 보인다. 그중 원/달러 환율 상승에 대한 기대감으로 외화예금을 보유하는 수요도 상당 부분 있을 것으로 풀이된다.

〈도표 3-39〉를 보면 거주자외화예금은 2000년 이후부터 현재까지 계속 늘어나는 추세를 보인다. 일례로, 2000년 1월에 8.5조 원에서 2023년 2월에는 133조 원으로 약 16배나 증가한다. 특히 5년마다 잔액을 보면 2005년 말(18조 원), 2010년 말(27조 원), 2015년 말(72조 원), 2020년 말(148조 원)을 기록하고 있다.

반면에, 비거주자 외화예금은 2000년 1월 말에 약 1조 원에서 2023년 2월 말에는 17조 원으로 늘어난다. 특히, 전체 외화예금 중에서 비거주자외화예금은 개략적으로 10%의 비중을 차지하고 있다.

<도표 3-39> 외화예금의 추세

출처 · 한국은행 경제통계시스템

환율에
투자한다

원/달러 환율의 추세

〈도표 3-40〉은 한국은행에서 발표한 1980년부터 2022년까지 42년 동안의 원/달러 환율의 추세를 그린 그래프이다. 이를 통해 환율의 변동 요인에 대해 살펴본다.

첫째, 한가운데에 있는 꼭짓점(A 지점)은 우리나라가 1997년 외환 위기를 겪으면서, 원/달러 환율이 700원 수준에서 최고 1,700원으로 순식간에 치솟은 상황이다.

둘째, A 지점을 기준으로 왼쪽은 변화가 거의 없는 완만한 형태이다. 하지만, 그 오른쪽은 높낮이가 극심한 들쭉날쭉 모습이다. 이

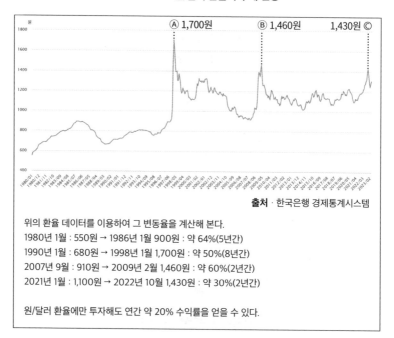

<도표 3-40> 원/달러 환율의 추세 변동

출처 · 한국은행 경제통계시스템

위의 환율 데이터를 이용하여 그 변동율을 계산해 본다.
1980년 1월 : 550원 → 1986년 1월 900원 : 약 64%(5년간)
1990년 1월 : 680원 → 1998년 1월 1,700원 : 약 50%(8년간)
2007년 9월 : 910원 → 2009년 2월 1,460원 : 약 60%(2년간)
2021년 1월 : 1,100원 → 2022년 10월 1,430원 : 약 30%(2년간)

원/달러 환율에만 투자해도 연간 약 20% 수익률을 얻을 수 있다.

로 미루어, 외환위기 이전에는 환율이 완만하게 변동하지만 그 이후
부터 환율이 급하게 요동치는 상황이다. 그 이유는 국내 외환시장에
서 외환위기를 전후로 환율의 결정 방식이 크게 변경되었기 때문이
다. 다시 말해, 외환위기 이전에는 정부가 환율을 결정하는 고정환
율제도인 데 반해, 그 후부터 외환시장에서 외환의 수급에 따라 환
율이 좌우되는 변동환율제도로 바꿨기 때문이다.

셋째, 두 번째 꼭짓점(B 지점)은 2008년부터 미국에서 시작된 금융
위기의 영향을 받아 원/달러 환율이 900원에서 1,460원으로 급격하

게 치솟은 상황이다. 한국 정부와 국민은 외환위기를 겪은 지 채 10년도 되지 않은 시점에, 그 위기에 버금가는 환율의 급격한 변동을 재차 경험하게 된다.

넷째, 세 번째 꼭짓점(C 지점)은 미국의 FRB가 기준금리를 제로(0%) 수준에서 5%까지 급하게 인상하면서, 국내에서 외국인 투자자금이 유출되면서 원/달러 환율이 1,100원에서 1,430원으로 급등한 상황이다. 한국 정부와 국민은 금융위기를 경험한 지 10여년이 지난 시점인 2022년에 또다시 환율의 급상승을 겪게 된다.

만약, 상장기업의 주가가 일정 가격으로 고정되어 전혀 변동되지 않는다면, 주식투자를 통해 돈을 벌 수는 없다. 이와 유사하게, 환율이 외환위기 이전처럼 고정된 상태라면 환율에 투자해 수익을 얻을 수 없다.

우리나라가 외환위기를 겪으면서 환율이 급변한다는 것은 소극적으로 환율 변동에 대처해야 한다는 것을, 동시에 환율 변동에 적극적으로 투자해야 돈을 벌 기회가 된다는 뜻이다.

달러 투자종목

〈도표 3-41〉은 국내 주식시장에서 원/달러 환율에 투자하는 종목들이다. 그 이름에 공통으로 나타나는 것처럼, 이들 종목은 미국 달러

<도표 3-41> 국내 주식시장의 미국 달러 투자종목

종목명	상장코드	비고
KODEX 미국달러선물	261240	원화 약세, 달러 강세
KODEX 미국달러선물 레버리지	261250	원화 2배 약세, 달러 강세
KODEX 미국달러선물 인버스	261270	원화 강세, 달러 약세
KODEX 미국달러선물 인버스 2X	261260	원화 2배 강세, 달러 약세
신한 달러인덱스 선물 ETN(H)	500011	미국 달러 강세
신한 인버스 달러인덱스 선물 ETN(H)	500012	미국 달러 약세

선물에 투자하는 '서류상의 회사paper company'로서, 정식 명칭은 '상장지수펀드ETF' 혹은 '상장지수채권ETN'이라 칭한다.

〈도표 3-41〉에서 KODEX는 'KOrea inDEX'의 줄임말로, 삼성그룹의 금융계열사인 '삼성자산운용(주)'이 해당 종목에 임의로 붙인 상표명이다. 한편, '신한'은 신한금융그룹에 속한 신한투자증권(주)이 그 종목을 만들면서 붙인 투자회사 이름이다. 이들은 관련 금융회사가 각 종목이 보유한 재산을 미국 달러 선물거래에 투자해 수익을 내기 위해 설립한 '달러선물 전용 투자회사'라고 이해하면 된다.

(1) KODEX 미국달러선물(상장코드 : 261240)

국내 외환시장에서 1년 동안의 원/달러 환율의 변동 그래프인 〈도표 3-42〉와 (미국 달러선물 매수하는) 종목의 과거 1년간의 주가 차트인 〈도표 3-43〉을 자세히 비교해보면 거의 유사한 모습을 보이고 있다.

원래, 이 종목은 원/달러 환율이 1% 상승하면 주가도 1% 상승하도록, 선물시장에서 '달러선물 매수'하는 회사이다. 따라서, 원/달러

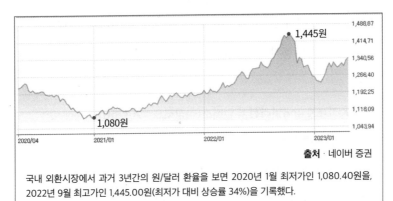

<도표 3-42> 원/달러 환율 추세

국내 외환시장에서 과거 3년간의 원/달러 환율을 보면 2020년 1월 최저가인 1,080.40원을, 2022년 9월 최고가인 1,445.00원(최저가 대비 상승률 34%)을 기록했다.

<도표 3-43> KODEX 미국달러선물(상장코드 : 261240)

이 종목의 과거 3년간 주가는 2020년 12월 최저가인 9,585원을 기록하고, 2022년 10월에 최고가인 12,845원(최고가 대비 상승률 34%)을 기록했다.

환율이 상승하여 달러가 강세를 보이고 원화가 약세를 보이면, 그 상승률만큼 주가가 올라가 투자이익을 얻게 된다. 반대로, 원/달러 환율이 하락하면 같은 비율만큼 주가가 내려가기에 투자손실이 발생한다.

향후 원/달러 환율이 상승하리라 전망되면 이 종목을 매수하라. 그리고 원/달러 환율이 의도한 만큼 충분히 상승하여 하락할 것으로 예측되면, 이 종목을 매도하여 수익을 확정시키자.

(2) KODEX 미국달러선물 인버스(상장코드 : 261250)

앞서 설명한 'KODEX 미국달러선물'은 원/달러 환율이 상승해야 이익이 나는 종목이다. 반대로, 원/달러 환율이 하락할 때 이익이 나는 종목이 'KODEX 미국달러선물 인버스'이다. 여기서, 인버스inverse 란 '반대' 또는 '역방향'이라는 뜻이다.

이 종목의 과거 1년 동안의 주가 그래프는 〈도표 3-44〉와 같다. 원/달러 환율이 1% 상승하면 주가는 같은 비율인 1%만큼 하락하도록 '미국 달러선물 매도'에 투자한다. 따라서, 원/달러 환율이 하락하

<도표 3-44> KODEX 미국 달러 인버스 (상장코드 : 261270)

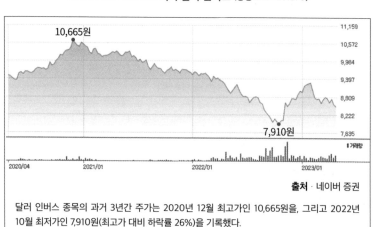

출처 · 네이버 증권

달러 인버스 종목의 과거 3년간 주가는 2020년 12월 최고가인 10,665원을, 그리고 2022년 10월 최저가인 7,910원(최고가 대비 하락률 26%)을 기록했다.

여 달러가 약세를 보이고 원화가 강세를 보여야 수익이 발생한다. 반대로 원/달러 환율이 상승하면, 그 비율만큼 주가가 하락하면서 투자손실이 발생한다.

향후 원/달러 환율이 하락할 것으로 전망되면 이 종목을 매입하되, 환율이 원하는 수준만큼 하락하여 향후 상승할 것으로 보일 때 매도하라.

(3) KODEX 미국달러선물 레버리지 (상장코드 : 261250)

국내 투자자들은 선진국의 투자자들에 비해 주식투자를 통해 얻고자 하는 목표수익률이 매우 높은 경향을 보인다. 그만큼, 우리나라 투자자들이 단기간에 목돈을 벌기 위해 위험을 감수하는 공격적인 투자 성향을 갖고 있다는 뜻이다.

<도표 3-45> KODEX 미국달러선물 레버리지 (상장코드 : 261250)

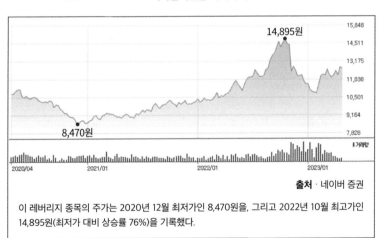

출처 · 네이버 증권

이 레버리지 종목의 주가는 2020년 12월 최저가인 8,470원을, 그리고 2022년 10월 최고가인 14,895원(최저가 대비 상승률 76%)을 기록했다.

특히, 레버리지 종목은 이런 공격적인 성향의 투자자들에게 적당한 종목이다. 여기서, '레버리지'는 일명 지렛대라는 뜻으로 주식투자에서는 '배율'이라는 의미로 통용된다. 예를 들어, 지렛대를 사용하여 적은 힘으로 큰 물체를 들어 올린다는 의미로 이해하면 된다.

이 종목은 이전에 설명한 'KODEX 달러선물'과 거의 유사하다. 단 하나의 차이점으로는 원/달러 환율이 1% 상승하면 이 종목 주가는 그 배율인 2% 상승한다. 반대로, 환율이 1% 하락하면 주가 역시 2% 하락한다. 〈도표 3-45〉를 참조하면 된다.

(4) KODEX 미국달러선물 인버스 2X (상장코드 : 261260)

이 종목은 인버스 종목과 그 내용이 거의 유사하다. 즉, 원/달러 환율이 하락하여 달러가 약세를 보이고 원화가 강세를 보이면 수익

〈도표 3-46〉 KODEX 미국달러선물 인버스 2X (상장코드 : 261260)

출처 · 네이버 증권

이 더블인버스(곱버스) 종목의 주가는 2020년 12월 최고가인 10,945원을, 그리고 2022년 10월 최저가인 5,820원(최고가 대비 하락률 47%)을 기록했다.

이, 반대로 원/달러 환율이 상승하면 주가가 하락하여 손실이 발생한다. 인버스 종목과 이 더블인버스(또는 곱버스)는 원/달러 환율이 1% 하락하면 그 배율인 2%만큼 주가가 상승하도록 설계했다는 차이점이 있다. 당연히 원/달러 환율이 1% 상승하면 이 곱버스 종목의 주가는 2% 하락한다. 〈도표 3-46〉의 주가 그래프를 보기 바란다.

달러인덱스

전 세계 모든 나라의 통화는 기축통화인 달러를 기준으로 환율을 표시한다. 다시 말해, 원/달러나 엔/달러와 같이 표시하거나 또는 달러/유로처럼 나타내기도 한다. 만약, 달러가 엔화에는 약세인데 반해 유로화에 대해 강세를 보인다면 종합적으로 달러는 약세일까 아니면 강세일까?

'미국 달러인덱스US Dollar Index'는 미국 달러 가치가 다른 나라 통화와 비교해 얼마만큼의 가치가 나가는지를 파악하기 위해 만든 지표이다. 보통, 달러인덱스가 내려가면 그만큼 미국 달러 가치가 하락한다는 것이다. 예를 들어, 달러인덱스가 100포인트에서 90포인트로 내려가면 미국 달러가 기준시점보다 10% 하락해 다른 나라 통화보다 약세라는 의미다. 반면에, 달러인덱스가 100포인트에서 110포인트로 상승한다면 미국 달러가 기준시점보다 10% 상승해 타국 통화보다 강세라는 뜻이다.

미국 FRB는 경제 규모가 크고 통화가치가 안정적인 6개 국가의

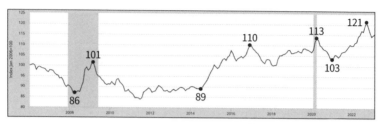
통화가치를 고려하여 달러인덱스 지표를 작성하여 발표하고 있다. 각 나라의 통화와 비중을 보면 유로화(57%), 일본 엔화(14%), 영국 파운드화(12%), 캐나다 달러화(9%), 스웨덴 크로네(4%), 스위스 프랑(4%) 순이다. 그리고 2006년 1월의 통화가치를 기준인 100포인트로 하여 그 추세를 보면 〈도표 3-47〉과 같다.

〈도표 3-47〉을 보면 달러인덱스는 2006년 1월 100포인트를 기준으로 2008년 4월 저점인 86포인트까지 하락한다. 그런데, 미국발 금융위기에 처하면서 단기간에 급등하여 2009년 3월에 101포인트로 고점을 기록한다.

그 후 계속 하락세를 보이면서 85~95포인트 사이를 박스권에 두고 오르락내리락한다. 그러다가 2014년 7월부터 저점인 89포인트에서 급등하면서 2016년 12월 고점인 110포인트를 기록한다.

그리고서, 2018년 3월 저점인 100포인트, 2020년 3월 고점인 113포인트, 2021년 1월 저점인 103포인트, 2022년 10월 고점인 121포인트, 최종적으로 2023년 3월 115포인트에 도달하고 있다.

(1) 신한 달러인덱스 선물 ETN (상장코드 : 500011)

이 종목은 앞서 나온 달러인덱스가 1% 상승하면 그 주가가 1% 상승하도록 설계한 투자회사이다. 향후 달러가 다른 나라의 통화에 비해 강세를 보이면 그 상승률만큼 주가가 상승하기에 투자이익을 얻게 된다. 반대로, 달러인덱스가 하락하면 그 비율만큼 주가가 하락하면서 투자손실이 발생한다. 〈도표 3-48〉을 참조하기 바란다.

〈도표 3-48〉 신한 달러인덱스 선물 ETN (상장코드 : 500011)

출처 · 네이버 증권

이 종목의 과거 3년간 주가는 2021년 4월 최저가인 9,980원을, 2022년 9월에 최고가인 12,795원(최저가 대비 상승률 28%)을 기록했다.

(2) 신한 인버스 달러인덱스 선물 ETN (상장코드 : 500012)

이 종목은 달러인덱스가 1% 상승하면 그 반대로 주가가 1% 하락하도록 만든 투자회사이다. 향후 달러가 다른 나라의 통화에 비해 약세를 보이면, 그 하락률만큼 주가가 상승하기에 투자이익을 얻게 된다. 반대로, 달러인덱스가 상승하면, 그 비율만큼 주가가 하락하면서 투자손실이 발생한다. 〈도표 3-49〉를 참조하기 바란다.

〈도표 3-49〉 신한 인버스 달러인덱스 선물 ETN (상장코드 : 500012)

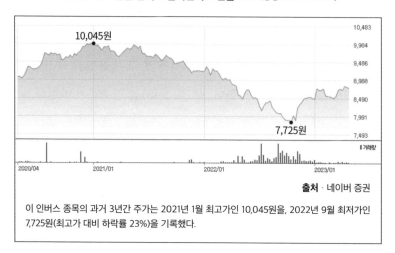

출처 · 네이버 증권

이 인버스 종목의 과거 3년간 주가는 2021년 1월 최고가인 10,045원을, 2022년 9월 최저가인 7,725원(최고가 대비 하락률 23%)을 기록했다.

| 찾아보기 |

ㄱ ㄴ

광의유동성	52
광의통화	51
교환방정식	81
구매력평가환율(PPP)	333
금융기관유동성	52
기간 이자율 100	
내국환 240	

ㄷ ㅁ

단리	106
달러인덱스	355
담보대출비율	66
당일거래(value today)	316
명목 이자율	102

ㅂ

베이시스 포인트(bp)	101
복리	106
본원소득수지	290
본원통화	54
빅맥지수	328

ㅅ

사계절 이론	207
상장시가총액법	172
상품수지	287

생산자물가지수	75
서비스수지	289
선물환	315
세전이자율	104
세후이자율	104
소비자물가지수	73
수신(受信)	22
수출입물가지수	76
스왑레이트(swap rate)	325
스왑포인트(swap point)	325
시가총액비교법	172
신용 창출	44
실질 이자율	102
실질실효환율	335

ㅇ

아웃라이트 환율(outright rate)	324
어닝쇼크(earning shock)	157
어닝시즌(earning season)	157
여신(與信)	23
여행자수표 매매환율	278
역외선물환(NDF)	325
연방공개시장위원회(FOMC)	39
연방준비제도(FRB)	39
예금은행	22
예대율(long to deposit ratio)	64
외국통화표시환율(간접표시환율)	245
외국환(외환)	241
외화 현찰 매매환율	274
외화(外貨, foreign currencies)	242
외환(外換, F/X, Foreign Exchange)	242
외환보유고(Foreign Exchange Reserves)	299

이전소득수지 291
익일거래(Value tomorrow) 316

ㅈ ㅊ

자국통화표시환율(직접표시환율) 242
재할인율 60
전신환 매매환율 280
주가수익배율(PER) 154
주가이익성장배수(PEG) 163
주당순이익(EPS) 154
주조차익(세뇨리지) 35
증권투자수지 294
지급준비율(지준율) 56
직접투자수지 293
총부채상환비율 66
총부채원리금상환비율 67

ㅋ

코레스 계약(correspondent arrangement) 283
코레스 뱅크(correspondent bank) 283
코스톨라니의 달걀 모형 205
코스피(KOSPI, Korea composite Stock
　　Price Index) 142

ㅌ

택스 리조트(tax resort) 199
택스 셸터(tax shelter) 199
텍스 파라다이스(tax paradise) 199
통화 승수 47
통화량 46
통화안정증권 40

ㅍ

파생상품투자수지 294
평가절상(平價切上) 254
평가절하(平價切下) 254
평균주가계산법 172

ㅎ

현물환 315
협의통화 51
환율(foreign exchange rate) 240
환율인상(절하) 252
환율인하(절상) 253

기타

BIS비율 68
DSR(Debt Service Ratio) 67
DTI(Debt To Income ratio) 66
LTV(Long To Value ratio) 66
Value Spot 316